基于金融系统结构及运行视角的系统性金融风险研究

——逻辑和理论层面的探索

吴龙龙⊙著

西南财经大学出版社

中国·成都

图书在版编目(CIP)数据

基于金融系统结构及运行视角的系统性金融风险研究:逻辑和理论层面的探索/吴龙龙著.—成都:西南财经大学出版社,2023.5
ISBN 978-7-5504-5770-6

Ⅰ.①基… Ⅱ.①吴… Ⅲ.①金融风险防范—研究—中国
Ⅳ.①F832.1

中国版本图书馆 CIP 数据核字(2023)第 084605 号

基于金融系统结构及运行视角的系统性金融风险研究
——逻辑和理论层面的探索

JIYU JINRONG XITONG JIEGOU JI YUNXING SHIJIAO DE XITONGXING JINRONG FENGXIAN YANJIU
——LUOJI HE LILUN CENGMIAN DE TANSUO

吴龙龙　著

责任编辑:王　利
责任校对:植　苗
封面设计:墨创文化
责任印制:朱曼丽

出版发行	西南财经大学出版社(四川省成都市光华村街55号)
网　　址	http://cbs.swufe.edu.cn
电子邮件	bookcj@ swufe.edu.cn
邮政编码	610074
电　　话	028-87353785
照　　排	四川胜翔数码印务设计有限公司
印　　刷	郫县犀浦印刷厂
成品尺寸	170mm×240mm
印　　张	14.75
字　　数	250 千字
版　　次	2023 年 5 月第 1 版
印　　次	2023 年 5 月第 1 次印刷
书　　号	ISBN 978-7-5504-5770-6
定　　价	78.00 元

前言

    2008 年以后，为了走出全球金融危机的阴影，我国推出了以积极的财政政策和稳健的货币政策为代表的一系列经济刺激措施，并在 2012 年重启了金融自由化进程。这些措施在推动我国经济迅速摆脱危机影响，实现稳定增长方面发挥了重要作用。但在此过程中，另一个问题也逐步引起了人们的重视，那就是日益明显的系统性金融风险隐患。2015 年 12 月，习近平总书记在中央经济工作会议上依据供给侧结构性改革的精神，明确提出了"三去一降一补"① 的要求，这标志着我国在实施供给侧结构性改革的同时，开启了防范和化解系统性金融风险的进程。此后，党的十九大明确提出了"健全金融监管体系，守住不发生系统性金融风险的底线"的要求；2017 年 12 月的中央经济工作会议将"防范化解重大风险"列为"三大攻坚战"② 之首，并明确指出"重点是防控金融风险"；2018 年 7 月的政治局会议上又提出了"六稳"③ 的要求。依据这一系列顶层设计，在防范系统性金融风险的实践层面，我国于 2017 年 11 月成立了国务院金融稳定发展委员会（2023 年 3 月，组建成立了中央金融委员会，不再保留国务院金融稳定发展委员会），加强了中国人民银行的宏观审慎监管职责，并在次年 4 月合并了原中国银监会和原中国保监会，成立了中国银保监会（2023 年 3 月，组建成立了国家金融监督管理总局，

---

    ① 即"去产能、去库存、去杠杆、降成本、补短板"。其中"去杠杆"的主要目的就是防范和化解系统性金融风险。

    ② 即"防范化解重大风险、精准脱贫、污染防治"。

    ③ 即"稳就业、稳金融、稳外贸、稳外资、稳投资、稳预期"。

不再保留中国银保监会），正式出台了《关于规范金融机构资产管理业务的指导意见》，加大了对金融乱象的治理力度。2020 年 7 月，又出台了《金融控股公司监督管理试行办法》，加大了对以金融控股集团为代表的混业经营所带来的系统性风险的防范力度。这一系列举措①为防范和化解系统性金融风险提供了有力的政策保障和制度保障。与此同时，在理论层面对系统性金融风险的研究也不断深化，产生了大量的研究成果，在一定程度上对防范和化解系统性金融风险的实践活动发挥了指导作用。但是，在现有的研究中，基于金融系统结构及运行这一视角开展的研究较少，以金融系统运行过程中金融业务机构之间的功能关系及其形成原因作为切入点的研究，更是几乎没有。

系统性金融风险是在金融系统运行过程中形成的，源于金融系统运行过程中各类金融业务机构之间在功能上过度的互补、替代、协同和竞争所导致的脆弱性，而这种过度的互补、替代、协同和竞争的功能关系又与金融系统结构的复杂性、金融系统与经济系统的适应性偏差以及金融系统的运行环境和运行格局有关。因此，从金融系统结构及运行的视角研究系统性金融风险，有助于我们从更深的层面揭示系统性金融风险的形成机理和发生条件，并采取更具有针对性的防控措施。鉴于此，本书在概述金融系统及系统性金融风险的基础上，以金融系统结构的复杂性及与经济系统的适应性偏差作为切入点，分析了系统性金融风险的生

---

① 2023 年 3 月，根据十四届全国人大第一次会议审议通过的《国务院机构改革方案》的安排，在原中国银行保险监督管理委员会基础上组建了国务院的直属机构——国家金融监督管理总局，不再保留中国银行保险监督管理委员会，并将中国人民银行对金融控股公司等金融集团的日常监管职责、有关金融消费者保护职责以及中国证券监督管理委员会的投资者保护职责划归国家金融监督管理总局。国家金融监督管理总局统一负责除证券业之外的金融业监管，强化机构监管、功能监管、穿透式监管、持续监管，统筹负责金融消费者权益保护，加强风险管理和防范处置，依法查处违法违规行为。同时，将中国证券业监督管理委员会调整为国务院直属机构，并划入原属国家发展改革委的企业债发行审核职责。深化地方金融监管体制改革，统筹推进中国人民银行分支机构改革。与此同时，根据中共中央、国务院印发的《党和国家机构改革方案》，组建中央金融委员会，由其负责金融稳定和发展的顶层设计、统筹协调、整体推进、督促落实，研究审议金融领域重大政策、重大问题等。设立中央金融委员会办公室，作为中央金融委员会的办事机构，列入党中央机构序列。不再保留国务院金融稳定发展委员会及其办事机构，并将其职责划归中央金融委员会办公室。经过此轮机构改革，我国形成了"一委一行一局一会"的金融监管机构体系。需要说明的是，笔者认为，本书的研究和结论在国家新的金融管理架构下仍然是成立的。以下不再一一具体说明。

成基础，并立足于金融系统的运行状况和运行环境，分别从现象和原因两个层面揭示了系统性金融风险的形成机理，然后进一步从优化金融系统运行环境和运行格局的视角，提出和论述了从根本上防范和化解系统性金融风险的策略。

全书内容共分为七章。

第一章　导论。本章在介绍本书研究背景和分析研究意义并概述和评价研究现状的基础上，提出了本书的研究思路。

第二章　金融系统及其运行。本章从系统的涵义和特点切入，在深入剖析金融系统的涵义和特点、金融系统的构成要素以及金融系统的功能的基础上，通过对金融系统运行方式的描述和剖析，揭示了金融系统的运行状况对金融系统功能的影响，并解析了金融系统运行过程中各构成要素的地位和作用。

第三章　系统性金融风险概述。本章在阐述系统性金融风险的涵义和特点，并分析系统性金融风险与单个金融业务机构风险之间关系的基础上，介绍了系统性金融风险的初始表现形式和最终表现形式，提出和论述了"纵向累积"和"横向传导"这两个考察系统性金融风险的维度，并通过分析系统性金融风险的存在和发生之间的区别和联系，揭示了系统性金融风险与金融危机之间的关系。

第四章　金融系统结构的复杂性及与经济系统的适应性偏差——系统性金融风险的生成基础。本章在分别从金融系统结构的复杂性和金融系统与经济系统的适应性偏差这两个方面对系统性金融风险的生成基础做出分析的基础上，通过对我国金融系统结构的复杂性及与我国经济系统的适应性偏差的考察和分析，推导出"我国存在系统性金融风险的生成基础"这一结论。

第五章　金融系统运行与系统性金融风险的形成——基于现象的分析。本章在对金融创新在金融系统运行中的作用和地位做出分析的基础上，依据前面对我国系统性金融风险生成基础的分析以及我国金融系统运行的实际状况，通过分析金融创新导致的金融系统运行过程中各机构之间在功能上过度的互补与替代、协同与竞争现象对金融风险纵向累积和横向传导的影响，从现象层面揭示系统性金融风险的形成机理。

第六章　金融系统运行与系统性金融风险的形成——基于原因的分析。本章在前述现象层面分析的基础上，通过分析金融与实体经济在报酬结构上的失衡状态、金融业务机构在分业经营制度约束下的混业诉求、金融系统运行过程中的"内卷化"现象、证券市场过强的投机性以及"耐心资本"缺乏的现状，对金融系统运行过程中金融业务机构的行为以及不同金融业务机构之间功能关系的影响进行考察和分析，从原因层面揭示了系统性金融风险的形成机理。

第七章　系统性金融风险的防范策略——基于优化金融系统运行环境和格局的视角。本章通过介绍宏观审慎政策和强监管措施的基本内容，并对其在防范和化解系统性金融风险方面的效果与局限性做出分析和评价，得出了"优化金融系统运行格局是从根本上防范和化解系统性金融风险的必要选择"的结论。然后分别从"平衡金融与实体经济的报酬结构""稳妥、审慎地推进混业经营""规范金融创新行为，突破金融系统运行的'内卷化'困境"以及"培育信贷市场的'耐心资本'和遏制证券市场过强的投机性并举，弱化金融业务机构的顺周期倾向"等方面，提出并论述了优化金融系统运行格局，从而在根本上防范和化解系统性金融风险的策略。

在研究方法上，考虑到研究内容的特殊性和本书的研究定位，笔者回避了复杂精细的实证方法，而是选择了传统的规范研究方法。笔者立足于我国金融系统结构及运行的实际情况，以理论分析和逻辑推理为主，辅之以相关的数据、案例和比较分析，从逻辑和理论层面探索了系统性金融风险的形成基础、形成机理和防范策略，力求使抽象的问题具体化，复杂的问题简单化。

本书的主要观点有：①系统性金融风险是在金融系统运行过程中累积和传导的，因外部因素冲击而发生的使金融系统发生激烈动荡，导致其功能丧失或部分丧失，并对实体经济产生严重冲击的可能性。要客观全面地看待系统性金融风险，并对其采取前瞻性的防范措施，就必须从纵向累积和横向传导两个维度对系统性金融风险的形成过程进行动态考察和监测。②系统性金融风险的存在和发生是两个既有紧密联系又有严格区别的概念。系统性金融风险的存在仅仅表现为金融系统发生激烈动荡及功能丧失的可能性，是系统性金融风险发生的前提；系统性金融风险的发生则表现为在外部因素的冲击下，金融系统在事实上发生激烈的动荡和功能丧失，并严重冲击实体经济。③在单一金融系统和复杂金融系统背景下，系统性金融风险有不同的发生形式。在单一金融系统背景下，系统性金融风险通常以隐性形式发生，而在复杂金融系统背景下，若无强有力的紧急救助措施，则系统性金融风险往往以显性形态发生；在复杂金融系统背景下，如果该金融系统与经济系统之间存在适应性偏差，就存在产生系统性金融风险的基础。金融系统越复杂，与经济系统的适应性偏差越大，产生系统性金融风险的可能性就越大。我国金融系统结构的复杂化态势及与经济系统的适应性偏差，表明我国存在生成系统性金融风险的基础。④我国系统性金融风险的形成机理，在现象层面，表现为在复杂金融系统运行过程中，不同金融业务机构之间在功能上过度的互补、替代、协同和竞争所导致的风险纵向累积和横向传导；在深层次原因层面，表现为金融与实体经济在报酬结构上的失衡、分业经营制度约束下的混业诉求、金融系统运行的"内卷化"以及"耐心资本"缺乏和证券市场过强的投机性等因素对金融业务机构的行为及相互之间功能关系的影响。⑤为了从根本上防范和化解系统性金融风险，守住不发生系统性金融风险的底线，必须在加大金融监管力度、治理金融乱象的同时，通过"平衡金融与实体经济的报酬结构""稳妥、审慎地推进混业经营""规范金融创新行为，突破金融系统运行的'内卷化'困境"以及"培育信贷市场的'耐心资本'和遏制证券市场过强的投机性并举，弱化金融业务机构的顺周期倾向"等措施，优化金融系统的运行环境和运行格局。

本书的创新之处主要体现在研究内容、研究视角和研究思路这三个方面。一是研究内容的前沿性。党的十八大以后，我国的系统性金融风险隐患受到了党和政府的高度重视。党的十九大明确提出了"健全金融监管体系，守住不发生系统性金融风险的底线"的要求；2017年12月的中央经济工作会议又将"防范化解重大风险"列为"三大攻坚战"之首，并明确了"重点是防控金融风险"；2018年7月的政治局会议上又提出了"六稳"要求。党的二十大又进一步提出了"强化金融稳定保障体系，依法将各类金融活动全部纳入监管，守住不发生系统性金融风险的底线"的新要求。这一系列重大决策及与之相关的一系列政策和措施，为防范系统性金融风险指明了方向并提供了顶层设计。本书正是在这样的政策背景下展开研究的，其内容既体现了"学术思政"的要求，也满足了金融风险管理实践的需要。二是研究视角的独特性。系统性金融风险是在金融系统运行过程中形成的，源于金融系统运行过程中各类金融机构之间在功能上过度的互补、替代、协同和竞争所导致的脆弱性。本书从金融系统结构及运行的视角研究系统性金融风险，有助于我们从更深的层面揭示系统性金融风险的形成机理和发生条件，并采取更具有针对性的防控措施。三是研究思路的新颖性。本书通过解析金融系统结构的复杂性及与经济系统的适应性偏差，揭示了系统性金融风险的生成基础，同时结合我国金融系统和经济系统的实际情况，得出了"我国存在系统性金融风险的生成基础"的结论，并以此作为切入点，立足于金融创新对金融系统运行的影响以及我国金融系统的运行环境和运行格局，分别在现象和原因两个层面，从纵向累积和横向传导两个维度，研究了我国系统性金融风险的形成机理。在此基础上，本书通过分析优化金融系统的运行环境和运行格局在防范和化解系统性金融风险过程中的地位和作用，强调了应通过实施宏观审慎政策和严格的监管措施，在治标层面合理约束金融业务机构行为的同时，通过优化金融系统的运行环境和运行格局，在治本层面铲除系统性金融风险滋生和发展的土壤，并提出和论述了相应的策略。

本书的研究目的是，通过分析金融系统结构及运行状况和运行环境对系统性金融风险的影响，分析系统性金融风险的生成基础，进而从现象和原因这两个层面揭示系统性金融风险的形成机理，并据此提出相应的防范策略，为"守住不发生系统性金融风险的底线"提供政策建议。基于研究内容的前沿性、研究视角的独特性和研究思路的新颖性，可以预计，本书在抛砖引玉的同时，也将在一定程度上填补目前在系统性金融风险研究中存在的部分缺漏。这正是本书的学术贡献之所在。

吴龙龙

2023 年 3 月于南京审计大学

目录

第一章 导论

作为全书的导论，本章旨在通过对研究背景的介绍和研究意义的分析以及对研究现状的述评，来反映本书的研究价值，并在此基础上提出本书的研究思路。

第一节 研究背景和研究意义

一、研究背景

（一）全球金融危机发生后的强监管措施及对系统性金融风险的"双刃剑"作用

2008 年，美国次贷危机引发全球金融危机之后，全球范围内对传统金融业的监管全面加强，金融监管的国际合作逐步走向深化。其突出表现是原有国际银行业监管准则中核心资本充足率偏低、银行高杠杆经营缺乏控制、流动性监管标准缺失等问题受到巴塞尔银行监管委员会的高度重视，从而对银行业监管标准进行了全面的完善和修订。2010 年 9 月 12 日，由 27 个国家银行业监管部门和中央银行高级代表组成的巴塞尔银行监管委员会就《巴塞尔协议Ⅲ》的内容达成一致，并明确自 2019 年 1 月 1 日起，全面实施《巴塞尔协议Ⅲ》的过渡期安排，这标志着全球银行业正式步入"巴塞尔协议Ⅲ"时代。《巴塞尔协议Ⅲ》的核心内容主要体现在三个方面：一是全面提升商业银行的资本监管要求。在维持 8% 的最低资本要求不变的前提下，把一级资本充足率从 4% 提升到 6%，核心一级资本的充足率从 2% 提升到 4.5%；同时，为了确保商业银行有充足的资本来吸收危机时期的损失，还要求商业银行以核心一级资本形式计提 2.5% 的资本留存缓冲。这意味着对商业银行核心一级资本充足率的要求从 2% 提高到了 7%，对总资本充足率的要求从 8% 提高到了 10.5%。此外，针对顺周期缺陷，为防止商业银行信贷过快增长并导致系统性风险的累积，要求商业银行在经济上行期按贷款额的 0~2.5% 计提逆周期缓冲资本，并可在经济下行期释放，以减轻信贷紧缩对实体经济的冲击。而且，为防止商业银行的高杠杆化行为，还对商业银行提出了 3% 的最低杠杆率（一级资本/调整后的表内外资产余额）要求。二是针对"大而不倒"问题，要求系统重要性银行以核心一级资本形式持有 1% 的附加资本。三是针对金融危机所暴露出来的商业银行流动性问题，为了约束商业银行资金来源与资金运用的过度期限错配，在监管体系中引入了以流动性覆盖率（LCR，优质流动性资产储备/未来 30 日的资金净流出量）和净稳定融资比率（NSFR，可用稳定资金/业务所需的稳定资金）为核心的流动性监管框架，以增加商业银行长期稳定性资金来源，提高银行抵御流动性风险的能力。

在我国，为了响应巴塞尔银行监管委员会提出的银行业监管新要求，中国银行业监督管理委员会在 2011 年 4 月 27 日颁布了《中国银监会关于中国银行业实施新监管标准的指导意见》，在 2011 年 6 月 1 日颁布了《商业银行杠杆率管理办法》，在 2011 年 7 月 27 日颁布了《商业银行贷款损失准备管理办法》，在 2012 年 6 月 7 日颁布了《商业银行资本管理办法（试行）》，在 2015 年 4 月 1 日正式实施《商业银行杠杆率管理办法（修订）》（2011 年 6 月 1 日颁布的《商业银行杠杆率管理办法》同时废止）。《商业银行贷款损失准备管理办法》确立了以拨备率和拨备覆盖率为核心的商业银行贷款损失准备监管标准，明确了管理要求和监管措施，并引入了拨备率和拨备覆盖率的动态调整机制。《商业银行资本管理办法（试行）》从最低资本要求、储备资本和逆周期资本要求、系统重要性银行附加资本要求以及第二支柱资本要求等方面，明确提出了商业银行资本监管的新要求，明确规定我国商业银行的核心一级资本充足率不得低于 5%、一级资本充足率不得低于 6%、总资本充足率不得低于 8%。同时规定商业银行应当在最低资本要求的基础上，按风险加权资产的 2.5% 计提储备资本，由核心一级资本来满足；特定情况下商业银行应当在最低资本要求和储备资本要求之上按加权风险资产的 0~2.5% 计提逆周期资本，由核心一级资本来满足。此外，为了防止商业银行的高杠杆化行为，我国《商业银行杠杆率管理办法（修订）》明确规定，并表和未并表商业银行的杠杆率都不得低于4%。

国际国内密集出台的一系列旨在强化监管合作和监管力度的协议和法规，在客观上为遏制金融业务机构盲目扩张业务规模、增强金融机构和金融体系抗风险能力、防范和化解系统性金融风险提供了制度保障和操作依据。但毋庸讳言，这些监管要求也在很大程度上激发了传统金融业务机构通过金融创新创造监管套利机会，以期在业务扩张的同时满足监管要求或突破既定的监管约束，寻求新的业务扩张机会的冲动和行动。与此同时，在遭受金融危机的冲击后"痛定思痛"的传统金融业务机构在传统的贷款业务上，又陷入了"一朝被蛇咬，十年怕井绳"的窘境，"慎贷"和"惜贷"又成为一种新的倾向甚至趋势，这种状况直接导致了"影子银行"的野蛮生长。英国路透社2013年9月12日的一篇文章称，在雷曼兄弟倒闭导致抵押贷款危机演变成全面金融恐慌五年后，银行业者正在撤离信贷市场的这个边缘地带，结果把更多的风险赶向不受监管的放贷者，这些放贷者构成了规模达60万亿美元的"影子银行"业[①]。"影子银行"比较分散，形式多样，而且业务不透明。银行业监管者无论在传统上还是在观念上，都对该领域不太关注，这使得金融危机后"影子银行"的野蛮生长在事实上加剧了金融混乱。"影子银行"问题在中国显得尤为突出，这既与传统银行业在经济下行阶段的"慎贷"和"惜贷"有关，也与我国在2012年后重启金融自由化进程这一政策环境有关。中国银行保险监督管理委员会于2020年12月发布的《中国影子银行报告》显示，2016年底，我国广义"影子银行"的规模超过90万亿元（2017年初的历史峰值高达100.4万亿元），狭义"影子银行"的规模也高达51万亿元。经过三年专项治理后，2019年初，广义"影子银行"的规模虽有明显下降，但仍高达84.80万亿元。

"影子银行"的存在迎合了传统金融业尤其是银行业的监管套利冲动，而传统金融业的监管套利冲动又反过来助推了"影子银行"的野蛮生长，这种恶性互动造成了严重的系统性金融风险隐患。系统性金融风险的形成表现为风险体量的纵向累积和风险传导网络的横向编织，各类"影子银行"的野蛮生长对系统性金融风险的影响具体表现为，在削弱抵抗系统性金融风险的经济基础的同时，加剧了金融风险体量的纵向累积和传导网络

---

① 中国经济网. 英媒回顾雷曼倒闭五周年 称风险流向影子银行业 [EB/OL]. http://finance.ce.cn/rolling/201309/17/t20130917_1514918.shtml.

的横向编织。首先，"影子银行"导致大量资金进入金融市场"空转"，不但加剧了经济"脱实向虚"的态势，而且增加了融资环节，延长了融资链条，提高了实体经济的融资成本，增加了实体经济的发展阻力，削弱了抵抗系统性金融风险的经济基础。其次，"影子银行"使传统金融业尤其是银行业的大量资金突破监管约束，违规进入房地产市场、股票市场和地方政府融资平台，既提升了宏观杠杆率，又堆积了资产价格泡沫，造成金融风险体量的纵向累积。最后，"影子银行"强化了各类金融机构之间在资本、业务和财务上的关联性，编织了金融风险横向传导网络。

（二）我国防范系统性金融风险的主要举措及效果评价

日益严重的系统性金融风险隐患引起了党和政府的高度重视。党的十八大以来，习近平总书记反复强调全党要高度重视和切实防范化解各种重大风险。2015年12月，习近平总书记在中央经济工作会议上围绕供给侧结构性改革的精神，明确提出了"三去一降一补"的要求，这标志着我国在实施供给侧结构性改革的同时，开启了防范和化解系统性金融风险的进程。此后，党的十九大明确提出了"健全金融监管体系，守住不发生系统性金融风险的底线"的要求；2017年12月的中央经济工作会议将"防范化解重大风险"列为"三大攻坚战"之首，并明确"重点是防控金融风险"；2018年7月的政治局会议上又提出了"六稳"的要求。依据这一系列顶层设计，在防范系统性金融风险的实践层面，我国于2017年11月成立了国务院金融稳定发展委员会，加强了中国人民银行的宏观审慎监管职责，并在次年4月合并了原中国银监会和原中国保监会，成立了原中国银保监会，正式出台了《关于规范金融机构资产管理业务的指导意见》（简称《资管新规》），加大了对金融乱象的治理力度。2020年7月，又出台了《金融控股公司监督管理试行办法》，加大了对以金融控股集团为代表的混业经营所带来的系统性风险的防范力度。这一系列举措为防范和化解系统性金融风险提供了有力的政策保障和制度保障。

系统性金融风险是在金融系统运行过程中形成和发生的，而金融创新又在不断地改变金融系统的运行格局和运行范式，从这一意义上说，系统性金融风险的形成和发生往往是不恰当的金融创新的结果。金融创新的动力是内生的，源于金融系统结构及运行的环境和格局；金融创新的方式和途径是多样的，而且金融创新的方式和途径本身也处在不断的创新过程中。这表明，试图通过监管来遏制金融创新是不现实的，也是有违金融发展规律要求的。从长期来看，在内生化的金融创新冲击下，指望金融系统完全顺应既定的监管要求来运行，从而避免系统性金融风险，仅仅是一种奢求。同样，在金融系统结构及运行环境不合理的情况下，无论监管政策多么完善，监管措施多么严密，也只能发挥治标作用，试图通过单纯的监管政策和监管活动完全杜绝系统性金融风险，也只能是一种奢求。因此，针对系统性金融风险隐患，理性和客观的态度应是"标本兼治"，即在利用监管政策和手段加大对金融乱象的治理力度，强化宏观审慎要求，以此实现治标目的的同时，结合具体的经济发展阶段，从优化金融系统结构及运行格局和运行环境入手，铲除滋生系统性金融风险的土壤，科学地纠正金融系统与经济系统的适应性偏差，构建金融系统与经济系统之间动态化的良性互动关系，以此实现治本目的。

从防范系统性金融风险的具体实践上看，在治标方面，我国近年来采取了一系列旨在防范和化解系统性金融风险的措施，具体表现为在推出包括《资管新规》在内的一系列强监管措施的同时，强化了中国人民银行的宏观审慎管理和系统性风险防范职责。虽然这一系列强监管措施基本上都是在金融创新突破了既有监管约束的情况下，对原有的监管制度体系采取的"打补丁"举措，有明显的"头痛医头，脚痛医脚"的特点，防范系统性金融风险的长效监管机制并未真正形成，但是，其效果比较明显，金融乱象因这些措施而得到了明显的控制，由不当的金融创新所引发的金融业务机构之间在功能上过度的互补、替代、协同和竞争现象也因这些措施而受到了遏制，在很大程度上奠定了短期内金融稳定的基础。相比之下，这些强监管措施在治本方面的效果则要逊色得多，除了在新型冠状病毒感染疫情发生初期创设了阶段性的直达实体经济的货币政策工具、在资本市场上开设科创板、推进股票发行注册制改革、成立北京证券交易所等提升直接融资比重和缓解中小企业融资困难的举措外，无论是在平衡金融与实体经济的报酬结构方面，还是在优化商业银行的经营模式方面，抑或是在突破金融系统运行的"内卷化"困境和培育"耐心资本"方面，均无实质性的举措，更无明显的效果，金融系统结构及运行环境并未得到实质性的优化，从长期来看，滋生系统性金融风险的土壤并未被真正铲除，系统性金融风险隐患依然存在。因此，党的二十大再次强调了"守住不发生系统性金融风险的底线"这一要求，同时强调"要建立金融稳定保障体系"，并明确指出"防范金融风险还需解决许多重大问题"。

二、研究意义

系统性金融风险是在金融系统运行过程中形成和发生的，源于金融系统结构的复杂性及与经济系统的适应性偏差提供的平台以及不合理的金融系统运行格局和运行环境提供的土壤。在与经济系统存在适应性偏差的复杂金融系统的运行过程中，金融业务机构之间必然通过创新形成互补、替代、协同和竞争的功能关系。在正常情况下，这些功能关系的形成是在一定程度上矫正金融系统与经济系统适应性偏差的客观要求。但是，在金融系统的运行格局和运行环境不合理的情况下，往往会出现矫枉过正的现象，导致这些功能关系因不恰当的金融创新而突破合理的度，造成金融风险体量的纵向累积和传导网络的横向编织，从而形成系统性金融风险。金融系统结构的复杂化是金融发展的必然结果，金融系统与经济系统之间动态演化的时大时小的适应性偏差也是一种客观必然的存在，这决定了由金融系统结构的复杂性及与经济系统的适应性偏差构成的系统性金融风险的生成平台的客观性和必然性。既然这样，那么，要从根本上消除系统性金融风险的隐患，除了在治标层面贯彻宏观审慎政策和强化金融业务机构行为监管以外，还必须通过优化金融系统的运行环境和运行格局，在治本层面铲除在上述平台上滋生系统性金融风险的土壤。由此可见，从金融系统结构及运行的视角研究系统性金融风险，有助于我们从更深的层面揭示系统性金融风险的形成机理和发生条件，并采取更具有针对性的防控措施。这既是本书研究的出发点和目的，也是本书研究的意义所在。

第二节 研究现状述评和研究思路

一、研究现状述评

(一) 研究现状暨文献综述

目前，从理论层面对系统性金融风险的研究正在不断深化，大量的研究成果正在产生，这在一定程度上对防范和化解系统性金融风险的实践活动发挥了指导作用。但是，在现有的研究中，基于金融系统结构及运行状况和运行环境这一视角对系统性金融风险的形成和发生所做的研究较少。迄今为止，在金融系统结构及运行状况对系统性金融风险的影响问题上，学术界既有的研究主要是围绕金融系统内部的关联性展开的，从研究口径上看，可细分为三个方面，即着眼于债务关联性的研究、着眼于业务关联性的研究以及着眼于总体关联性的研究。

1. 着眼于债务关联性的研究

这种研究着重考察金融风险通过债务链条传导的路径和传导的机制。在这方面，较具代表性的研究及成果主要有：

Eisenberg 和 Noe 的研究考虑了银行之间的双边风险敞口网络，通过把银行违约纳入清算机制中，证明了清算支付向量的唯一存在性，并从债务人的违约行为对债权人造成的冲击切入，分析了违约行为的传导效应和连锁违约现象的形成机理[1]。

刘冲和盘宇章研究认为，银行之间的同业拆借网络对系统性金融风险存在两种相反的效应，即既有抑制系统性风险的风险分担效应，也有为系统性风险的扩散提供渠道的风险传染效应[2]。

隋聪、邓爽玲、王宗尧根据中国银行业的数据对银行之间债务网络进行建模，在构造三种网络和设计四种情形的基础上，采用修正的偿还算法对银行之间债务网络进行了模拟实验，分析了银行之间借贷比例、资本充足率等因素对风险传染的单独影响和混合影响[3]。

王虎、李守玮考虑了银行之间同业拆借和持有共同资产两种关联，采用债务排序方法构建了系统性金融风险多层网络传染模型，并基于2012—2017 年我国银行业数据对系统性金融风险及其影响因素进行了实证研究，得出了"在多层网络中的系统性金融风险要大于单一网络的风险之和，不同规模银行的主要风险来源渠道不同，资产冲击对银行系统的影响要远大于单一银行冲击对银行系统的影响"的结论[4]。

此外，白鹤祥、刘社芳、罗小伟等以房地产市场为例，分析了基于双边债权债务结构的金融机构相互之间风险传染，认为金融风险既能通过金融机构之间基于货币市场、债券市场和同业市场而形成的直接债权债务链

① ESENBERG L, NOE T H. Systemic Risk in Financial Systems [J]. Management Science, 2001, 47 (2): 236-249.

② 刘冲, 盘宇章. 银行间市场与金融稳定: 理论与证据 [J]. 金融研究, 2013 (12): 72-86.

③ 隋聪, 邓爽玲, 王宗尧. 银行资产负债结构对金融风险传染的影响 [J]. 系统工程理论与实践, 2017 (8): 1973-1981.

④ 王虎, 李守伟. 系统性金融风险多层网络传染与控制研究 [J]. 大连理工大学学报 (社会科学版), 2020 (5): 29-41.

条传染，也能通过金融机构之间因持有共同资产而形成的间接债权债务链条传染①。

2. 着眼于业务关联性的研究

这种研究着重考察了混业经营对系统性风险的影响。在这方面，较具代表性的研究及成果主要有：

李政、梁琪和方意认为不同金融机构在业务上的混合和渗透使金融风险交叉传染的可能性大幅上升，当某一部门发生危机时，风险的交叉传染和叠加共振有可能进一步诱发系统性金融风险②。而在此之前，Elliott 和 Golub 等的研究也表达了类似的观点③。

梁琪、常姝雅针对金融体系内混业经营趋势带来的系统性金融风险高维特性，采用可以处理高维时序变量的 LASSO-VAR 模型和广义方差分解方法，构建了我国 63 家上市金融机构以及房地产机构的波动风险关联网络，并从总体、部门与机构三个层面探究了系统性金融风险的成因和跨部门传染特征，得出了"混业经营可以提高部门之间实际关联水平，从而成为部门之间风险关联水平上升的重要影响因素"的结论。在此基础上，她们提出了"要密切关注我国金融体系风险关联总水平与跨部门风险溢出水平，可以将两者纳入金融危机预警指标体系"的政策建议④。

孙静、许涛、俞乔分别以"影子银行"体系、金融控股集团、房地产行业和地方政府债务作为切入点，分析了混业经营趋势对系统性金融风险的影响⑤。

此外，方定闯依据美国金融市场 1998—2018 年 21 年中 12 家上市金融机构的数据，通过构建相应的 DCC-GARCH-MES 模型，测度了美国金融市场的系统性金融风险，并通过构建金融机构混业经营程度指标（HHI 指数），利用面板门槛模型研究了处于不同门槛值下的混业经营程度对系统

---

① 白鹤祥，刘社芳，罗小伟，等. 基于房地产市场的我国系统性金融风险测度与预警研究 [J]. 金融研究，2020（8）：54-73.

② 李政，梁琪，方意. 中国金融部门间系统性风险溢出的监测预警研究：基于下行和上行 △CoES 指标的实现与优化 [J]. 金融研究，2019（2）：40-58.

③ ELLIOTT M，GOLUB B，JACKSON M O. Financial Networks and Contagion [J]. American Economic Review，2014，104（10）：3115-3153.

④ 梁琪，常姝雅. 我国金融混业经营与系统性金融风险：基于高维风险关联网络的研究 [J]. 财贸经济，2020（11）：67-82.

⑤ 孙静，许涛，俞乔. 混业经营下的系统性金融风险及防控 [J]. 江淮论坛，2019（1）：37-42.

性金融风险的影响，并发现了混业经营改革后，美国金融市场上系统性金融风险的波动特点。在此基础上，他提出了"混业经营程度对系统性金融风险存在非线性影响"的假设，并通过进一步的分析，得出了"混业经营程度对系统性金融风险存在偏 U 形影响"的研究结论①。

3. 着眼于总体关联性的研究

这种研究综合考虑了金融系统内不同机构和市场之间在债务、业务以及其他方面的关联关系对系统性风险的影响。具体分为两个方面：一是不同机构之间的关联关系对系统性金融风险的影响；二是不同市场之间的关联关系对系统性金融风险的影响。

（1）不同机构之间的关联关系对系统性金融风险的影响。在这方面，较具代表性的研究及成果主要有：

Allen 和 Gale 着重研究了金融机构之间的网络结构在风险传染中的作用，并认为完整的网络结构因其更强的稳健性而更有利于风险的传导②。

Mistrulli 侧重于银行之间的关联关系，研究了系统性金融风险的传染效应。他通过对意大利的银行数据的分析，得出了银行之间关联性增强会使系统性金融风险的传染效应随之增强的结论③。

Greenwood 等④以及 Giglio 等⑤的研究均认为，即使金融部门受到较小的冲击，其影响也会因为金融部门之间错综复杂的关联关系而通过传染蔓延至整个金融系统，进而导致系统性金融风险发生。

杨子晖、周颖刚等利用"有向无环图技术方法"以及网络拓扑分析方法，从网络关联视角考察了全球系统性金融风险的动态演变和金融市场的风险趋势，证明了系统性金融风险具有明显的跨市场传染效应⑥。

---

① 方定阅. 美国混业经营改革对我国的启示：基于混业经营对系统性金融风险影响视角 [D]. 兰州：兰州大学，2021.

② ALLEN F, GALE D. Financial Contagion [J]. Journal of Political Economy, 2000, 108 (1)：1-33.

③ MISTRULLI P E. Assessing Financial Contagion in the Interbank Market：Maximum Entropy Versus Observed Interbank Lending Patterns, Journal of Banking & Finance, 2011 (5)：1114-1127.

④ GREENWOOD R, LANDIER A, THESMAR D. Vulnerable Banks [J]. Electronic Journal, 2015 (3)：471-485.

⑤ GIGLIO S, KELLY B, PRUITT S. Systemic Risk and the Macroeconomy：An Empirical Evaluation [J]. Journal of Financial Economics, 2016 (3)：457-471.

⑥ 杨子晖，周颖刚. 全球系统性金融风险溢出与外部冲击 [J]. 中国社会科学，2018 (12)：69-90，200-201.

刘晓东和欧阳红兵基于 2012—2016 年中国金融市场的数据，利用两步分位数回归、LASSO 技术和复杂网络理论研究了金融机构的系统性风险贡献度，发现了金融机构之间的关联性是影响金融机构在险价值（VAR）的关键因子，提出了应用系统性风险贡献度动态识别和度量系统重要性的观点，并认为在系统性风险的形成过程中，关联性发挥着比规模更重要的作用①。

李政、鲁晏辰、刘淇基于 LASSO 分位数回归，提出了系统性风险度量新指标，并采用该指标构建了 2011—2017 年我国上市金融机构时变的尾部风险网络，据以从系统、部门和机构三个层面衡量其网络关联水平，并通过识别风险在金融机构之间传递的方向和路径等关联结构，测度单个机构在风险网络中的系统性风险贡献度。他们发现了我国金融机构系统关联水平的周期性特征以及风险在银行、证券、保险部门之间的传染，并发现了除同部门且规模相近、商业模式相似、业务同质性较高的机构之间关联水平更高以外，在风险累积和发生阶段，跨部门和同部门中差异较大的机构之间的关联水平也会有所上升的现象②。

（2）不同市场之间的关联关系对系统性金融风险的影响。在这方面，较具代表性的研究成果主要有：

苗文龙把金融部门之间的风险传导网络置于金融市场中，使用时变 Copula 模型比较了不同金融模式下国内金融市场之间的风险传染效应，发现金融部门之间通过不同的金融市场相互持有资产和负债而建立起来的关联网络形成了灵敏的风险传染路径，风险事件会通过这些传染路径迅速流转，从而在金融市场之间形成显著的传染冲击效应，而这种效应又使不同金融市场的波动周期趋于同步，从而又反过来强化不同金融市场之间的风险传染③。

杨子晖、陈里璇、陈雨恬通过构建非线性关联网络，研究了全球 19 个主要国家和地区经济政策变化与系统性金融风险传染之间的关系，发现股票市场是风险的主要输出方，外汇市场是风险的主要接受方，两者之间存

---

① 刘晓东，欧阳红兵. 中国金融机构的系统性风险贡献度研究 [J]. 经济学季刊，2019，18（4）：1239-1266.

② 李政，鲁晏辰，刘淇. 尾部风险网络、系统性风险贡献与我国金融业监管 [J]. 经济学动态，2019（7）：65-79.

③ 苗文龙. 金融危机与金融市场间风险传染效应：以中、美、德三国为例 [J]. 中国经济问题，2013（3）：89-99.

在双向非对称传染效应，其中股票市场对外汇市场有更大的冲击影响①。

此外，孙国峰根据外汇市场价格变化迅速，容易引发顺周期行为和"羊群效应"的特点以及外汇市场与其他金融市场之间的高度关联性，得出了"外汇市场的异常波动在纵向和横向维度都可能引发系统性金融风险"的结论②。

（二）对研究现状的评价

上述研究成果从不同的方面反映了金融系统的运行对系统性金融风险的影响，在一定层面揭示了系统性金融风险的形成原因，从而对系统性金融风险的防范和化解发挥了一定的实践指导作用。但是，这些研究在内容、侧重点和方法上都还存在一定的不足。

首先，这些研究在内容上主要注重金融系统运行的结果及对系统性金融风险的影响，对金融系统运行过程的分析深度有限，导致研究过程中对系统性金融风险形成过程的关注度不足，因而对系统性金融风险的前瞻性防范的指导作用有限。

其次，在研究的侧重点上，这些研究主要着眼于金融系统的运行状况在系统性金融风险形成过程中的横向传导作用，而对纵向累积作用及其形成机理的研究偏少，因而对系统性金融风险形成原因的揭示尚不够充分，在此基础上提出的防范措施也显得较为狭隘。虽然也有一些学者在相关研究中在某些侧面关注了金融系统运行对系统性金融风险纵向累积的影响，例如孙国峰在研究我国外汇市场发展和外汇管理体制改革问题时，也关注了外汇市场的异常波动对系统性金融风险的纵向累积作用③，但这只是在做其他研究时顺带提及，在研究力度上仅仅是"点到为止"而已。

再次，在研究方法上，这些研究偏重于实证分析，对系统性金融风险的形成过程和形成机理的理论剖析尚显不足，尤其是以金融系统运行过程中金融业务机构的功能发挥状况作为切入点的研究，更是几乎没有，金融系统的运行状况和金融业务机构的功能发挥状态作用于系统性金融风险的机理在现有研究成果中未能得到应有的揭示。

最后，尽管吴龙龙分别从现象和原因两个层面探析了系统性金融风险

① 杨子晖，陈里璇，陈雨恬. 经济政策的不确定性与系统性金融风险的跨市场传染：基于非线性网络关联的研究 [J]. 经济研究，2020，55（1）：65-81.

② 孙国峰. 我国外汇市场发展与外汇管理体制改革 [J]. 清华金融评论，2018（12）：40-44.

③ 孙国峰. 我国外汇市场发展与外汇管理体制改革 [J]. 清华金融评论，2018（12）：40-44.

的形成机理，并从优化金融系统运行环境的视角提出了系统性金融风险防范策略①，但受制于论文的篇幅，既未能对金融系统结构及运行以及系统性金融风险的内涵做深入的分析，也未能在严格区分系统性金融风险的存在及发生这两种不同状态的基础上，分别针对简单金融系统和复杂金融系统背景下系统性金融风险的表现形式和严重程度做出分析，更没有结合经济与金融的长期关系和短期关系，从金融系统结构的复杂性及与经济系统的适应性偏差这一视角揭示系统性金融风险的生成基础，因而其理论深度和实践指导意义依然是有限的。

由此可见，在金融系统结构及运行状况对系统性金融风险的影响这一问题上，依然有很大的研究缺漏需要填补。

二、研究思路

系统性金融风险是在金融系统的运行过程中形成的，是金融系统运行过程中各类金融业务机构功能不当发挥的结果，而各类金融业务机构功能的不当发挥又有其特定的环境基础。因此，要从根本上防范和化解系统性金融风险，必须在正确贯彻宏观审慎政策和强化金融业务机构行为监管的同时，优化金融系统结构及运行格局和运行环境。在此过程中，必须明确金融系统的涵义、结构和运行方式，熟悉系统性金融风险的涵义和特点以及系统性金融风险的表现形式和考察维度，客观认识系统性金融风险的生成基础，深入剖析系统性金融风险外在的和内在的形成机理。在此基础上，从优化金融系统结构及运行格局和运行环境的视角，探寻从根本上防范和化解系统性金融风险，"守住不发生系统性金融风险的底线"的策略和措施。本书针对系统性金融风险的研究，正是基于这样的思路展开的。

---

① 吴龙龙. 金融系统运行与系统性金融风险的形成机理 [J]. 金融教育研究，2022（4）：38-48.

第二章　金融系统及其运行

系统性金融风险是在金融系统运行过程中形成和发生的，能使金融系统的功能丧失或部分丧失并严重冲击实体经济的可能性。因此，要理解系统性金融风险的生成基础和形成机理，从而采取标本兼治的防范和化解策略并确保其成效，就必须充分了解金融系统的涵义和结构，熟悉金融系统的运行方式，明确金融系统的运行状况对其功能的影响以及金融系统运行过程中各构成要素的地位和作用。本章将以系统的涵义和特点作为切入点，在阐述金融系统的涵义、特点及构成要素，分析金融系统功能的基础上，进一步介绍金融系统的运行方式，分析金融系统的运行状况对金融系统功能的影响以及金融系统运行过程中各构成要素的地位和作用。

第一节　金融系统的涵义及构成

一、系统的涵义和特点

（一）系统的涵义

"系统"一词来源于英文"system"，而"system"又来源于古代希腊文"systεmα"，意为"由部分组成的整体"。在自然界和人类社会中，存在着多种多样的系统，各种不同的系统有着不同的构成机理和功能以及运行特点，因而对系统的完整定义应当包含一切系统所共有的特性。"维基百科"中列举了一些思想家和未来学家对系统概念的描述，例如"系统是由能量、物质和信息流等不同要素构成的""系统往往由寻求平衡的实体构成，并显示出震荡、混沌或指数行为""一个整体系统是任何相互依存的集或群暂时的互动部分"等。这些观点从不同的侧面和层面探讨了系统的涵义和特点，有助于人们对系统的涵义进行认识，但相对于对系统做出完整定义的要求而言，尚显得片面和粗浅。在系统的定义问题上，较具代表性的是系统论的创始人贝塔朗菲的观点。贝塔朗菲从元素之间的相互作用以及系统对元素的整合作用出发，把系统 S 描述为满足以下两个条件的对象集：①S 中至少包含两个不同元素；②S 中的元素按一定方式相互联系。这种对象集就是系统，其中的元素则是系统的组成部分。据此，贝塔朗菲把系统定义为"相互联系、相互作用的诸元素的综合体"。而商务印书馆出版的《现代汉语词典》（第 7 版）第 1407 页对系统的解释也表达了类似的意思，即把"系统"解释为"同类事物按一定的关系组成的整体"。这些定义在一般意义上概括了系统的涵义和特征，但相对于对系统做出完整定义的要求而言，依然存在两个方面的缺陷：一是没有包含系统的功能，而系统的功能恰恰是系统存在的根本依据和理由；二是仅适用于解释一般系统，若要用于解释复杂系统（由系统构成的系统），则存在明显的局限性。相比之下，迄今为止对系统做出最完整、最贴切定义的，当属我国已故现代科学泰斗钱学森及合作者。钱学森、许志国和王寿云在《组织管理的技术——系统工程》一文中认为："系统是由相互作用相互依赖的若干组成部分结合而成的，具有特定功能的有机整体，而且这个有机整体又是它从属的更大系统的组成部分。"① 这一定义既概括了系统各组成部分之间的关系和系统的组成原理也反映了系统的功能，既可用于解释一般系统也可用于解释复杂系统，因而最有代表性和可接受性。据此，我们可以把系统理解为：由若干相互联系、相互作用的元素或元素的组合有机结合形成的，具有某些功能的多层次的综合体。

（二）系统的特点

从系统的完整的定义中可以看出，系统有四大特点：多元性、相关性、整体性、层次性。

1. 系统的多元性特点

系统由而且只能由多个元素或元素的组合构成，无论是单一的元素还是单一元素的组合都不能构成系统。尽管元素的组合所形成的整体本身也是一个系统，但当其孤立存在时，并不能形成一个更高层次的系统。例如，一个人本身就是一个生命系统，由消化系统、呼吸系统、循环系统、

---

① 此文原载于 1978 年 9 月 27 日的《文汇报》，后收录于：钱学森，等. 论系统工程 [M].
上海：上海交通大学出版社，2007：1-10.

免疫系统、运动系统等子系统构成，每个子系统又由各种不同的器官构成，但当一个人作为元素孤立存在时，却无法形成城市、街道、社区乃至家庭这样的更高层次的系统。

2. 系统的相关性特点

构成系统的各个元素或元素的组合之间是相关的，这种相关性可能是基于某一种或几种相同的性质、共同的目标、相互之间的作用或依赖关系等。例如，太阳及其行星之所以能构成太阳系这样一个系统，是因为每颗行星都受到了太阳引力的作用，每颗行星相互之间也存在引力作用，同时各自还受到其他天体引力的作用。正是基于这些不同方向的引力所形成的相关关系，维持了太阳系的稳态。从严格意义上说，现实世界中不存在"非系统"，即虽然构成了整体，但各元素之间没有联系的"多元集"是不存在的。虽然现实世界中某些群体的构成元素之间微弱的联系常常被忽略，但并不能因此而否认其作为系统的存在。

3. 系统的整体性特点

系统的整体性特点集中体现在系统的功能上。系统是一个具有特定功能的综合体，构成系统的各个元素或元素的组合也有着各自的功能，但系统的功能通常不是组成该系统的各个元素或元素的组合的功能的简单加总。系统的各个组成部分之间在功能上通常存在互补、替代、协同和竞争关系，系统的整体功能发挥得如何，取决于系统的运行状况，而系统的运行状况如何，又取决于系统的各个组成部分在系统运行过程中的协调和配合程度。通常，一个高效运行的系统，在功能上往往能产生"1+1≥2"的效果，从而形成"三个臭皮匠，胜过诸葛亮"的系统运行格局；而对于一个低效甚至无效运行的系统来说，在功能上往往会形成"1+1<2"的结果，甚至形成"三个和尚没水喝"的系统运行格局。

系统的整体性特点表明，旨在推动系统进步而对系统进行的设计和再造，必须以提升系统的整体功能为目标。如果系统的设计和再造在导致系统精细化和复杂化的同时，未能使系统的整体功能得到提升，或者系统的整体功能虽有所提升，但不能弥补系统精细化和复杂化所导致的内耗性交易成本和竞争成本，那么，系统就处于一种无效进步状态，也就是系统运行陷入了"内卷化"的困境中。这正是目前在多个领域普遍存在并日益严重而且很难被有效突破的一种经济现象和社会现象。

4. 系统的层次性特点

在现实世界中，构成一个系统的各个部分通常本身就是一个系统，而由这些系统构成的系统通常又从属于一个更大的系统，这就是系统的层次性特点。放眼自然界和人类社会，系统的层次性特点几乎随处可见。无论是自然界中的地月系、太阳系、银河系和更大的天体系统之间，还是人类社会中的社会系统、经济系统、金融系统、银行系统之间，抑或是城市系统、街道系统、社区系统、家庭系统之间的包含和被包含关系，都体现了系统的层次性特点。而在社会活动中被经常提到的正确处理个人与组织、家庭与社会、局部与整体等关系的问题，实际上也反映了个人、家庭、局部作为系统的构成部分，应在体现系统的层次性特点的同时，摆正自身位置并合理发挥自身功能的要求。

二、金融系统的涵义和特点

（一）金融系统的涵义

前面已经提到，从严格意义上讲，现实世界中不存在"非系统"，无论是自然界还是人类社会，系统都是普遍存在的，金融领域也不例外。而要正确认识金融系统的涵义，则必须先正确认识金融的涵义。

金融起源于信用活动。信用是指以偿还和支付利息为条件的借贷行为，是一种价值运动的特殊形式，而当借贷的对象被固定在货币上，即信用活动与货币相结合时，便形成了金融这一新的经济范畴。因此，在外延上，可把金融的涵义理解为货币流通、信用活动和相关经济活动的总称。而在内涵上，则可以从现象和本质两个层面来理解金融。从现象上看，金融就是指货币资金的融通；从本质上看，金融是在不确定条件下实现资源跨期最优配置的活动。

要真正认识金融的本质，必须正确理解不确定条件、跨期配置资源以及资源跨期最优配置的涵义。不确定条件是指实际结果与预期结果发生偏差的可能性，这种可能性也被称为风险。可能发生的偏差越大，意味着风险越大，反之亦然。跨期配置资源是指把资源在"现在使用"和"未来使用"之间进行合理的分配。由于货币代表着对资源的索取权，跨期配置资源在现象上通常表现为把货币在消费和储蓄（投资）之间做出合理的安排，即在"用今天的钱圆明天的梦"还是"用明天的钱圆今天的梦"之间做出合理的选择。资源跨期最优配置意味着在消费（即现在使用资源）和储蓄（即未来使用资源）之间做出合意安排的经济主体实现了效用最大化。效用是一种心理的满足，而不同的主体又有不同的心理感受，因而主体效用的最大化具有很强的主观色彩，具体表现为不同的主体针对同一事件的感受会有比较明显的差异，甚至截然不同。正如有人甘愿一辈子住在破旧的房屋中省吃俭用，以求到晚年时存够购置新房的资金；也有人甘愿一辈子住在豪华洋房中省吃俭用，以求在晚年时还清购房的贷款。而就心理感受而言，这两类人都已经实现了效用的最大化。

金融活动中面临的不确定性（风险）以及不同主体对资源配置效用最大化的不同感受决定了金融活动的复杂性，这种复杂性加上由金融环境变化导致的金融风险扩大的趋势以及不断提高的突破信息不对称对金融活动效率的束缚这一诉求，催生了提供专业金融服务的专业金融机构。

起初，专业的金融服务主要由银行提供，因而金融活动的内容也主要表现为以存贷款及相关的支付结算服务为代表的间接融资活动。在间接融资中，银行作为"中间商"赚取了"价差"。为了降低融资成本和提高融资效率，对直接融资及相关的风险管理的需求逐步增加，由此催生了投资银行（证券公司）、信托公司、基金管理公司、证券交易所等服务于直接融资的专业金融机构以及专司风险管理和风险化解并参与投融资活动的保险公司。这些机构连同银行一起，构成了形式多样、功能各异的金融业务机构。

无论是直接融资还是间接融资，都需要在一定的平台上实施和完成，于是产生了不同形式和不同层次的金融市场。

金融市场的出现使金融活动得以在金融市场上通过交易金融产品的方式来实施和完成，因而金融市场的出现也催生了多种形式的金融产品，而且随着金融业务范围的不断扩大和金融活动的进一步深化创新，金融产品及其功能也不断丰富。

在金融活动中，各类金融机构除了以向客户或相互之间买卖金融产品的方式开展投融资活动外，还提供诸如支付结算、代理、代保管、经纪、咨询顾问、资产管理等金融服务，这些金融服务与金融产品一同构成了金融业务。

为了提高金融服务的效率，规范金融活动的运行秩序，需要建立服务于金融活动的"硬件"设施和规范金融活动的制度安排，这些"硬件"设施和制度安排构成了金融基础设施。

随着金融业务范围的不断扩大和金融活动的进一步深化创新，金融与经济的融合度不断提高，金融在经济系统中的地位和对经济的影响力不断上升。美国前国务卿基辛格曾指出："如果你控制了石油，你就控制住了所有国家；如果你控制了粮食，你就控制住了所有的人；如果你控制了货币，你就控制住了整个世界。"① 邓小平也曾指出："金融很重要，是现代经济的核心，金融搞好了，一着棋活，全盘皆活。"② 习近平总书记则从金融与经济关系的视角，明确提出了"经济兴，金融兴；经济强，金融强"和"金融活，经济活；金融稳，经济稳"的观点。为了维护金融业的安全与稳定，进而维护国家的经济安全，同时保护存款人和投资者的利益，维持金融业的运作秩序和公平竞争，合理发挥金融对经济的主导作用，必须加强对金融业的监督和管理，并通过对金融的合理调控，引导经济健康发展和稳定运行。鉴于存款人和投资者过于分散，常常存在"搭便车"等机会主义倾向，而且在行动上难以形成协同效应，金融监管和调控这一任务只能由专业的机构来承担，这就催生了以专业的金融监管机构和中央银行为主体的金融监管和宏观调控机构。

上述各种不同的金融业务机构、金融监管与宏观调控机构、多形式和多层次的金融市场、金融基础设施以及由多种金融产品或服务构成的金融业务的有机结合，形成了金融系统。金融系统在综合各构成要素功能的基础上，形成了自身独特的功能。基于这样的理解，我们可以把金融系统的涵义表述为：由不同功能的金融业务机构、宏观调控机构和承担不同监管职责的金融监管机构、多形式和多层次的金融市场、以多元化的金融产品及金融服务为载体的多种金融业务，按一定的秩序和内部联系组合而形成，并借助金融基础设施而运行的，承担特定功能的综合体。

在现实中，人们常常把金融系统与金融机构体系混同。而事实上，这是两个既有紧密联系又有严格区别的概念。金融机构体系也被称为金融机构系统，是指各类金融机构的组合及职能划分。各国的金融机构体系大多数是以中央银行为核心来进行组织和管理的，因而形成了以中央银行为核心、商业银行为主体，各类银行和非银行金融机构并存的体系。就金融机构体系与金融系统的关系而言，金融机构体系仅仅是金融系统的重要组成部分，或者说是金融系统的一个子系统，其功能的形成和发挥，还须借助金融系统中其他构成要素的协同和配合。因此，把金融系统与金融机构体

---

① 这是基辛格在 20 世纪 70 年代提出的观点。正是基于这一观点，基辛格秘密施压伊朗国王，从而在 1974 年引发了第二次石油危机。

② 这是邓小平同志 1991 年初视察上海听取上海市委负责同志的工作汇报时，针对浦东新区"金融先行"的做法，提出的对金融重要性的看法。

系混同，实际上是误解导致的以偏概全。

（二）金融系统的特点

与其他系统一样，金融系统也具有多元性、相关性、整体性和层次性的特点，而这些特点的具体表现又体现了金融的"本色"。

1. 金融系统的多元性特点

金融系统的多元性特点表现为金融系统是由众多的子系统构成的，这些子系统本身又由众多的要素构成，而且无论是构成金融系统的子系统，还是构成子系统的众多要素，在外在表现形式、功能、结构和运行方式等方面都有着不同程度的差异。根据外在表现形式的不同，构成金融系统的子系统可分为金融机构系统、金融市场系统、金融业务系统（由金融产品系统和金融服务系统构成）、金融基础设施系统；根据承担职能的主体的不同，可分为中央银行系统、金融监管机构系统、商业银行系统、政策性银行系统、投资银行系统、信托与类信托机构系统以及其他金融机构系统。整个金融系统就是由这些在不同方面存在不同程度差异的"成员"构成的"大家庭"。

2. 金融系统的相关性特点

虽然构成金融系统的各个子系统及其构成要素之间在外在表现形式、功能、结构和运行方式上存在不同程度的差异，但这绝不意味着构成金融系统的各个子系统及其构成要素是"乌合之众"，因为这些子系统及其构成要素之间在不同方面还存在不同程度的相关性，这就是金融系统的相关性特点。这种相关性可能是互为客户而形成的直接相关，例如商业银行为投资银行办理支付结算业务，而投资银行则为商业银行承销金融债券；也可能是基于同一服务对象而形成的间接相关，例如，商业银行的贷款对象正好是投资银行负责提供证券承销服务的公司；还可能是由于接受同一主体提供的服务而形成的间接相关，例如，银行、券商和保险机构的资管计划对接了同一家信托机构的信托计划。除此之外，还有其他多种多样的导致各个子系统及其构成要素之间形成直接或间接相关关系的情形，在此不再一一列举。正是这些形形色色的直接或间接相关关系把上述各种子系统及其构成要素"撮合"成了一个完整的金融系统。

金融系统的相关性特点决定了金融系统的各个子系统及其构成要素之间会在功能上形成不同程度的互补、替代、协同和竞争关系，这些关系会因各个子系统及其构成要素之间直接或间接的相关关系的变化而变化。而金融创新尤其是以监管套利为目的的金融创新，往往会急剧地改变各个子系统及其构成要素之间的相关性，从而使各个子系统及其构成要素之间在功能上的互补、替代、协同和竞争关系发生相应的改变。当这种改变超出合理的度时，金融系统的运行就会造成金融风险体量的纵向累积和金融风险传导网络的横向编织，从而形成系统性金融风险。这正是本书第五章将重点分析的内容。

3. 金融系统的整体性特点

与其他系统一样，金融系统的整体性特点同样体现在其功能上。由系统的相关性特点所导致的组成金融系统的各个子系统及其构成要素之间在功能上的互补、替代、协同和竞争关系，决定了金融系统的功能并不是各个子系统及其构成要素的功能的简单加总。如果各个子系统及其构成要素之间的关系合理，在功能上的互补、替代、协同和竞争关系正常，则金融系统的功能就能得到充分且合理的发挥；反之，如果不恰当的金融创新等原因导致各个子系统及其构成要素之间在功能上形成了过度的互补、替代、协同和竞争关系，就会扭曲金融系统的功能，导致系统性金融风险的累积和传导。详见本书第五章的分析。

金融系统的整体性特点对系统性金融风险管理的启示是：由于各个子系统及其构成要素之间具有较强的关联性，作为金融系统构成要素的单个金融机构回避风险的行为，并不一定能带来金融系统的整体安全，有时反而会加大系统性风险。这是因为，在缺乏沟通和协调机制的情况下，众多的微观金融机构在风险管理上的有序行为，很可能造成整个金融系统在风险管理上的无序状态，从而形成风险传导的网络并加快风险传导的速度。因此，必须正确处理微观风险控制与宏观（系统性）风险防范之间的关系。

金融系统的整体性特点表明，只有在金融系统的各个子系统及其构成要素之间形成合理的结构，才能使系统的整体功能得到充分且合理的发挥。为此，必须依据"木桶理论"，补齐金融系统构成要素中的短板。目前，无论是在密集出台各类监管政策的同时，对原有的监管规定"打补丁"的做法，还是积极推进多层次资本市场体系建设，努力提高直接融资的比重的各种设计和操作，都反映了这一要求。

4. 金融系统的层次性特点

金融系统的各个组成部分，无论是金融机构、金融市场、金融业务，还是金融基础设施，本身也都是系统，而且都是由数量不等的更小的子系统构成的，这种情况使金融系统在构成上体现出层层包含的关系。关于金融系统的这一特点，在本章前面的内容中，已多次直接或间接提及，而且在本节第三部分即金融系统的构成中，还将做进一步的分析。因此，这里就不赘述了。

三、金融系统的构成

金融系统各构成要素之间有着错综复杂的联系，这是系统相关性特点的体现。这种错综复杂的联系决定了对金融系统构成要素的不同分类标准，从而形成了解析金融系统结构的不同视角。在这里，笔者将立足于金融系统的涵义，在依据外在表现形式对其构成部分进行归类，即把金融系统的构成列分为金融机构系统（包括金融业务机构系统、金融监管和宏观调控机构系统）、金融市场系统（包括间接融资市场系统、直接融资市场系统）、金融业务系统（包括金融产品系统、金融服务系统）、金融基础设施系统（包括"硬件"系统、"软件"系统）这四个部分（如图 2-1-1 所示）的基础上，逐一进行解析。

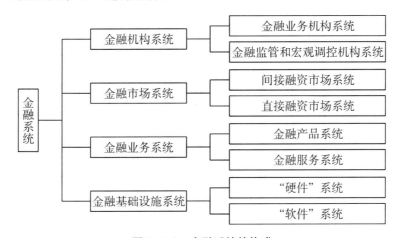

图 2-1-1　金融系统的构成

（一）金融机构系统

1. 金融业务机构系统

金融业务机构是指通过开展金融业务发挥职能作用的机构，是金融系统中的主体构成部分。根据其经营目标，可把金融业务机构分为政策性金融业务机构系统和商业性金融业务机构系统。

（1）政策性金融业务机构系统。政策性金融业务机构是指由政府创立、参股或保证，不以营利为目的，在特定的业务领域从事政策性融资活动，以贯彻政府的产业政策为职责的金融机构，主要以银行的形式存在。政策性金融业务机构具有不以营利为目的、服务于特定的业务领域、在组织方式上受到政府控制、以财政拨款和发行金融债券为主要筹资方式等基本特征。政策性金融业务机构通常有三类，即农业政策性金融业务机构、进出口政策性金融业务机构和经济开发政策性金融业务机构。在我国，这三类政策性金融业务机构的职能分别由中国农业发展银行、中国进出口银行和国家开发银行承担。

（2）商业性金融业务机构系统。商业性金融业务机构是以利润最大化为经营目标的金融机构，主要包括商业银行、投资银行（证券公司）、保险机构、信托和类信托机构以及其他商业性金融业务机构。

商业银行是以追求利润最大化为经营目标，以各种金融资产和负债为经营对象，为客户提供多功能、综合性金融服务的机构，因其业务种类繁多，常常被称为"金融百货公司"。商业银行不但是金融业务机构中的主体，也是金融系统中的主体，其行为对整个金融系统的运行和功能发挥状况有着重大影响。目前，我国的商业银行主要包括国有控股商业银行（中国工商银行、中国农业银行、中国银行、中国建设银行、交通银行）、全国性的股份制商业银行（招商银行、浦发银行、兴业银行等）、城市商业银行（包括通过合并城市商业银行而组建的地方性商业银行，如江苏银行、徽商银行、浙商银行等）以及农村商业银行。

投资银行在我国被称为证券公司，是指依法成立的专门从事各种证券经营及相关业务的金融企业。投资银行的资金来源主要是发行股票和债券，主要业务包括证券承购和代销、证券交易、公司兼并与收购、项目融资、风险资本投资等，几乎包含了全部资本市场业务。因此，投资银行是资本市场最主要的参与者和组织者。

保险机构是指依法设立的在保险市场上提供各种保险产品，分散和转移他人风险并承担经济损失补偿和保险给付义务的专业金融机构。保险机构以收取保险费的方式建立保险基金，并将其中用于理赔给付之外的资金在监管政策允许的范围内进行投资。根据保险标的不同，保险机构可分为人寿保险机构和财产保险机构等。

信托是指委托人基于对受托人的信任，将财产权委托给受托人，由受托人根据委托人的意愿，以受托人自己的名义，为了受益人的利益或特定目的，进行管理和处分的行为。信托通常有三个方面的当事人，即委托人、受托人和受益人，而一般的信托常常以自益信托的形式出现，因而委托人和受益人通常是同一人。在信托活动中，充当受托人的机构称为信托机构，信托机构的职能通常由信托公司承担。信托公司是指以受托人的身份代委人管理和处分财产的非银行金融机构，其基本职能是"受人之托，代人理财"。根据信托标的物的不同，可在总体上把信托公司的业务分为资金信托、动产和不动产信托、权利信托和事务管理信托。由于信托公司对受托管理的财产进行管理和处分的领域很宽，尤其是在资金信托中，受托管理资金的投资空间很广，货币市场、资本市场乃至实体经济领域都可在一定程度上介入，因而信托公司具有一定的"全牌照"金融机构色彩。这一优势造就了信托公司在金融系统中的特殊地位，在分业经营的制度约束下，能发挥特殊的"通道"作用，在一定程度上变相地满足金融业务机构的混业经营诉求。

类信托机构是指虽无"信托"之名，却开展具有信托性质的业务的金融机构。最典型的类信托机构是基金管理公司，即依法设立的对基金的募集、基金份额的申购和赎回、基金财产的投资、基金收益的分配等基金运作活动进行管理的投资性金融机构。此外，银行的理财子公司也是一个较为典型的类信托机构。商业银行、证券公司、保险公司在开展非保本型代客理财业务时，也带有类信托机构的色彩。

除了上述商业银行、投资银行、保险机构以及信托和类信托机构以外，还有一些其他类型的商业性金融业务机构，如储蓄银行、信用合作社、财务公司、汽车金融公司、金融租赁公司、资金互助社以及建立在现代信息技术基础上的各种类型的科技型金融企业等。这些机构依据各自的业务模式运行，以提供不同金融产品的方式满足金融消费者的需要，在不同程度上影响着金融系统的运行。

2. 金融监管和宏观调控机构系统

（1）金融监管机构系统。金融监管是指为了维护金融体系的安全和稳定并保护金融消费者的利益，依据相关法律和规章对金融业务机构及其经营行为实施的一系列规范活动的总称，具体包括监管主体、监管对象、监管内容和监管措施等。其中的监管主体就是行使监管权力、承担监管职责的人或机构。由于金融消费者过于分散，且存在"搭便车"等机会主义倾向，在行动上难以形成合力和协同效应，因而金融监管的权利和职责通常由政府设立的专门机构来行使和承担。

在 1992 年以前，我国主要由中国人民银行行使对金融机构的监管权力和承担监管职责。1992 年成立了中国证监会，从中国人民银行承接了对证券业的主要监管职能；1998 年成立了中国保监会，对保险业的监管职能也从中国人民银行分离出来；2003 年成立了中国银监会，从中国人民银行承接了对银行业的主要监管职责。至此，"一行三会"的分业监管格局正式形成。2017 年，基于对维护金融安全和稳定、防范系统性金融风险的考虑，成立了国务院统筹协调金融稳定和改革发展重大问题的议事协调机构——国务院金融稳定发展委员会，其基本宗旨是强化中国人民银行的宏观审慎管理和系统性风险防范职责，强化金融监管部门的监管职责，确保金融安全与稳定发展。国务院金融稳定发展委员会的成立，标志着新时代金融体制改革的大幕已经拉开。2018 年 3 月，为了深化金融体制改革，应对综合经营趋势，落实功能监管和加强综合监管，依据《深化党和国家机构改革方案》的基本精神，通过合并原中国银监会和原中国保监会，成立了原中国银行保险监督管理委员会（简称"银保监会"）。自此，我国形成了以国务院金融稳定发展委员会、中国人民银行、中国银保监会和中国证监会（简称"一委一行两会"）为主导的金融监管机构体系。2023 年 3 月，根据《党和国家机构改革方案》和《国务院机构改革方案》的安排，一个在中央金融委员会统筹下，由中国人民银行、国家金融监督管理总局和中国证券业监督管理委员会履行具体监管职能的新的金融监管机构体系开始构建。

（2）宏观调控机构系统。金融宏观调控是指通过调节和控制货币供应量和利率，影响金融业务机构的行为和业务扩张能力，优化其业务结构，进而影响宏观经济运行，以此实现既定经济目标的一系列活动的总称。在金融系统中，承担宏观调控职责的主要是中央银行。在我国，中国人民银行依法履行宏观调控职责，其所利用的宏观调控工具有常规政策工具和非常规政策工具。前者包括由存款准备金率、再贴现率、公开市场操作构成的一般性工具；由消费者信用控制、证券市场信用控制、不动产信用控制、优惠利率构成的选择性政策工具；由最高利率限制、信用配额管理、流动性比率管理、直接干预、贷款最高限额构成的直接信用控制工具；由道义劝告和窗口指导构成的间接信用指导工具。后者主要包括短期流动性调节工具（SLO）、常备借贷便利（SLF）、中期借贷便利（MLF）、抵押补充贷款（PSL）、定向中期借贷便利（TMLF）等。中国人民银行还推出了"普惠小微企业贷款延期支持工具"和"普惠小微企业信用贷款支持计划"这两项直达实体经济的货币政策工具。

　　金融业务机构与金融监管和宏观调控机构可以统称为金融机构。综合前述内容，我国金融机构系统的构成情况可以通过图 2-1-2 表示出来。

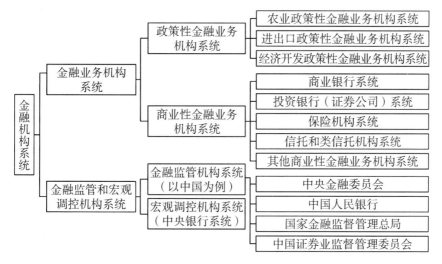

图 2-1-2　金融机构系统

（二）金融市场系统

　　金融市场是通过金融产品的交易实现资金融通和风险交换的场所，是各类金融业务机构开展业务活动以及宏观调控机构了解宏观经济运行情况和实施宏观调控行为的重要平台。广义的金融市场系统包括间接融资市场系统和直接融资市场系统；狭义的金融市场系统则仅包括直接融资市场系统。根据金融市场上交易的金融产品的期限和流动性特征，我们可以把间接融资市场系统分为短期信贷市场系统和中长期信贷市场系统，它们分别由存款市场系统和贷款市场系统构成。我们可以把直接融资市场系统分为货币市场系统和资本市场系统。货币市场是指融资期限在一年以内的短期金融工具的交易市场，具体包括同业拆借市场、票据市场、大额可转让定期存单（CDs）市场、回购市场和短期政府债券市场等；资本市场是指期限在一年以上的各种资金借贷及证券发行和交易的场所，主要包括股票市场、债券市场和其他资本性工具市场。无论是股票市场系统还是债券市场系统，都由一级市场系统和二级市场系统构成。一级市场又称为发行市场，是指发行方将其拟发行的股票或债券销售给最初投资者的市场；二级市场又称为交易市场或流通市场，是已发行的股票或债券在不同投资者之间转让所形成的市场，也是实现股票和债的流动性的市场。其他资本性工具市场包括证券投资基金市场、私人权益资本市场等。

金融市场系统的基本结构如图 2-1-3 所示。

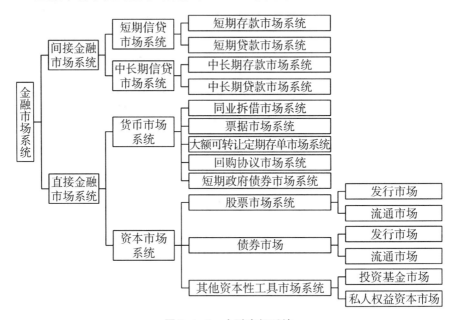

图 2-1-3　金融市场系统

（三）金融业务系统

金融业务系统由金融产品系统和金融服务系统这两个子系统构成。

1. 金融产品和金融服务的涵义及区别与联系

金融产品也称为金融工具，是指由金融机构或非金融机构创设并销售的，具有一定面额的，在金融市场上流通的，反映债权债务关系或所有权关系的书面凭据，其具有期限性、风险性、收益性和流动性等特点。金融服务是金融机构利用自身在资源、技术、人才、设施、信息等方面的优势以及基于自身的业务而形成的便利条件，满足客户特定的需求并收取一定费用的一系列活动的总称。

对于金融机构而言，金融产品和金融服务的主要区别在于三个方面：①取得收益的方式不同。金融产品的持有者以收取利息（分红）的方式或者以取得买卖价差的方式获得收益；金融服务的提供者则以收取手续费、咨询费、管理费、担保费、承诺费等方式取得收益。②业务性质不同。金融机构参与金融产品的买卖会引起资产负债表项目的变化，因而金融产品属于其表内业务；金融机构提供金融服务通常不会引起资产负债表项目的实时变化，因而金融服务属于金融机构的表外业务。③风险不同。金融机构参与金融产品买卖需要承担风险，包括利率风险、价格变动风险、信用风险等；金融机构提供金融服务的风险因服务的内容而异，就诸如支付结算、代理、咨询顾问等传统的金融服务来说，金融机构无须承担除操作风险和声誉风险以外的其他风险，尤其是不需要承担市场风险和信用风险，而对于诸如票据承兑、担保等具有或有资产性质的金融服务而言，则金融机构还需在承担操作风险和声誉风险之外，承担一定的其他风险，尤其是信用风险和市场风险。

除了上述区别以外，金融产品和金融服务之间以及金融产品和金融服务内部的各种具体形式之间，在特定的情况下也会发生转化。例如，在商业银行提供的票据承兑服务中，一旦形成垫款，这种服务就转化成了一种特殊的贷款产品，这是金融服务向金融产品的转化；而当商业银行为客户提供票据发行便利服务时，则形成了金融产品向金融服务的转化。又如，可转债在转换条件成熟时会转换成股票，从而形成了不同金融产品形式的转化。再如，客户要提取股票投资收益时，需要把收益从证券交易保证金账户转入个人的活期存款账户，从而形成了证券经纪服务向支付结算服务的转化。

2. 金融产品系统

按照与实际信用活动的关系，可把金融产品系统分为原生金融产品系统和衍生金融产品系统。

（1）原生金融产品系统。原生金融产品是指在实际信用活动中形成的能证明债权债务关系或所有权关系的书面凭证。根据融资方式的不同，我们可以把原生金融产品分为间接融资产品和直接融资产品。间接融资产品通常以具体的存款产品和贷款产品的形式表现出来；根据期限和流动特征的不同，直接融资产品可分为货币市场产品和资本市场产品。

货币市场产品是指期限在一年以内的短期金融产品，通常带有货币或准货币的性质，或者与准货币的"距离"较近，比较容易转化为货币或准货币。货币市场产品主要包括同业拆借合约、票据、大额可转让定期存单（CDs）、回购协议、短期政府债券、货币市场基金等。同业拆借是指金融机构之间开展的短期资金融通。票据是由出票人签发，约定由自己或他人无条件支付确定的金额并可流通转让的金融工具。票据包括传统的商业票据和创新的商业票据，前者建立在真实交易背景基础上，又称真实票据；后者不以真实的商品交易为基础，主要服务于融通资金的目的，故又称空票据。大额可转让定期存单（CDs）是由商业银行或储蓄机构发行的，证明某一固定金额已存入银行或储蓄机构的凭证，是一种特殊的定期存单。回购协议是证券持有者在出售证券的同时与证券购买者签订的，约定在一定期限后按约定的价格购回所卖证券的协议。签订该协议的目的是通过现货交易和远期交易相结合的运作模式，获得即时可用的资金。从本质上看，回购协议是一种质押融资工具。短期政府债券是政府部门以债务人身份承担到期偿付本息义务的，期限在一年以内的债务凭证。货币市场基金是指汇集众多投资者的资金，由专业机构管理，组合投资于货币市场产品，实现利益共享、风险共担的投资工具。

资本市场产品是指期限在一年以上的长期金融产品，该类金融产品能形成较长期的稳定收入来源，类似于资本投入。资本市场产品主要是股票和中长期债券，人们习惯上把股票和中长期债券合称为证券。股票是股份公司在筹集资本时向出资人发行的，用以证明其股东身份，并赋予其股东权利和要求其履行股东义务的凭证。根据股东权利的不同，可把股票分为优先股和普通股。债券是债务人签发给债权人的，承诺按约定的日期和利率支付利息并偿还本金的凭证。按照发行主体的不同，可把债券分为政府债券、金融债券和公司债券。除了股票和债券之外，资本市场上还有诸如证券投资基金和私人权益资本工具等其他资本性金融产品。

（2）衍生金融产品系统。衍生金融产品不是在实际信用活动中产生的，而是在原生金融产品的基础上形成的，是一种根据事先约定的事项进行支付的双边合约，其价值取决于或派生于原生金融产品的价格及其变化。衍生金融产品具有跨期性、杠杆性、虚拟性、高风险性以及零和博弈性等特点。根据交易形式的不同，可把衍生金融产品分为四类，即金融远期合约、金融期货合约、金融期权合约和金融互换合约。

金融远期合约是指交易双方约定在未来某一日期按事先约定的价格买卖约定数量的标的资产的协议。金融远期合约是标的物为金融资产的远期合约，具体包括远期利率合约、远期外汇合约和远期股票合约等。

金融期货合约是在远期合约基础上发展起来的一种标准化合约，是由期货交易所统一制定的，规定在未来的特定时间和地点交割一定数量标的物的标准化远期合约。期货合约具有价格发现、套期保值和投机等功能。金融期货合约是标的物为金融资产的期货合约，具体包括外汇期货合约、利率期货合约和股票价格期货合约等。

金融期权合约是指买方通过支付一定的对价（期权费）而获得在一定时间内以一定的价格购买或出售一定数量标的物的权利的合约。依据该合约，当合约的买方行使买入或卖出某一标的物的权利时，合约的卖方必须履行相应的卖出或买入的义务；反之，当合约的买方放弃权利时，合约的卖方却不能要求买方行使权利。因此，权利和义务不对等是期权合约的基本特征。金融期权合约是以金融资产为标的物的合约，主要包括股票期权合约、利率期权合约和外汇期权合约等。

金融互换合约是当事人利用各自在筹资成本方面的比较优势，以事先协商确定的条件，在不同的货币之间或者在不同利率的同类货币资产或负债之间进行交换，以实现规避利率风险、降低融资成本等目的的一种金融衍生产品。金融互换中最常见的是利率互换和货币互换，前者主要是指同种货币在固定利率与浮动利率之间的互换；后者是指交易双方按协议汇率交换两种等值的货币，并在到期时按照协议汇率相互换回原来的货币。

除了上述四种基本的衍生金融产品外，在金融市场上还有大量在衍生产品的基础上再度衍生而形成的金融产品，例如以期货合约为标的物的期权合约（即期货期权合约）、以期权合约为标的物的期货合约（即期权期货合约）等。在此基础上，金融产品还可持续衍生，从而使衍生金融产品的种类越来越丰富，与实际信用活动的距离越来越远。相应地，金融交易与实体经济活动的距离也不断延长，由此形成了庞大的虚拟经济系统。

3. 金融服务系统

金融服务由不同的金融业务机构提供，主要包括商业银行提供的金融服务、投资银行提供的金融服务、保险机构提供的金融服务、信托和类信托机构提供的金融服务四大类。

商业银行提供的金融服务属于其表外业务，主要包括传统的中间业务和狭义的表外业务。传统的中间业务包括支付结算服务、代理服务、信托服务（含代客理财服务）、租赁服务、咨询和情报（信息）服务、计算机服务、代理融通服务以及保管箱服务等。狭义的表外业务是指能形成或有资产，从而需要承担一定风险的服务，主要包括以贷款承诺和票据发行便利为代表的承诺类服务以及以商业信用证和备用信用证、银行保函、票据承兑等为主要代表的担保类服务。

投资银行提供的金融服务主要包括证券承销服务、证券经纪服务、企业兼并与收购服务、上市辅导服务、投资分析和咨询服务、资产管理服务等。

保险机构提供的服务主要包括财产保险服务（由财产损失保险、责任保险、信用保险、保证保险等构成）和人身保险服务（由人寿保险、健康保险、意外伤害保险等构成），以及主要依附在人身保险服务上的保险理财服务。

信托和类信托机构提供的服务主要包括由信托公司本着"受人之托，代人理财"的宗旨而提供的资金信托、动产和不动产信托、权利信托和事务管理信托等服务，以及由基金管理公司提供的基金管理服务等。

在实际业务活动中，上述各类金融业务机构提供的服务可能会在一定程度上融合在一起。例如，商业银行的理财计划可能会与信托公司的某个信托计划对接，而信托公司的信托计划也可能会对接基金管理公司管理的某一个基金。这种"对接"会使金融系统的运行变得更加复杂。

金融产品和金融服务构成了金融业务，综合上述对金融产品和金融服务的分析，可用图 2-1-4 把金融业务系统的结构表示出来。

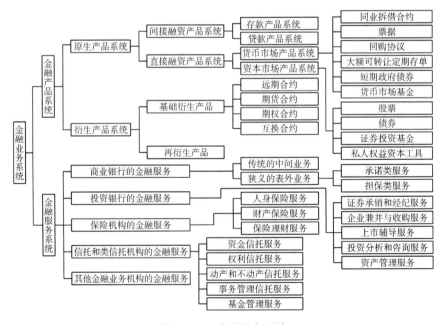

图 2-1-4　金融业务系统

（四）金融基础设施系统

金融基础设施系统是指金融运行的"硬件"设施和相应的制度安排，其中的制度安排也可视为金融运行的"软件"设施。金融基础设施的基本功能是为金融活动提供公共服务，从而提高金融活动的效率，保障金融市场高效、稳健运行，维护金融安全。

金融基础设施系统中的"硬件"系统主要包括支付清算系统、征信系统、反洗钱监测系统、金融市场交易系统等。支付清算系统是由提供支付服务的金融机构、管理货币转移的规则、实现支付指令传递及资金清算的专业技术手段共同组成的，以实现债权债务清偿及资金转移的一系列组织和安排。反洗钱监测系统是专门收集、分析、监测和提供反洗钱情报和信息的系统。金融市场交易系统是由参与金融市场交易的金融机构、管理交易的规则、实现交易指令传递及交易资金清算和产品存管的专业技术手段共同组成的一系列组织和安排，主要包括证券交易系统、外汇交易系统、证券结算与存管系统、同业拆借系统等。

金融基础设施系统中的"软件"系统主要包括法律基础设施系统、会计基础设施系统、监管基础设施系统。其中的法律基础设施系统涉及与金融活动直接或间接相关的一系列法律法规；会计基础设施系统包括科学合理的金融企业会计制度和会计准则、完善的会计法律规范和道德规范等；监管基础设施系统包括监管理念、监管体制、监管法律法规、监管机构行使监管权的相对独立性、投资者保护制度以及由最后贷款人和存款保险制度构建的政府金融安全网等。

金融基础设施系统的基本构成可用图2-1-5表示出来。

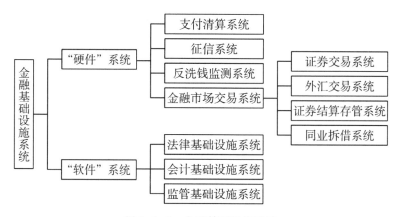

图2-1-5　金融基础设施系统

第二节　金融系统的功能及运行概述

一、金融系统的功能

不同的金融业务机构在金融监管和宏观调控机构的监管和调控下，在不同形式和层次的金融市场上，利用金融基础设施的支撑和规制，买卖金融产品和提供金融服务。在这一过程中，金融产品的使用价值、金融服务的效用、金融市场的功能以及金融基础设施提供的便利和保障有机结合，形成了参与金融产品交易和提供金融服务的不同金融机构的不同功能。在一个金融系统中，这些金融机构的功能依照"平行四边形"规则进行"同类项合并"，由此形成了金融系统的多种功能。需要强调的是，不同金融机构同类功能之间的合并绝非简单相加，因为尽管功能相同或相似，但不同机构受其业务范围限制和其他功能的牵制，发挥功能的方向和力度是不同的，因而只能依据力学原理，按"平行四边形"规则进行合并。例如，假定金融系统由 A、B、C 三家不同的金融机构组成，这三家不同的金融机构具有某一相同的功能（分别以 F_a、F_b 和 F_c 表示），但发挥功能的方向和力度不同，则金融系统此项功能的形成如图 2-2-1 所示（其中的箭头指向代表发挥功能的方向，线条长短代表发挥功能的力度）。其中 F_{ab} 是 A、B 两家金融机构此项功能的综合；F_{bc} 是 B、C 两家金融机构此项功能的综合；F_s 是由 A、B、C 三家金融机构组成的金融系统的此项功能。

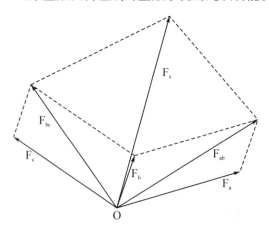

图 2-2-1　金融系统整体功能的形成

在同一金融系统中，对不同金融机构的功能进行归类并按"平行四边形"规则进行"同类项合并"后，就形成了金融系统的资金融通、资本累积、支付清算、资源配置、风险管理以及经济反映和调节这六大基本功能。

（一）金融系统的资金融通功能

资金融通功能是金融系统最基本的功能，是在金融系统运行过程中综合了商业银行的各类资产负债业务和资产管理业务，投资银行的证券承销、经纪、自营业务和券商集合资金理财业务，信托机构的信托投融资业务，保险机构的保险基金投资和保险理财业务，以及其他金融机构的各项投融资业务的基础上形成的。在这一过程中，金融系统借助市场机制，集中了大量的资金供给者和需求者，创设了适合于不同资金供求者的投融资工具，并利用自身在人才、信息、技术、设施等方面的优势，为资金的供求双方提供服务，有效缓解了资金供求者之间的信息不对称状态，降低了交易成本，减少了逆向选择行为和道德风险，提高了融资效率。

（二）金融系统的资本累积功能

资本是能带来剩余价值的价值，其初始表现形式是货币。持有货币的人不同，货币发挥的功能也不同，只有当货币掌握在商品或服务的提供者手中时，才能形成资本，从而发挥资本的功能。在金融系统运行过程中，无论是通过银行这一中介完成存款向贷款的转化，还是通过发行股票、债券等直接融资工具或借助信托、委托理财等资产管理方式完成货币在盈余者与短缺者之间的转移，都能在不同程度上实现从储蓄向投资的转化，从而直接形成资本累积。即使有些贷款和理财计划的资金投向局限于消费领域，没有直接形成资本累积，也可以通过刺激消费品的需求来推动消费品生产企业的扩大再生产，从而实现间接的资本累积。除此之外，金融系统的运行还能为长期投资工具的转让提供平台和便利，从而增强其流动性，提高对投资者的吸引力，以此推动资本累积。

（三）金融系统的支付清算功能

金融系统的支付清算功能综合了中央银行、商业银行以及第三方支付机构各自依托金融基础设施中的支付清算系统及相关制度而形成的支付清算功能，是一种向金融机构及各类经济主体提供资金清算服务的综合安排，主要由清算机构（中央银行、商业银行以及第三方支付机构等）、支付结算制度、支付系统、银行之间清算制度与操作等构成。金融系统的支付清算功能主要表现为组织票据交换清算、办理异地跨行清算和同一银行系统内不同机构之间的清算、为第三方支付机构或其他私营清算机构提供差额清算服务、提供证券和金融衍生产品交易清算服务、提供跨国支付服务。

（四）金融系统的资源配置功能

市场经济是以市场机制的作用为基础配置经济资源，提高经济活动效率，实现可持续发展的一种制度安排和经济运行方式。市场机制的作用具体表现为依据供求关系形成合理的市场价格，并以市场价格为信号，引导资源配置的方向和调节资源配置的规模和结构。货币资金代表着对资源的索取权，通过对货币资金价格的合理利用和科学调节，就能引导和优化资金流动的方向、规模和结构，从而起到优化资源配置的作用。金融系统将众多的货币资金供给者和需求者集中在一起，汇集各种资金需求和供给信息及相关的背景信息，通过对价格形成机制的合理安排，形成合理的资金价格，引导资金的流量和流向，并通过对资金价格的动态调节，最终引导资源从低效益部门向高效益部门流动，从而实现资源的合理配置和有效利用。

（五）金融系统的风险管理功能

金融系统的风险管理功能是综合金融监管机构和宏观调控机构的风险监管功能、金融业务机构自身的风险控制手段以及金融业务活动中产生的风险防范工具和方法而形成的。在金融系统运行过程中，金融监管和宏观调控部门从保护投资者的利益，维持金融业的运作秩序和公平竞争以及维护金融业稳定的目的出发，通过对金融业实施微观和宏观审慎监管，发挥风险管理的功能。金融业务机构在评估风险和监测风险变化态势的基础上，根据具体情况和自身的风险承受能力，分别通过风险承担、风险转移、风险补偿、风险回避等手段，实现对风险的控制，以寻求"既定风险下收益最大化"或"既定收益下风险最小化"的结果。与此同时，在金融业务活动中还能产生一些风险管理的方法和手段，这些方法和手段主要表现在三个方面。一是利用不同金融工具在收益、风险和流动性方面的差异，通过资产组合来分散风险，从而实现金融工具的盈利性和安全性，"不把鸡蛋放在同一个篮子里"是这一风险管理方法的通俗解释。二是利用金融市场上特定的金融工具来"锁定"风险，例如通过远期合约这一衍生金融工具来"锁定"未来的价格，从而消除价格变动风险。三是通过特定的交易安排来对冲和转移风险，例如通过现货市场和期货市场的同时反向操作，使未来价格变动带来的收益和损失相互抵消；通过资金的期限转换或区域转换来转移和规避风险等。上述不同机构的风险管理和控制功能以及金融业务活动中形成的风险控制方法和手段有机结合在一起，便形成了金融系统的风险管理功能。

（六）金融系统的经济反映和经济调节功能

1. 金融系统的经济反映功能

金融系统的经济反映功能是基于其作为经济信息的集散中心这一特殊地位而形成的。经济运行过程从本质上看，就是资源配置格局的变化过程。由于货币代表着对资源的索取权，因而经济运行状况必然从货币资金的流量和流向中得到反映。如果把整个经济体比作一个"生命体"，那么，货币就是这个"生命体"的"血液"，而金融系统就是为"血液"循环提供动力的"心脏"。货币作为这一经济体的"血液"，在循环过程中携带着经济体及其各个"器官"的"健康信息"，在金融系统这一"心脏"中集散，使金融系统成为经济信息的集散中心，从而发挥反映经济运行状况的功能。无论是微观经济的运行状况还是宏观经济的运行状况，都能从金融系统提供的信号中反映出来。例如，在微观层面，可以根据贷款违约状况判断借款人经营状况和信用能力的变化，也可根据股票价格的变化判断上市公司的经营业绩；在宏观层面，可以根据股票市场的景气度判断实体经济投资的活跃度①，也可以根据货币层次结构的变化判断实体经济交易的活跃度和宏观经济的景气度②。

2. 金融系统的经济调节功能

金融系统的经济调节功能表现在微观和宏观两个层面上。

微观层面上的经济调节可分为内部调节和外部调节。内部调节主要表现为通过公司金融活动，借助股票、股权等金融工具，完善公司治理结构，同时解决激励问题。外部调节主要表现为利用信贷杠杆以及公开发行股票和债券的条件等，引导和调节微观经济主体的行为。

在宏观层面上，货币政策和财政政策是调节经济的两大主要手段。货币政策的实施主体——中央银行本身就是金融系统的重要组成部分，在金

---

① 根据托宾的 Q 理论，当一个公司的 Q 值即市场价值（股票总市值）与重置价值之比大于 1 时，表明投资兴建新企业的成本小于在股票市场上收购同类企业的成本；反之，则表明在股票市场上收购同类企业的成本小于投资兴建新企业的成本。人们由此得出结论：当股票市场景气度上升时，有利于刺激投资。

② 在广义货币 M2 中，如果狭义货币 M1 所占的比重上升，则表明实体经济中的交易趋于活跃，经济景气度上升；反之，则表明交易活跃度和经济景气度下降。

融系统的运行中发挥着主导作用，而中央银行的货币政策手段常常需要利用金融市场这一平台实施，货币政策意图和效果也需要通过金融系统的运行来体现和传导。无论是通过利率途径、货币供应量途径，还是通过资产价格途径或信贷途径来体现货币政策的意图和传导货币政策的效果，都离不开金融系统中各类金融业务机构的行为变化以及产品结构和服务内容的调整。否则，货币政策只能"无功而返"。因此，如果没有金融系统，作为重要经济调节手段的货币政策就既没有实施主体，也没有实施平台，更没有实施途径。对于调节经济的另一重要手段财政政策而言，其作用的发挥也离不开金融系统的配合。无论是取得财政收入、办理财政支出和转移支付，还是国债的承销和兑付，都离不开承担经理国库职能的中央银行及作为支付中介的商业银行及相关金融机构的配合，而且商业性金融业务机构还是国债的主要认购者。因此，金融系统在财政政策的实施过程中同样发挥着不可忽视的作用。

最后，在金融系统的功能问题上需要强调的是，金融系统的资金融通、资本累积、支付清算、资源配置、风险管理以及经济反映和调节这六大功能，是由构成该金融系统的各类金融机构的同类功能，按照"平行四边形"规则进行"同类项合并"后形成的，金融业务机构之间在功能上的互补、替代、协同和竞争关系会影响各自功能发挥的方向和力度，进而影响"同类项合并"的结果。当金融业务机构之间互补、替代、协同和竞争的功能关系突破合理的度时，就会扭曲整个金融系统的功能，导致金融风险体量的纵向累积和传导网络的横向编织，从而形成系统性金融风险。因此，系统性金融风险实际上就是金融业务机构功能发挥不当进而导致金融系统功能扭曲的结果。

二、金融系统的运行方式

对于金融系统的运行，应从本质和现象两个层面来看待。现象是事物在发展变化过程中所表现出来的外部形式。从现象上看待事物，可以直观地认识到事物的运动方式、运动特点及事物的各个构成部分对其运动所产生的影响。本质是指事物本身所固有的，决定事物性质、面貌和发展的根本属性。从本质上看待事物，有助于人们深刻认识事物性质、特点及发展变化的原因和机理。

从现象上看，金融系统的运行过程就是金融系统功能的发挥过程。前面的分析已经表明，金融系统的功能是由参与金融产品交易和提供金融服务的不同金融机构的不同功能，按照"平行四边形"规则进行"同类项合并"而形成的。因此，金融系统的运行从现象上看，就是不同金融机构的功能有机整合的过程。在这一过程中，各金融机构各自功能的发挥状况如何、不同机构之间同类功能的整合状况如何、金融系统中不同功能之间的协调配合情况如何，都反映了金融系统功能发挥的合理化程度，即金融系统运行的合理化程度。

从本质上看，不同金融机构的功能是通过其业务活动形成的，而业务活动又是在金融监管机构和宏观调控机构的监管和调控下，利用金融市场这一平台，借助金融基础设施提供的支撑和保障，通过买卖金融产品和提供金融服务的方式来实施的。因此，金融系统的运行方式在本质上也就表现为各类具有不同功能的金融业务机构，在监管机构和宏观调控机构的监督、管理和调控下，通过不同形式和不同层次的金融市场，依托金融基础设施，以买卖多元化的金融产品和提供多种金融服务的方式开展金融业务活动，从而形成并在相互之间整合其功能的过程。在这一过程中，金融业务机构的行为、金融监管机构和宏观调控机构的监管和调控力度、金融市场的发育程度、金融基础设施的完善程度、金融产品及金融服务的种类和数量，都会对金融系统的运行及合理化程度产生重大影响。

从现象和本质两个层面看待金融系统的运行，有助于人们全面、深刻地认识金融系统的运行方式、运行特点、运行机理和运行动力，客观理性地评价金融系统运行的合理性，并从"治标"和"治本"两个层面探索优化金融系统运行的策略和措施。

三、金融系统运行状况对其功能的影响

既然金融系统的运行过程在现象上表现为其功能的发挥过程，那么，金融系统的运行状况如何，也必然在其功能的发挥状况上得到体现。金融系统的六大功能虽各有自身作用的方向和领域，但彼此之间也有着紧密的互补与协同关系。当金融系统合理且高效运行时，不同功能之间的互补和协同关系就能得到正常体现，从而在金融稳健与金融发展之间形成良性互动；反之，若金融系统运行不合理，则功能之间的正常关系就会被扭曲，从而增强金融系统的脆弱性。因此，金融系统的运行状况集中反映在金融系统功能的发挥状况及相互关系的动态变化过程中。

（一）金融系统运行过程中资金融通功能与资本累积功能的关系

一方面，资金融通是实现资本累积的重要方式和基本条件。资本累积意味着储蓄向投资转化，具体有内部转化和外部转化两种方式。内部转化表现为把留存收益转化为资本，这种转化方式通常受到企业规模和盈利能力的限制；外部转化表现为在金融市场上融资，这种方式能突破企业规模和盈利能力的限制，在较短的时间内迅速完成资本累积，在经济金融化程度较高的条件下，这是实现储蓄向投资转化的主要方式。在外部转化过程中，无论是以存贷款方式实现储蓄向投资的间接转化，还是以股票投资和债券投资等方式实现储蓄向投资的直接转化，在形式上都表现为资金融通，因而金融系统的资金融通功能也就成了实现资本累积的重要方式和基本条件。另一方面，资金的基本功能属性（资本的货币表现）决定了实现资本累积是资金融通的基本目的和追求的主要结果。但是，上述关系的形成又依赖于金融系统的合理运行。如果在金融系统运行过程中，资金融通功能发展过快，而资本累积功能的发展相对滞后，就必然造成资金在金融市场上空转，使经济脱实向虚，并导致资产价格泡沫的堆积和金融机构之间的关联性增强，产生系统性金融风险的隐患，而这正是目前我国金融系统运行中需要高度关注的问题；反之，如果资本累积功能过强，而资金融通功能相对偏弱，则往往会造成资本工具的流动性偏弱，使资本累积功能的发展缺乏可持续性。因此，在金融系统运行过程中，必须注重发挥好资金融通和资本累积之间的协同和互补关系，形成两者之间的良性互动，避免两者发展的不平衡而加大金融系统的脆弱性和动摇金融系统的运行基础。

（二）金融系统运行过程中资金融通功能和资本累积功能与优化资源配置功能的关系

优化资源配置是资金融通和资本累积的目的，资金融通和资本累积是优化资源配置的手段。如果资金融通和资本累积的结果无法优化资源配置，就会造成经济结构失衡，进而削弱金融发展的基础，最终导致包括资金融通和资本累积功能本身在内的金融系统的各项功能无法正常发挥。同时，货币代表着对资源的索取权，资源配置的优化表现为对资源配置结构的动态调整，这只能通过资金融通和资本累积（储蓄转化为投资）的途径实现。因此，金融系统在发挥资金融通和资本累积功能的过程中，必须以合理的资金价格为信号，动态调整资金融通的规模、方向和结构，促成资本累积，以此实现优化资源配置的目的。

（三）金融系统运行过程中资金融通功能、资本累积功能和优化资源配置功能与支付清算功能的关系

一方面，支付清算功能是实现资金融通、资本累积和优化资源配置等功能的基本条件和依托。无论是资金融通、资本累积还是资源配置，都表现为货币资金的收付或金融工具的交割及清算，而货币资金的收付或金融工具的交割及清算只能借助于金融系统支付清算功能的实现。另一方面，资金融通、资本累积和优化资源配置等功能是支付清算功能存在的基础。支付清算的内容包括货币资金的收付和金融工具的交割及清算，资金融通功能不但直接形成货币资金收付需求，而且还可以通过作用于实体经济的资本累积，影响商品交易和劳务供应的规模和结构，从而间接形成货币资金的收付需求，而资本累积功能和优化资源配置功能则往往在产生货币收付需求的同时，形成金融工具交割及清算的需求。正是资金融通、资本累积和优化资源配置功能所产生的货币收付和金融工具交割及清算需求，催生了金融系统的支付清算功能。

（四）金融系统运行过程中资金融通功能、资本累积功能、优化资源配置功能以及支付清算功能与风险管理功能的关系

风险管理功能是金融系统运行过程中自带的"免疫"功能，起到规范资金融通和资本累积行为，保障金融系统安全的作用。金融是在不确定条件（风险）下实现资源跨期配置的活动，因而金融活动是与风险相伴相生的。金融系统在发挥资金融通和资本累积功能的过程中，必然面临风险，而且通过不恰当的金融创新实施的监管套利活动常常在增强金融系统的资金融通和资本累积功能的同时，加大整个系统的风险暴露，并使资金融通和资本累积偏离资源优化配置的方向。在这种情况下，如果金融系统的风险管理功能没有得到相应的增强，就会导致宏观杠杆率升高和资产价格泡沫堆积，金融机构之间的关联性增强，留下系统性金融风险隐患。因此，在金融系统运行过程中，不断健全监管制度、完善监管措施、堵塞监管漏洞、增强风险管理功能，是保障金融系统功能正常发挥，维护金融系统安全的必然要求。此外，金融系统支付清算功能的正常发挥要以风险管理功能为保障，若因风险管理功能发挥不当或不充分，导致金融系统遭受风险损失而面临流动性危机，则支付清算功能就无法发挥。

（五）金融系统运行过程中经济反映和经济调节功能与其他功能之间的关系

在金融系统的运行过程中，经济反映和经济调节功能与其他功能之间存在互动关系。一方面，金融系统发挥资金融通、资本累积、资源配置、支付清算和风险管理功能的效果可以在经济反映功能中得到体现。同时，经济反映功能可以提高金融系统运行环境的清晰度，改善信息不对称状况，降低资金融通、资本累积、资源配置和支付清算过程中的风险。另一方面，金融系统的经济调节功能需要借助资金融通、资本累积、资源配置、支付清算和风险管理功能来实现。同时，经济调节功能可以为金融系统的运行提供良好的环境条件，从而提高资金融通、资本累积、资源配置和支付清算的效率。

四、金融系统运行过程中各构成要素的地位和作用

在金融系统运行过程中，只有各个构成部分之间协调配合、有机融合，才能使金融系统的功能得到充分、合理的发挥。如果把金融系统的运行比作一幕"大剧"，那么，金融系统的各个构成部分就是在这幕"大剧"的"制作"和"上映"过程中承担不同职责、处于不同地位、发挥不同作用的"剧务人员"，相应地，金融消费者则成了"观众"。

（一）金融系统运行过程中金融业务机构的地位和作用

在金融系统运行过程中，金融产品或服务及以其为依托的金融业务都是由金融业务机构在金融监管和宏观调控机构的监管和调控下，借助于金融基础设施的支撑和保障，通过金融市场这一平台提供的。由此可见，金融业务机构作为金融系统的主要构成部分，主导着金融系统功能，在金融系统运行这幕"大剧"中，发挥着"演员"的作用，其"演技"和"服务观众"的意识将直接决定"演出"的质量。

在目前以间接融资为主导的融资体系中，商业银行在"金融系统运行"这幕"大剧"中无疑处于"领衔主演"的地位。投资银行和保险公司虽然在名义上处于"一般主演"的地位，但"戏份"并不是很多。而处于"配角"地位的信托和类信托机构则因"戏份"较少，再加上自身定位的问题，很多时候只能出演一些有争议或者不光彩的"角色"，或者在一些有危险的"剧情"中充当商业银行这一"领衔主演"的"替身"，即成

为"影子银行"或者"银行的影子"。至于小额贷款公司、资金互助社等所谓的"配角",很多时候只有"画外音",很少有"出镜"的机会。在这种格局下,以商业银行为代表的"大牌演员"的"剧情歧视"现象就很难避免,中小企业融资难问题长期得不到解决就是这种现象的表现之一。近年来,为了消除这种现象,国家正在大力发展普惠金融,同时注重提高直接融资的比重和加快金融业务机构多元化进程,因而投资银行、保险公司的"主演"地位正在逐步提高,信托和类信托机构作为"正面角色"的"戏份"也在增加,村镇银行、小额贷款公司、农村资金互助社、金融(财务)公司等"配角"的"出镜"机会也在增多。这一方面有助于满足不同层次的"观众"即金融消费者的需求;另一方面,也使"演员"阵容复杂化,增加了"演员"之间"反串""抢镜"和充当"替身"的机会,加大了监控"演员"行为从而防范"演出"系统性风险的难度。

(二)金融系统运行过程中金融监管和宏观调控机构的地位和作用

在金融系统运行过程中,金融监管和宏观调控机构立足于具体的经济环境,依据法律法规和自身的职权,利用适当的方式和手段,对金融业务机构的行为及活动内容进行监督、管理、调节和控制,因而在"金融系统运行"这幕"大剧"中发挥着"纪律监督"和"行为调控"的作用,其监督和调控的内容和力度、方法和手段,都会对"演出"质量和效果产生重大影响。在这一过程中,金融监管机构出于保护金融消费者即"观众"的利益、维持金融业的运作秩序和公平竞争、维护金融业安全与稳定的目的,通过市场准入管理,授予金融业务机构相应的"演出"资格;通过业务活动监督,来规范金融业务机构的"出演行为";通过对金融产品或服务项目的审查和审批,并对其中存在问题的"演出内容"进行必要的"剪辑"甚至"禁播",以此保证"演出内容"的合法性和正能量呈现;通过限制金融业务机构的业务内容或吊销经营金融业务许可证等措施,对"劣迹艺人"进行必要的"惩戒"甚至"封杀"。与此同时,宏观调控部门出于合理发挥金融对经济的主导作用、稳定宏观经济运行和防范系统性金融风险的目的,通过调整存款准备金率、再贴现率、公开市场操作以及直接信用控制和间接信用引导等常规政策手段,调节金融业务机构的"演出能力",以实现金融产品或服务的供求平衡,进而实现社会总供求的平衡;通过短期流动性调节工具(SLO)、常备借贷便利(SLF)、抵押补充贷款

（PSL）、中期借贷便利（MLF）以及定向中期借贷便利（TMLF）等结构性非常规政策手段，引导金融业务机构的"演出资源"配置行为，以实现金融产品或服务供求的结构性平衡；通过宏观审慎监管手段，在提升各金融业务机构"演出风险"承受力的同时，协调各金融业务机构的行为，提升总体的"演出风险"防范能力。

目前，随着在"金融系统运行"这幕"大剧"中充当"演员"的金融业务机构日趋多元化，这些"演员"之间的关系也日趋复杂化，不同"演技"和"角色定位"的"演员"之间"反串""抢镜"和互相充当"替身"的现象正在增加。这必然给在"金融系统运行"这幕"大剧"中发挥"纪律监督"和"行为调控"职能的金融监管和宏观调控机构带来日益严峻的挑战。

（三）金融系统运行过程中金融市场的地位和作用

在金融系统运行过程中，无论是金融业务机构提供金融产品或服务，还是金融监管机构和宏观调控机构实施监管和调控行为，通常都是在金融市场这一平台上展开的。因此，金融市场在"金融系统运行"这幕"大剧"中，处于"剧院"地位，发挥着"剧院"的作用。

不同层次的金融产品消费者，即"金融系统运行"这幕"大剧"的"观众"，有着不同的需求和"观赏"水平，而适合不同层次"观众"的"剧情"也只有在相应"档次"的"剧院"上演，才能实现供求之间的对接。因此，为了满足不同层次金融消费者的需求，必须建立多层次的金融市场体系，以形成迎合不同的金融业务机构这些"演员"的不同"表演风格"、适应不同的金融产品或服务这些"剧情"、符合不同层次的金融消费者这些"观众"的不同需求能力和"观赏"水平的"剧院"，进而实现金融供给与金融需求之间在总量和结构上的平衡。

（四）金融系统运行过程中金融产品或服务的地位和作用

金融产品或服务统称为金融业务，是在"金融系统运行"这幕"大剧"中由作为"演员"的金融业务机构，在作为"剧院"的金融市场上，呈现给作为"观众"的金融消费者的"演出内容"。因此，金融产品或服务在"金融系统运行"这幕"大剧"中处于"剧情"的地位，发挥着"剧情"的作用。

由于金融服务和金融产品通常都是由金融业务机构设计或在金融业务

机构的主导下设计出来的，因而在"金融系统运行"这幕"大剧"中，金融业务机构常常集"编剧""导演""主演"于一身。这种状况往往导致金融系统的运行表现出明显的"以产品为中心"而非"以客户为中心"格局，从而导致"融资歧视"，使金融供给与需求之间出现结构性失衡。更为严重的是，金融业务机构的这种"自编、自导、自演"行为极易使"金融系统运行"这幕"大剧"偏离"主旋律"和"大方向"，形成"演出风险"，从而加大金融监管和宏观调控机构的压力。除此之外，集"编剧""导演""演员"于一身的金融业务机构出于对自身利益的考虑，常常会产生把"剧情"复杂化和增加"客串"机会的冲动和行动，其结果就是金融产品或服务的交易结构（"剧情"）日趋复杂，参与交易的金融业务机构（"主角""配角"以及"客串"和充当"替身"的"演员"）日益增多，各类业务金融机构（各种类型的"演员"）在同一金融业务（"剧情"）中的关联性不断增强，"剧集"越拍越多，"彩排"持续不断，参演各方赚得盆满钵满，却最终难以形成适合"观众"（金融产品或服务的消费者）需求的"作品"。这一过程也就是资金在金融市场上空转，经济脱实向虚的过程，其结果是实体经济的资金需求难以满足，资产价格泡沫堆积，金融机构之间的关联性增强，系统性金融风险的隐患增加。因此，在上演"金融系统运行"这幕"大剧"的过程中，对于承担"纪律监督"和"行为调控"职能的金融监管和宏观调控机构而言，如何防止金融业务机构这些"演员"们的"走秀"行为，缓解因这些行为而导致的实体经济融资困难和金融风险上升现象，也是其重要职责。目前正在大力倡导并积极实施的创新直达实体经济的货币政策工具，要应对的正是这种现象。

（五）金融系统运行过程中金融基础设施的地位和作用

金融基础设施系统旨在为金融活动提供公共服务，从广义来看，包括由支付清算系统、征信系统、反洗钱监测系统、金融市场交易系统等设施构成的"硬件"和由法律、会计、监管等方面的法律、法规及制度构成的"软件"；从狭义来看，则仅指其中的"硬件"部分。由于"软件"部分在金融系统运行过程中的地位和作用已反映在金融监管机构和宏观调控机构的地位和作用中，这里仅讨论"硬件"部分的地位和作用。

在金融系统运行过程中，金融基础设施系统中的"硬件"部分既为各类金融业务机构的业务活动，也为金融监管和宏观调控机构的监管和调控活动，提供了设施和手段，从而提高了金融系统运行的效率。因此，在"金融系统运行"这幕"大剧"的"拍摄"和"制作"过程中，金融基础设施系统中的"硬件"实际上处于"道具"和"场景"的地位，发挥着"道具"和"场景"的作用。作为"道具"和"场景"的金融基础设施系统是否完善、运行是否高效，直接关系到"金融系统运行"这部"大剧"的制作效率的高低和制作质量的优劣，也直接关系到作为"观众"的金融产品或服务消费者的体验的好坏。

第三章 系统性金融风险概述

为了深入分析金融系统运行状况作用于系统性金融风险的机理和路径，进而采取相应的系统性金融风险防范策略，必须在明确金融系统的涵义和构成、功能和运行方式的同时，理解系统性金融风险的涵义和特点、表现形式和考察维度，明确系统性金融风险存在的客观性以及形成和发生的条件性。因此，本章拟在前面分析了金融系统的涵义和构成以及功能和运行方式的基础上，以系统性金融风险的涵义和特点作为切入点，具体分析系统性金融风险的表现形式和考察维度，并解释系统性金融风险存在的客观性及形成和发生的条件性。

第一节 系统性金融风险的涵义和特点

一、系统性金融风险的涵义

（一）什么是系统性金融风险

学界对系统性金融风险涵义的认识经历了一个逐步深化和扩展的过程。在这一过程中，首先要提及的是诺贝尔经济学奖得主马柯维茨（Markowitz）的资产组合理论。该理论包含两大重要组成部分，即"均值—方差"分析法和"投资组合有效边界"模型，其中的"均值—方差"分析法被用于分析投资组合的收益和风险。根据该理论，单个资产的投资收益可用该资产在不同市场状态下的收益的数学期望值表示，单个资产的投资风险可用该资产在不同市场状态下的收益的方差或标准差衡量；投资组合的收益等于构成该组合的单个资产的期望收益的数学期望值（加权平均数，权数为单个资产在该投资组合中所占的比重），投资组合的风险是该投资组合的收益的方差或标准差，它通常不是构成该组合的各项资产投资风险（收益标准差）的加权平均数，而是构成该组合的所有单个资产的收益标准差、不同资产收益之间的相关系数以及单个资产在整个组合中所占的比重等因素综合作用的结果。其计算公式为

$$\sigma_p = \Big[\sum_{i=1}^{n} w_i^2 \sigma_i^2 + 2\sum_{0 \leqslant i < j \leqslant n} w_i w_j \sigma_i \sigma_j \rho_{ij}\Big]^{\frac{1}{2}} \tag{3.1}$$

公式（3.1）中，σ_p 代表资产组合收益的标准差（资产组合的风险），σ_i 和 σ_j 代表第 i 和第 j 种资产收益的标准差（风险），ρ_{ij} 代表第 i 和第 j 种资产收益之间的相关系数，w_i 和 w_j 代表第 i 和第 j 种资产在组合中的权重。从公式（3.1）中可以看出，资产组合的风险会随着该组合中不同资产收益之间的相关系数的增大而增大，当 $\rho_{ij} = 1$，即该资产组合中任意两种资产的收益完全正相关时，上式的右边部分可改写为

$$\Big[\sum_{i=1}^{n} w_i^2 \sigma_i^2 + 2\sum_{0 \leqslant i < j \leqslant n} w_i w_j \sigma_i \sigma_j\Big]^{\frac{1}{2}} = \Big[\Big(\sum_{i=1}^{n} w_i \sigma_i\Big)^2\Big]^{\frac{1}{2}} = \sum_{i=1}^{n} w_i \sigma_i \tag{3.2}$$

这一结果正好是金融资产组合中各项具体资产的风险的加权平均数。由于 ρ_{ij} 的取值范围介于 -1 和 $+1$ 之间，所以资产组合的风险必然不大于该组合中各项具体资产的风险的加权平均数，即

$$\sigma_p = \Big[\sum_{i=1}^{n} w_i^2 \sigma_i^2 + 2\sum_{0 \leqslant i < j \leqslant n} w_i w_j \sigma_i \sigma_j \rho_{ij}\Big]^{\frac{1}{2}}$$

$$\leqslant \Big[\sum_{i=1}^{n} w_i^2 \sigma_i^2 + 2\sum_{0 \leqslant i < j \leqslant n} w_i w_j \sigma_i \sigma_j\Big]^{\frac{1}{2}} \tag{3.3}$$

在这里，资产组合的风险 σ_p 与该组合中各项具体资产风险的加权平均数 $\sum_{i=1}^{n} w_i \sigma_i$ 的差额体现了资产组合的风险分散效果，差额越大，说明风险分散效果越好。从（3.3）式中可以看出，ρ_{ij} 越小，两者之间的差额越大，相应地，风险分散的效果就越好。这说明，把收益低相关或负相关的资产组合在一起，能产生很好的风险分散效果。

通常，这种能够通过投资组合得到分散甚至抵消的风险，被称为非系统性风险。但是，无论投资组合如何完美，总有一些风险是无法被分散和化解的，即使投资组合中任何两项资产的收益完全负相关，即 $\rho_{ij} = -1$ 时，该投资组合仍然须承担 $\sigma_p = \Big[\sum_{i=1}^{n} w_i^2 \sigma_i^2 - 2\sum_{0 \leqslant i < j \leqslant n} w_i w_j \sigma_i \sigma_j\Big]^{\frac{1}{2}}$ 的风险，这种无法通过投资组合来分散的风险就是马柯维茨所说的系统性风险。

另一位诺贝尔经济学奖得主威廉·夏普（William Sharpe）在其著作《资本资产价格：一个风险条件下的市场均衡理论》中首次提出了系统性风险这一概念，他认为系统性风险是指具有同类股票和债券的所有证券组合共同面临的风险，是不能通过分散化消除的一类风险。

夏普这一定义的局限性是非常明显的。首先，定义的范围比较狭隘，主要着眼于证券市场的风险，尤其是股票和债券的风险。其次，夏普提出这一观点的出发点是服从和服务于其资本资产定价理论，即每一证券的期望收益率应等于无风险收益率加上该证券由 β 系数测定的风险溢价，用公式表示为 $E(r_i) = r_f + \beta_i [E(r_m) - r_f]$。囿于这一出发点，夏普对系统性风险的理解也就无法突破资本市场这一相对狭隘的金融领域，并将系统性风险溢价定位于市场证券组合的预期收益与既定的无风险收益之间的偏差，即 $[E(r_m) - r_f]$，并把其中的 $E(r_m)$ 认定为非系统性风险已得到充分分散后的市场投资组合的期望收益，即仅与系统性风险相对应的投资组合的期望收益。由此可见，夏普对系统性风险的理解主要局限于市场风险。最后，受定义的范围和出发点的限制，夏普的理论除了在资本市场和证券市场中反映系统性风险与收益的关系外，没有也不可能在系统层面反映系统性风险的其他影响，尤其是对金融系统的功能和安全性的影响以及对实体经济所产生的冲击。

尽管如此，夏普的这一定义的贡献仍然是巨大的。除了在这一定义基础上提出了资本资产定价模型这一重大理论之外，夏普在系统性金融风险定义方面还有两大贡献：一是明确提出了系统性风险这一概念；二是概括了系统性风险的两个特点，即广覆盖性和不可分散性。受其启发，理论界后来逐步将系统性风险的概念泛化为对整个市场产生影响，会使所有投资对象的实际收益与预期收益之间的偏差扩大的风险。相应地，系统性金融风险也被理解为会对整个金融市场产生影响，使所有金融工具的实际收益与预期收益之间的偏差扩大的风险。

在 2008 年以前，这是在系统性金融风险内涵问题上的主流观点。但是，这种观点的局限性依然是十分明显的。首先，该观点没有揭示系统性金融风险的形成原因。其次，该观点所反映的系统性金融风险的外延依然偏窄，因为依据该观点，市场风险是系统性金融风险的主要表现形式，而信用风险、流动性风险等风险的系统性特征则不明显。事实上，信用风险、流动性风险等虽然在初始阶段不完全具备系统性风险的基本特征，但在传导过程中很可能演变成系统性风险。最后，该观点仅仅从收益层面反映了系统性金融风险的影响，未能反映系统性风险对整个金融系统的功能和安全性以及对实体经济的运行所产生的影响。

随着金融活动规模的扩大和金融创新步伐的加快，金融系统本身的精细化程度不断提高，系统性金融风险的形成机理和表现形式以及对金融系统功能和实体经济的影响日趋复杂，这种趋势和现状迫切要求人们与时俱进地对系统性金融风险的涵义进行新的认识。20 世纪末，有学者开始从金融系统的稳定性和实体经济运行的视角重新审视系统性金融风险的涵义。例如，Minsky 将系统性金融风险定义为突发事件引发金融市场信息中断，导致金融功能丧失的可能性[1]；Kaufman 和 George 将系统性风险定义为由触发事件引起一连串机构或市场遭受"多米诺骨牌效应"的重大累计损失的或然性[2]；De Bandt 和 Hartmann 从系统性风险的负外部性出发，强调金融体系崩溃对实体经济产生的破坏作用[3]。2008 年全球金融危机发生以后，鉴于金融危机的巨大破坏作用，更多的学者开始从这一视角重新定义系统性金融风险，并达成了共识。例如，Bernanke 将系统性金融风险定义为威胁整个金融体系和宏观经济稳定的事件[4]；张晓朴认为系统性金融风险是整个金融体系崩溃或丧失功能的或然性[5]；巴曙松等认为，系统性金融风险是由单个或偶发因素引起，经过金融机构相互传导和扩散，对金融体系和实体经济产生严重破坏的风险[6]；Zigrand 认为，系统性金融风险是指在极端外部冲击影响下，金融市场运行秩序混乱和金融机构功能丧失的风险[7]。Benoit 等认为系统性风险是导致市场大量参与者同时遭受严重损失，

① MINSKY H P. Financial Factors in the Economics of Capitalism [J]. Journal of Financial Services Research，1995（9）：197-208.

② KAUFMAN，GEORGE. Bank Failures，Systemic Risk，and Bank Regulation [J]. CATO Journal，1996（Spring／summer）：17-45.

③ DE BANDT O，HARTMANN P. Systemic risk：a survey [R]. European Central Bank Working Paper，No.35，2000.

④ BERNANKE BEN. A Letter to Sen. Bob Corke [N]. The Wall Street Journal，2009-11-18.

⑤ 张晓朴. 系统性金融风险研究：演进、成因和监管 [J]. 国际金融研究，2010（7）：58-67.

⑥ 巴曙松，居姗，朱元倩. SCCA 方法与系统性风险度量 [J]. 金融监管研究，2013（3）：1-12.

⑦ ZIGRAND J P. Systems and Systemic Risk in Finance and Economics [R]. LSE Systemic Risk Special Paper，2014.

并且迅速扩散到系统中的风险[①]；杨子晖、周颖刚认为系统性金融风险是指一个金融机构、金融市场所面临的变动或冲击传染给其他金融机构和市场，并对整个金融系统产生严重损害的风险[②]。这些定义虽有差别，但都包含着一个共同的观点，那就是对整个金融系统造成重大冲击[③]，而金融系统受到的重大冲击必然会直接或间接地传导到实体经济中。在这一背景下，金融稳定理事会（Financial Stability Board，FSB）于 2019 年给出了系统性金融风险的定义，即"系统性金融风险是经济周期、宏观经济政策的变动、外部金融冲击等风险因素引发的一国金融体系激烈动荡的可能性，且这种风险对国际金融体系和全球实体经济都会产生巨大的负外部性"。该定义既概括了系统性金融风险的形成原因，又阐述了系统性金融风险的基本表现形式，并在此基础上强调了系统性金融风险对金融系统本身和实体经济可能产生的负外部性，是迄今为止最权威的关于系统性金融风险的定义，标志着人类对系统性金融风险的认识进入了新的阶段。

（二）系统性金融风险与系统金融风险的区别

在现实经济生活中，系统性金融风险与系统金融风险常常被混淆。而事实上，两者虽仅有一字之差，却是两个有着严格区别的概念。

根据金融稳定理事会的定义，系统性金融风险是指经济周期、宏观经济政策变动、外部金融冲击等风险因素引发的一国金融体系激烈动荡，并对国际金融体系和全球实体经济产生巨大负面影响的可能性。从该定义中可以看出，系统性金融风险是一种影响金融系统全局的宏观风险，可能起因于经济周期、宏观政策变动等一开始就覆盖全局的因素，也可能起因于某些资产价格变动、某个金融机构主体或实体经济主体遭遇流动性危机等开始时并未覆盖全局，但因相互传导而最终覆盖全局的外部金融冲击因素。无论起因是什么，系统性金融风险一旦发生，都会不可避免地对整个金融系统和实体经济带来严重的负面冲击。

"系统风险"这一概念最早产生于证券市场，通常用资本资产定价模型中的 β 系数来衡量。β 系数的值取决于该资产的收益与其所属的资产组

---

① BENOIT S, COLLIARD J E, HURLIN C. Where the Risks Lie：A Survey on Systemic Risk［J］. Review of Finance，2017（1）：109-152.

② 杨子晖，周颖刚. 全球系统性金融风险溢出与外部冲击［J］. 中国社会科学，2018（12）：69-90，200-201.

③ 孙树强. 系统性金融风险测度、发展和演变：一个综述［J］. 金融市场研究，2020（10）：13-28.

合的收益之间的关联性以及该资产自身和资产组合各自的风险，既能表明单项资产的风险与资产组合风险在变动方向上的关系，也能表明两者之间在变动程度上的关系。当 β 系数大于 0 时，说明单项资产的风险与资产组合风险同向变动；反之，则说明单项资产的风险与资产组合风险反向变动。当 β 的绝对值大于 1 时，说明单项资产的风险大于资产组合风险；反之，则说明单项资产的风险小于资产组合风险。由此可见，系统风险最初反映的是单项资产受宏观经济、市场情绪等整体性因素影响而发生的收益波动，即反映单项资产受夏普提出的不可分散的系统性风险的影响而发生的收益波动。随着人们对系统性金融风险的认识不断提升，系统金融风险作为反映系统性金融风险对单项金融资产或单个金融主体的影响的范畴，其内涵也得到了相应的更新。在金融活动的规模不断扩大，金融创新的步伐持续加快，金融系统不断精细化，金融与经济的关系进一步复杂化，人们对系统性金融风险的认识进入新阶段的背景下，可以把系统金融风险定义为在金融系统受到经济周期、宏观经济政策变动以及外部金融冲击等因素的影响而发生激烈振荡，并对国际金融体系和全球实体经济产生巨大负面影响的情况下，单项金融资产或单个金融主体受到的影响。也可理解为来自系统的风险。

从上述分析中可以看出，系统性金融风险与系统金融风险的区别主要表现在两个方面：①系统性金融风险是从宏观（经济周期、宏观政策变化等）或微观（外部金融冲击等）层面切入的。从宏观（金融体系和全球实体经济）层面考察的风险，反映了宏观经济和宏观金融所受到的冲击。系统金融风险是从宏观（金融系统激烈动荡、国际金融体系和全球实体经济遭受巨大的负外部性冲击）层面切入的。从微观（单项金融资产和单个金融主体）层面考察的风险，是宏观金融风险在微观层面上的反映。②系统性金融风险在宏观层面有统一的表现形式，即金融系统激烈动荡，国际金融体系和全球实体经济受到严重的负面冲击；系统金融风险在微观层面没有统一的表现形式，不同的金融资产和金融主体所遭受的风险影响各不相同，具体取决于其自身的 β 系数，而 β 系数则是由其自身与整个金融系统之间的关联性及各自的风险决定的。明确两者之间的这些区别，有助于我们正确认识系统性金融风险的表现形式和形成机理，理解系统性金融风险的防范策略。

二、系统性金融风险的特点

对于系统性金融风险的特点，目前尚无统一和权威的看法。一种较为流行的观点是依据历史和国际经验，认为系统性金融风险具有全局性、传染性、内生性和或然性这四个特点。但也有学者有不同的看法，例如时任国务院参事夏斌认为系统性金融风险具有两个特点，即隐蔽性和传染快①。这些观点都从不同侧面反映了系统性金融风险的特点，有助于提升人们对系统性金融风险的认知。但是，这些特点要么在内涵上存在交叉，要么在功能上存在关联，这种过于分散的概括反而不能突出反映系统性金融风险的本质特征。为了从本质上反映系统性金融风险的特点，本书依据金融稳定理事会对系统性金融风险的定义并结合笔者对系统性金融风险的认知，将系统性金融风险的特点概括为两个方面，即覆盖面广以及冲击力强、破坏性大。

（一）覆盖面广

系统性金融风险的影响能覆盖整个金融系统，并蔓延到实体经济系统，绝非仅仅影响个别或少数金融机构的稳定性。这一特点通常源于两种情形：一是某些风险因素本身具有全覆盖的特点，一开始就能覆盖整个金融系统乃至实体经济系统；二是另一些风险因素虽然仅存在于某些领域或某些金融主体的活动中，在开始时并不具有全覆盖的特点，但可借助不同金融主体以及不同金融领域之间的关联关系进行传导，最终形成"星火燎原"之势，使其影响波及整个金融系统和经济系统。前者如主要以利率、汇率和资产价格的剧烈变动表现出来的市场风险以及经济周期和宏观经济政策变动而表现出来的经济周期风险和政策风险等；后者如个别金融机构或实体经济的信用风险、流动性风险等具体风险通过不同金融机构及其他经济主体之间的关联关系进行传导而形成的覆盖全局的风险。

在上述导致系统性金融风险的"覆盖面广"这一特点的两种情形中，第一种情形中的经济周期风险不会频繁出现；政策风险虽然出现的机会较多，但通常在政策出台之前都会经过慎重的评估，因而此类风险的影响通常会被控制在可接受的范围内；市场风险虽然频繁出现，是金融活动中的常态，但一般情况下对金融系统和实体经济的稳定性产生的影响有限（除

---

① 夏斌2018年5月14日在国务院参事室公共政策研究中心与新华网思客联合主办的参事讲堂上的讲话。参见：http://www.gcfcp.org/mingjiaguandian_400.html.

非利率、汇率或资产价格发生剧烈的波动，例如 1997 年的东南亚金融危机、2007 年美国次贷危机、2015 年中国股市危机等）。因此，在正常情况下，这种情形对发生系统性金融风险的影响有限。在金融自由化浪潮的冲击下，金融创新风生水起，创新"成果"层出不穷，金融系统内不同机构之间以及金融机构与实体经济之间的关系日趋复杂，尤其是以监管套利为目的的金融创新"编织"了不同金融机构之间以及金融机构与实体经济之间错综复杂的关联关系，为风险在金融系统内部以及金融系统与实体经济之间传导提供了"全方位"的路径，在这一"关系网"的任何一个"节点"上发生的微观风险都有可能演变成全局性的宏观（系统性）风险。因此，上述第二种情形在系统性金融风险形成过程中的贡献度不断提高，有些学者也因此把"传染性"视为系统性金融风险的重要特点。尤其是处于"关系网"的关键"节点"上的金融业务机构的微观风险，更容易演变成系统性风险，这类金融业务机构也因此而被称为系统重要性金融机构。

（二）冲击力强、破坏性大

系统性金融风险的冲击力强表现为能使金融系统发生激烈动荡，并扭曲其功能。强大的冲击力必然产生破坏性的结果，具体表现为对国际金融体系及全球实体经济带来严重的负外部性。

无论是冲击力还是破坏性，都取决于风险造成的损失 A 和风险的传导速度 V。其中风险造成的损失 A 与风险发生前累积的风险体量和风险发生后在传导过程中叠加的风险体量高度正相关，事先累积的风险体量和传导过程中叠加的风险体量越大，风险造成的损失也越大。无论是风险发生前累积的风险体量还是风险发生后在传导过程中叠加的风险体量，都会随着时间的推移而变化（主要表现为随着时间的推移而增加），即风险的体量是时间 t 的函数。既然这样，那么与风险体量高度正相关的风险损失也必然是时间 t 的函数，即风险造成的损失 $A=A（t）$。风险的传导速度会因人们对风险的认知和应对风险的能力在不同时点上的变化而变化，因而也表现为时间 t 的函数，即 $V=V（t）$。

由于系统性金融风险形成原因的内生性、形成过程的隐蔽性以及发生时机的或然性，在风险发生的初始阶段 t_1，人们在阻止风险传导方面往往缺乏有效的应对措施，甚至因恐慌情绪而加剧风险的传导，再加上风险传导网络的复杂性，在一段时间内风险传导的速度会快速上升。其后，因人们采取的应对风险的措施在一定程度上对风险传导起到了阻滞作用，风险

传导速度的增量从 t_2 开始下降。随着人们对风险的认知以及应对风险的措施的有效性不断提升，风险的传导速度在某一时点 t^* 到达顶点后开始回落，在到达时点 t_3 以后，风险的传导速度归零。因此，风险传导速度的变化轨迹先升后降，近似于倒 U 形曲线（具体见图 3-1-1 所示）。

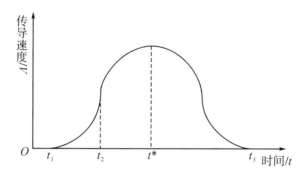

图 3-1-1 系统性金融风险的传导速度变动趋势

与此同时，风险的体量以及风险造成的损失 A 则随着风险的传导而不断叠加和累积，而当风险传导的速度在时点 t_3 归零后，随着传导的终止，风险的体量及风险造成的损失也不再继续叠加和累积，此时，风险的体量和风险造成的损失都达到最大值。因此，风险造成的损失的变化轨迹近似于一条向右上方倾斜的曲线（具体见图 3-1-2 所示）。

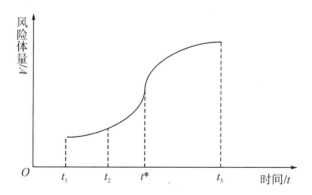

图 3-1-2 风险体量在传导过程中的累积和叠加

到达时点 t_3 以后，风险不再传导，风险的体量和风险造成的损失也不再增加，因而意味着系统性风险的冲击和破坏在时点 t_3 以后趋于结束。其后，整个金融系统及经济系统都将进入一个比较漫长的危机修复过程。

在系统性金融风险的传导过程中，随着时间的推移而不断增大的风险体量和风险损失以及先升后降的风险传导速度，决定了其巨大的冲击力和破坏性。对此，可以用力学原理做进一步的解释。根据力学原理，风险的损失与传导速度的乘积构成了风险的动量 M，即 $M = A(t) \cdot V(t)$；风险的动量在时点上的变化形成了风险的冲击力 P，即

$$P = \frac{dM(t)}{dt} = A(t) \cdot \frac{dV(t)}{dt} + V(t) \cdot \frac{dA(t)}{dt}$$

风险的冲击力在时间上累积，就形成了风险的冲量，即风险的破坏性。风险的破坏性 D 在理论上可具体可表示为

$$D = \int_{t_1}^{t_3} P(t) \, dt = \int_{t_1}^{t_3} \left[A(t) \cdot \frac{dV(t)}{dt} + V(t) \cdot \frac{dA(t)}{dt} \right] \cdot dt$$

根据风险损失和传导速度的变化趋势，并结合力学对风险的冲击力和破坏性的解释，可以发现系统性金融风险有着巨大的冲击力，尤其是在风险发生的初期。相应地，其巨大的破坏性也主要在风险发生的初期和中期大规模地释放出来。到了后期，随着传导速度的不断回落，风险的冲击力和破坏性也逐渐进入强弩之末状态。

覆盖面广以及冲击力强、破坏性大是系统性金融风险的两大本质特征，这两个特征是否同时具备，也是判断某种风险是否属于系统性金融风险的基本依据。单纯覆盖整个金融系统，但不足以对金融系统造成实质性破坏的金融风险，如证券价格在一定程度上的波动；或者虽然有一定的冲击力，但不足以覆盖或传导到整个金融系统的风险，如某些不具有系统重要性特征的金融机构的破产倒闭事件，都不属于系统性金融风险。

三、系统性金融风险与单个金融业务机构风险的关系

从广义的角度看，风险是指实际结果与预期结果发生偏差的可能性，这种偏差可以表现为优于预期的实际结果，也可以表现为劣于预期的实际结果。而从狭义的角度看，风险则是指实际结果劣于预期结果的可能性，即遭受损失的可能性。从这一意义上来说，我们可以把金融风险理解为金融活动的实际结果劣于预期结果，即金融资产遭受损失的可能性。

金融资产是实物资产的对称，即各类金融主体所拥有的以价值形态存在的资产，代表着对实物资产的索取权，是可以在有组织的金融市场上进行交易、具有现实价格和未来估价的各种金融工具的总称。根据所体现的金融关系不同（即与投资者对接的金融机构不同），我们可以把金融资产

分为银行类金融资产、信托类金融资产、保险类金融资产、证券类金融资产和其他金融资产。每类金融资产又可根据其形态演变过程，分为初始层金融资产及其衍生产品、中间层金融资产及其衍生产品和底层金融资产及其衍生产品，其中的中间层可能是一层，也可能是多层。不同层次的金融资产及其衍生产品有不同的存在形式及交易结构，越接近底层金融资产，交易结构可能越复杂。同时，不同层次的金融资产及其衍生产品通常由不同的主体持有和管理，初始层面的金融资产及其衍生产品（例如存款、基金受益权凭证、信托受益权凭证、保险保单等）主要由非金融机构（包括个人、家庭、企业、政府等）持有和管理；各中间层和底层的金融资产及其衍生产品（例如贷款、机构投资者的证券和其他权益性投资、存放在中央银行和同业的货币资金、各种资管计划项下的投资组合等）主要由金融业务机构持有和管理。由于中间层资产的具体层次很多，而且中间层资产和底层资产的衍生机会更多，因而就持有和管理金融资产的规模而言，各类金融业务机构是金融资产的主要持有者和管理者。

归属于不同的类别、处于不同层面、以不同的形式出现，并由不同的金融业务机构和非金融机构及个人和家庭持有和管理的各种金融资产整合在一起，就形成了宏观或系统层面上的金融资产组合，这种组合的紧密程度主要由处于不同层面的各类资产的交易结构决定，也是持有和管理这些资产的不同金融主体之间尤其是作为主要持有者和管理者的金融业务机构之间的关联关系的反映。而这种金融资产组合所面临的在整体上遭受损失的可能性，就是系统性金融风险。各项具体金融资产的风险是由其持有者和管理者承担的。金融业务机构是金融资产的主要持有者和管理者，因而也是金融资产风险的主要承担者。

既然系统性金融风险表现为宏观层面即系统层面的金融资产组合遭受损失的可能性，而这种资产组合又是由处于不同层面、归属于不同类别、有不同的表现形式，并由以金融业务机构为主且相互之间存在关联关系的不同金融主体持有和管理的资产构成的，那么，每一项具体的金融资产的风险变化必然会在系统性风险的变化中反映出来，系统性风险的变化也会基于不同金融资产的交易结构及金融资产的持有者和管理者之间的关联关系而影响到各项具体金融资产的安全性。在这种情况下，系统性金融风险与单个金融业务机构风险的关系自然就表现为两个方面，即单个金融业务机构的风险对系统性金融风险的"贡献"和系统性金融风险对单个金融业务机构风险的"反馈"。在实际的金融系统运行过程中，这两种情况往往是相互交织和相互强化的。

（一）单个金融业务机构的风险对系统性金融风险的"贡献"

如果把宏观即系统层面的金融资产组合视为归属于不同类别、处于不同层面、以不同的形式出现，并由以金融业务机构为主的不同主体持有和管理的金融资产整合在一起的结果，并将其风险视为系统性金融风险，那么，由单个金融业务机构持有和管理的全部金融资产就可以在整体上视为构成宏观即系统层面的金融资产组合的"单项"资产，该资产的风险与系统性金融风险的关系，也就体现为持有和管理该资产的金融业务机构所承担的风险与系统性金融风险之间的关系。相应地，该金融业务机构的风险对系统性金融风险的"贡献"也就体现在其持有和管理的全部金融资产的风险对系统性金融风险的"贡献"上。

根据资产组合理论，资产组合的风险由构成该组合的单个资产的风险、单个资产在组合中所占的比重以及单个资产之间的相关性决定，可用如下公式表示（其中各个符号所代表的涵义已在本节第一部分中做了说明）：

$$\sigma_p = \left[\sum_{i=1}^{n} w_i^2 \sigma_i^2 + 2 \sum_{0 \leq i < j \leq n} w_i w_j \sigma_i \sigma_j \rho_{ij} \right]^{\frac{1}{2}}$$

从该公式中可以看出，某一金融业务机构所持有和管理的金融资产的相对规模即占比 w_i、所持有和管理的金融资产的风险 σ_i、这些金融资产与其他金融和非金融机构以及个人所持有和管理的金融资产的关联性 ρ_{ij} 均与宏观层面的金融资产组合的风险即系统性金融风险正相关。也就是说，某一金融业务机构持有和管理的金融资产的规模和风险越大、这些金融资产与其他金融和非金融机构以及个人所持有和管理的金融资产的关联性越大，该金融机构的风险对系统性金融风险的"贡献"就越大。特别是那些资产规模大、与其他金融机构之间的关联性强的金融机构，其资产风险的变动必然在系统性金融风险的变化过程中发挥"举足轻重"的作用，因而此类金融机构也被称为"系统重要性金融机构"。正因为这样，在是否救助陷入危机的金融业务机构的问题上，也就有了"太大而不能倒"以及"太关联而不能倒"等说法。

正是出于对单个金融机构的风险在系统性金融风险中的贡献度的考虑，监管部门在利用微观审慎监管手段防范单个金融业务机构风险的同时，基于防范和化解系统性金融风险这一出发点，采取了一系列削弱金融业务机构之间的关联性和增强金融业务机构自身抗风险能力的措施。这些措施主要包括利用资本充足率和杠杆率指标限制单个金融业务机构资产规模的无序扩张；通过强化分业经营的制度规制、限制"通道"业务以及多层嵌套和层层加杠杆的交易结构，来削弱金融业务机构之间的关联性；通过对系统重要性金融机构提出更高的资本充足率要求，增强其自身的抗风险能力等。

（二）系统性金融风险对单个金融业务机构风险的"反馈"

系统性金融风险对单个金融业务机构风险的"反馈"可视为单个金融业务机构遭受的来自系统的风险。单个金融业务机构持有和管理的全部资产是整个金融系统的资产组合中的一个"子组合"（即一种特殊的单项资产），因此可借鉴资本资产定价理论中的 β 系数来衡量单个金融业务机构所遭受的来自系统的风险。当 $\beta > 1$ 时，意味着当发生系统性金融风险时，该金融业务机构将面临比系统性风险更大的风险；当 $\beta = 1$ 时，意味着当发生系统性金融风险时，该金融业务机构将面临与系统性风险相同的风险；当 $\beta < 1$ 时，意味着当发生系统性金融风险时，该金融业务机构面临的风险将小于系统性风险。从 β 系数的表达式 $\beta_i = \dfrac{\text{cov}(r_i, r_s)}{\sigma_s^2} = \rho_{is} \cdot \dfrac{\sigma_i}{\sigma_s}$ 中可以看出，在系统性风险 σ_s 既定的情况下，单个金融业务机构遭受的来自系统的风险 β_i 与其自身的风险 σ_i 及与金融系统的相关性 ρ_{is} 成正比，即该金融业务机构的风险越大、与整个金融系统的关联性越强，就会面临越大的来自系统的风险；反之，如果该金融业务机构自身的风险越小，与整个金融系统的相关性越弱，则面临的来自系统的风险也就越小。究其原因，一方面，正如体弱多病的人免疫能力低下，很容易遭到细菌和病毒的攻击一样，自身风险高、脆弱性明显的金融机构自然对系统性金融风险的冲击缺少足够的抵抗力；另一方面，金融业务机构与金融系统之间的关联性越强，表明系统性金融风险向该金融机构传导的路径越多并且越通畅，因而更容易受到系统性金融风险多方位的攻击。

上述结论可以从历史的经验和教训中得到验证。在 1997 年发生东南亚金融危机并迅速蔓延到俄罗斯、日本、韩国和拉美国家，国际金融市场哀鸿遍野，各国货币竞相贬值的背景下，我国政府却能自信地承诺人民币不贬值，其原因除了在国际事务中体现负责任的大国担当以外，也是当时我国的金融国际化程度较低，资本项目受到严格管制，国内金融系统与国际金融系统之间的关联性较低，具有能够免受或少受危机冲击这一优势所带来的底气。其后，随着金融开放程度的不断加深，对资本项目的管制逐步放松，我国金融系统与国际金融系统之间的关联性不断增强，因而在 2008 年，当美国次贷危机引发全球金融危机时，我国国内金融机构也不可避免地遭受了一定的损失。

需要强调的是，无论是单个金融业务机构的风险对系统性金融风险的"贡献"，还是系统性金融风险对单个金融业务机构风险的"反馈"，通常都不是一次性的，而是一个多次反复和相互交织的过程。一种情况是先形成单个金融业务机构的风险，并在向金融系统蔓延，形成系统性风险以后，作为风险"始作俑者"的单个金融业务机构又遭受系统性风险的冲击，并使自身已经"雪上加霜"的风险再次向整个金融系统蔓延，从而形成恶性循环。另一种情况是单个金融业务机构先遭受系统性风险的冲击，然后再反过来向金融系统传导风险，使金融系统遭受更大的风险冲击，从而形成另一种恶性循环。这两种情况都可以从历史事件中得到验证。前者如 1997 年的东南亚金融危机，此危机首发于泰国，从泰铢贬值开始，迅速蔓延到东南亚其他国家，形成国际系统性风险，然后反过来进一步加剧东南亚各国的风险，并在国际风险与国别风险相互强化的过程中，迅速向俄罗斯、日本、韩国和拉美国家蔓延。后者如 2008 年的全球金融危机，此危机首先起源于美国的次贷危机这一体量并不太大的系统风险，后因雷曼兄弟等五大具有系统重要性特征的投资银行在危机中遭受重大损失，并在自身风险和系统性风险持续相互强化的过程中走向倒闭，最终导致金融危机快速蔓延和全面发生。因此，如果说次贷危机是全球金融危机的"导火索"，那么雷曼兄弟等五大投资银行遭受重大损失和最终倒闭，则无疑是引爆全球金融危机这颗"超级炸弹"的"雷管"。

第二节　系统性金融风险的表现形式和考察维度

一、系统性金融风险的表现形式

系统性金融风险是经济周期、宏观经济政策的变动、外部金融冲击等风险因素引发的一国金融系统激烈动荡的可能性，且这种风险对国际金融体系和全球实体经济都会产生巨大的负外部性。从金融系统遭受风险因素的冲击到自身发生激烈动荡，进而影响国际金融体系和全球实体经济，需要经历一个或长或短的过程，这决定了系统性金融风险存在着"初始"和"最终"这两种表现形式。

（一）系统性金融风险的初始表现形式

系统性金融风险的初始表现形式是指金融系统在刚刚遭受风险因素冲击时，在整个金融系统层面或个别金融机构层面表现出来的风险。风险因素对金融系统的冲击可分为两种情况：全面冲击和点位冲击。这与具体的风险因素有关，取决于风险因素自身的覆盖面和影响面。

当经济周期变动和宏观政策变动以及利率、汇率和资产价格变动等风险因素冲击金融系统时，这种冲击对金融系统而言，往往是全面性的，即风险具有全覆盖的特点，具体表现为整个金融系统内的所有金融机构都会因此而遭遇经济周期风险、政策风险这两种宏观风险和市场风险这一具体风险，其中的经济周期风险和政策风险这两种宏观风险又会在微观层面引发信用风险和市场风险这两种具体风险。这种具有全覆盖特征的风险因素冲击整个金融系统时，给各个金融机构带来的市场风险、经济周期风险和政策风险，以及进而由经济周期风险和政策风险这两种宏观风险在微观层面引发的信用风险和市场风险，决定了系统性金融风险的初始形式通常会在信用风险、市场风险这两种具体风险上体现出来。在这种情况下，虽然各个金融业务机构都遭遇了这两类相同的风险，但各个金融业务机构在资产规模、资本实力、资产负债结构和质量、风险承受能力、声誉等方面的差异以及与整个金融系统的关联性不同，因这类风险而导致的损失及对整个系统性金融风险的"贡献"和从系统性金融风险中得到的"反馈"也会有所不同，甚至有很大的差异。这类初始风险具备系统性金融风险"覆盖面广"的特点，至于是否同时具有系统性金融风险的另一个特点即"冲击力强、破坏性大"，则取决于风险本身的严重程度及破坏性后果，即能否发展为风险的最终表现形式并在此基础上进行充分的传导。而这个问题则是下一部分将进一步分析的内容。

除了经济周期和宏观经济政策变动以及利率、汇率、资产价格变动等风险因素以外，其他风险因素对金融系统的冲击通常表现为点位冲击，即仅仅给个别或部分金融机构带来风险，风险不具有全覆盖的特点。这类风险因素往往与各个金融业务机构特定的业务对象、特殊的经营环境以及自身的行为等有关。与特定的业务对象有关的风险因素通常会给金融业务机构带来信用风险或其他风险。例如，据传负债累累并已陷入财务危机的恒大集团必然会给与之有信贷关系的金融机构带来信用风险，也会给承销其债券和代理销售将其作为投资对象的信托产品的金融机构带来声誉风险。与特殊的经营环境有关的风险因素往往导致特定的市场风险和流动性风险，也可能引发相关的合规风险。无论是雷曼兄弟等五家投资银行受累于一度狂热的美国次级债市场，还是包商银行受累于"明天系"而陷入流动性危机并暴露出众多的合规风险，都是遭遇与其所处的特定经营环境有关的风险因素冲击的结果。与自身行为有关的风险因素所造成的风险很多，包括但不限于因违规放贷和开展其他业务活动而引发的信用风险和合规风险、因资产负债在期限上严重错配而引发的流动性风险、因利率敏感性缺口和久期缺口配置不当而引发的特定的市场风险、因管理不当或内部控制制度不完善而引发的操作风险，以及因有悖于法律的经营行为和管理行为而引发的法律风险等。综合起来，因风险因素对金融系统的点位冲击而引发的系统性金融风险在初始阶段主要表现为微观层面的信用风险、市场风险、操作风险、流动性风险、合规风险和法律风险等。这些风险尚不具备系统性金融风险的"覆盖面广"这一特点，至于是否具备"冲击力强、破坏性大"这一特点，同样还受制于风险本身的严重程度及破坏性后果。这些风险最终能否演变为真正的系统性风险，取决于能否全面演变为风险的最终表现形式并在此基础上进行充分的传导。而这个问题同样是下一部分将进一步分析的内容。

综上所述，受各种不同的风险因素的影响，系统性金融风险在初始阶段可能在系统层面表现为信用风险和市场风险，也可能在非系统层面即在个别或部分金融机构的层面表现为信用风险、市场风险、操作风险、流动性风险、合规风险和法律风险等形式。前者体现出了系统性金融风险"覆盖面广"的特点，但是否具备"冲击力强、破坏性大"的特点则取决于其严重程度和破坏性后果；后者暂时不具备系统性金融风险"覆盖面广"的特点，是否具备"冲击力强、破坏性大"的特点同样取决于其严重程度和破坏性后果。根据金融稳定理事会对系统性金融风险的定义及人们对系统性金融风险本质的认知，只有同时具备"覆盖面广"及"冲击力强、破坏性大"这两个特征的金融风险才是系统性金融风险。金融风险无论在初始阶段表现为何种形式，最终能否同时具备这两个特点，即发展为系统性金融风险，都取决于其能否全面演化成系统性风险的最终表现形式。

（二）系统性金融风险的最终表现形式

一国金融系统发生激烈动荡，并对国际金融系统和全球实体经济产生严重的负外部性是系统性金融风险的最终结果，而非系统性金融风险的最终表现形式。一国金融系统发生激烈动荡的前提是该国金融系统的功能严重受损甚至基本丧失，这必然由金融机构的大面积破产倒闭引起。只要一国的金融机构没有大面积破产倒闭，即使其部分功能受损，也不会造成该国的金融系统发生激烈动荡，更不会对国际金融体系和全球实体经济产生严重的负面冲击。"留得青山在，不怕没柴烧"，只要没有遭遇流动性危机，任何金融业务机构面对任何风险都有自我修复和化解的可能，即使其功能在短期内受到一定程度的损害，也不至于陷入破产倒闭的境地。但是，一旦遭遇流动性危机且无法得到及时的救助或者救助无效，则难免破产倒闭。而且在此过程中，流动性危机会基于不同金融业务机构之间的债权债务关系或其他业务上的关联关系而在金融系统内传导。如果这种传导无法被遏制，就会引发金融业务机构的破产倒闭潮，在这种情况下，系统性金融风险也就真正发生了。因此，系统性金融风险的最终表现形式就是金融业务机构的资产因价格的剧烈波动或大面积的债务违约而大幅度缩水，造成流动性枯竭和支付危机，并因无法得到及时的救助或救助无效而在系统内迅速传导，导致金融业务机构大面积破产倒闭和金融系统功能扭曲甚至丧失。系统性金融风险的这种最终表现形式一旦出现，就意味着系统性金融风险的真正发生，接下来就会出现金融系统的激烈动荡和国际金融体系及全球实体经济遭受严重的负面冲击这种结果。

流动性危机是流动性风险的集中发生，这在金融系统不同的金融业务机构中有不同的表现形式。在存款类金融业务机构中，主要表现为无法满足存款人提取存款的需要，从而导致挤兑；在信托类金融业务机构中，主要表现为无法偿付固有业务发生的债务和无法向受益人支付到期的信托财产和信托收益；在保险类金融业务机构中，主要表现为无法满足保险受益人的赔付需求和向投保人支付保险投资收益；在投资银行（证券公司）类金融业务机构中，主要表现为无法偿付自营业务产生的负债和满足经纪类客户提取保证金的需求。无论哪一类金融业务机构，其遭遇的流动性危机既可能源于风险因素冲击下形成的流动性风险的累积，也可能源于风险因素冲击下形成的其他风险的累积和演变。

前面的分析表明，因风险因素冲击而给金融系统及各类金融业务机构带来的风险有多种表现形式，包括信用风险、市场风险、操作风险、流动性风险、合规风险、声誉风险和法律风险等，流动性风险只是其中的一种表现形式，因而最初的流动性风险的累积在流动性危机的形成原因中并不占主导地位，流动性危机主要是由其他风险尤其是信用风险和市场风险的累积和演变导致的。从这一意义上说，只要最初的流动性风险得到有效控制或及时化解，其他风险不向流动性风险演变并累积，流动性危机就不会发生和传导，也就不会引发系统性金融风险。

当经济周期波动和宏观经济政策变动以及利率、汇率和资产价格变动等风险因素全面冲击金融系统时，系统内的所有金融业务机构面临的信用风险和市场风险都会上升，并在不同程度上遭受资产损失。如果这种资产损失没有导致任何金融业务机构陷入流动性危机，那么系统性金融风险就不会发生。如果这种资产损失导致了个别或部分金融业务机构陷入流动性危机，且不能得到有效的救助，只要陷入流动性危机的金融业务机构规模较小且与整个金融系统的关联性较弱，这种危机就不会在系统内传导，系统性金融风险也不会发生。如果这种资产损失导致了个别或部分金融业务机构的流动性危机，且这种流动性危机基于该金融业务机构与整个金融系统之间较强的关联性而在系统内传导，但只要被传导的金融业务机构有较强的风险承受能力，危机的传导途径就能被阻断，这种危机也不会演变成系统性金融风险。当除了经济周期波动和宏观经济政策变动以及利率、汇率和资产价格变动等风险因素以外的其他风险因素对金融系统造成点位冲击时，金融系统内的个别或部分金融业务机构面临的信用风险、市场风险、操作风险、流动性风险、合规风险或法律风险会上升，这些风险或者导致这些金融业务机构遭受资产损失，或者使这些金融业务机构的资金筹集能力下降。但是，基于同样的分析，只要这种资产损失和资金筹集能力的下降没有导致这些金融业务机构陷入流动性危机，或者即使陷入流动性危机，但危机能够得到有效救助或者无法在系统内传导，就不会引发系统性金融风险。

综上所述，虽然系统性金融风险的初始表现形式有多种，但最终表现形式只有一种，即全面的流动性危机。系统性金融风险的发生，是各种金融风险通过持续的累积、演变和传导，最终以流动性危机的方式实现"殊途同归"的结果。从这一结论中，我们可以看出，在金融系统运行调控和金融企业经营活动中，加强流动性管理的重要性。正确处理盈利性、安全性和流动性三者之间的关系，是金融活动中永恒不变的主题，而保持流动性的合理充裕是其关键所在。因此，无论是宏观调控部门和金融监管部门，还是具体的金融业务机构，都必须立足于金融运行的具体环境，在正确认知风险的基础上，做到对流动性存量的适度控制和流量的适时调节。

二、系统性金融风险的考察维度

系统性金融风险具有"覆盖面广"及"冲击力强、破坏性大"这两个本质特征。"覆盖面广"这一特征既与风险的初始表现形式有关，例如，市场风险、经济周期风险和政策风险本身就具有覆盖面广的特征；也与风险的传导有关，因为各种风险都有可能演化成金融业务机构的流动性危机并在金融系统内传导，最终导致风险全覆盖。而且，从前面的分析中可知，风险在不同金融业务机构之间的传导是形成"覆盖面广"这一系统性金融风险本质特征的主要原因。系统性金融风险的另一个本质特征即"冲击力强、破坏性大"，是由风险的体量以及风险造成的损失和风险的传导速度共同决定的，其中，风险的体量以及风险造成的损失主要取决于风险在时间上的累积力度和传导中的叠加力度；风险的传导速度主要取决于由不同金融业务机构之间的关联性导致的风险传导网络的完美程度。这两个本质特征的形成过程就是系统性金融风险的形成、发生和发展的过程。综合这两个本质特征的形成机理，我们就可以总结出考察系统性金融风险的两个维度，即纵向累积维度和横向传导维度。

（一）纵向累积维度

系统性金融风险的纵向累积是指风险的体量随着时间的推移而不断增大，因而纵向累积维度也可称为时间维度。作为一个时点指标，风险的体量本身与时间跨度之间并没有固定的函数关系，可能随着时间的推移而上升，也可能随着时间的推移而下降。但是，在系统性金融风险的累积过程中，由于金融系统内不同金融业务机构之间在功能上过度的互补和替代（详见本书第五章的分析），风险的体量虽然可能在时间上出现有升有降的波动，在趋势上却常常表现为持续上升。这种持续上升的趋势不但与金融活动的规模持续扩大有关，更是各类金融主体未意识到风险，或者虽然意识到了风险，但控制和化解风险的力度不足，或者过度偏好风险所导致的结果，从而使风险的体量与时间跨度之间形成明显的正相关关系。从理论上说，任何一种金融风险都具有通过在时间上不断地累积而演变成系统性风险的可能，因为这些风险累积到一定程度后，风险事故一旦发生，就可能导致严重的资产损失，并因此而直接引发或通过传导而间接引发整个金融体系的流动性危机。而在金融系统的实际运行过程中，最容易通过自身在时间上的不断累积而最终演变为系统性金融风险的初始风险形式主要是信用风险和市场风险，其他形式的风险在发生和发展过程中常常带有"一过性"① 的特征，在时间上持续累积的机会并不多。信用风险在时间上的累积集中表现为杠杆率的持续攀升，包括宏观杠杆率、金融系统的整体杠杆率和系统重要性金融机构以及规模大且与金融系统之间有很强的关联关系、信贷集中度高的实体经济杠杆率的持续攀升。市场风险在时间上的累积主要表现为资产价格的持续攀升及因此而形成的巨大价格泡沫，尤其是房地产价格泡沫和证券价格泡沫。鉴于信用风险和市场风险在时间维度上的累积形式及在系统性金融风险累积过程中所处的地位，我国在近年来实施了一系列"去杠杆"和"结构性降杠杆"以及调控房地产价格和稳定资本市场的政策举措，这些举措都是从"纵向累积"的维度入手来防范和化解系统性金融风险的必要选择。

（二）横向传导维度

风险的横向传导是指风险在金融系统内不同金融业务机构之间的蔓延，是形成系统性风险的关键环节，表现为风险在空间上的扩散，因而横向传导维度也可称为空间维度。风险之所以能在不同金融业务机构之间传导，是因为这些金融机构之间存在着关联关系。当金融业务机构之间没有关联关系（事实上，这种情况是不存在的）或关联关系处于合理的程度之内时，尤其是在严格的分业经营制度约束下，风险通常不会在金融业务机构之间传递，即使基于正常的关联关系而传递，也将处于各个金融业务机构可以承受的范围之内，通常不会引发系统性金融风险。但是，在金融系统实际运行过程中，由于不同金融业务机构之间在功能上过度的协同和竞争（详见本书第五章的分析），特别是出于监管套利目的而开展的金融创新活动所导致的过度协同和竞争，往往使不同金融业务机构之间的关联关系突破合理的度，从而使风险得以通过多种途径在金融系统内传导。

---

① 医学术语，是指某一临床症状或体征在短时间内只出现一次。这种情况的出现往往有明显的诱因，而且随着诱因的去除，这种症状或体征会很快消失。这里指某些风险在短期内只出现一次，随着诱因的去除，这种风险及其影响也会很快消失。

风险在金融系统内的传导途径在总体上可分为两类，即直接传导途径和间接传导途径。风险的直接传导途径具体包括基于债权债务关系的传导途径、基于业务关联性的传导途径和基于资本关联性的传导途径。基于债权债务关系的传导途径具体表现为由同业存放或同业拆借而形成的传导途径、由回购交易形成的传导途径、由相互持有金融债券或其他融资工具而形成的传导途径等。基于业务关联性的传导途径主要通过资产管理业务形成，具体表现为不同金融机构之间相互投资资产管理计划，形成多层嵌套和层层加杠杆的信托关系及其他相关的业务协作关系，从而形成底层资产的风险向上层层传导和蔓延的链条。基于资本关联性的传导途径是指由建立在资本关系基础上的重大关联交易形成的风险传导途径，具体可表现为债权债务途径和业务合作途径，前者如隶属于同一金融集团的不同金融业务机构之间的大额拆借或回购交易形成的风险传导途径；后者如商业银行与其理财子公司之间，互相以优先级或劣后级投资者的身份投资资产管理计划，形成彼此之间的信托关系，进而导致底层资产风险传导途径。风险的间接传导途径主要表现在两个方面：一是不同金融业务机构之间因功能竞争而持有同类资产导致的风险传导途径。例如，一家金融业务机构因遭遇流动性危机而抛售资产，导致资产价格下跌，使持有同类资产的其他金融业务机构遭受资产损失并陷入流动性危机。二是个别金融业务机构的风险导致金融恐慌而形成的风险传导途径。例如，当一家金融业务机构陷入危机时，存款人或投资者往往因此而看空同类甚至非同类金融业务机构的前景，从而导致全面的挤兑或资产抛售现象，使金融风险从真正陷入危机的金融业务机构这一"失火"的"城门"，向本来处于正常经营状态的其他金融业务机构这一"无辜"的"池鱼"蔓延。需要说明的是，虽然不同的风险传导途径之间的区别是很清晰的，但在风险的实际传导过程中，各种直接途径和间接途径往往是交织在一起的，因而整个风险的传导常常会表现为一个错综复杂的过程。

前面分别从纵向累积和横向传导这两个方面分析了考察系统性金融风险的两个维度。只有把这两个维度结合起来，才能全面、客观地认识和评价系统性金融风险。在这里，需要强调的是，在金融系统的实际运行过程中，风险的纵向累积和横向传导往往是交织在一起的，表现为既在累积过程中传导，也在传导过程中累积。更有甚者，风险的传导和累积互为因果，表现为既可能由风险的累积导致风险的传导，也可能由风险的传导引发风险的累积。前者如风险累积到一定程度后，投资者或金融业务机构预期发生逆转，导致普遍性的资产抛售或信贷收缩行为，造成资产价格泡沫破裂或杠杆断裂，进而因市场风险或信用风险而引发流动性危机，并在系统内迅速传导；后者如金融业务机构面对风险的传导，为了提升自身的抵抗力而通过主动负债方式突击提高流动性储备，从而进一步抬升杠杆率，加剧了风险的累积。这些情况表明，认知、考察和评估系统性金融风险是一项极其复杂的工作，只有在纵观全局的同时，着眼于导致风险累积和传导的各种细节，方能得出正确的结论。

第三节 系统性金融风险的存在和发生以及与金融危机的关系

在如何看待我国的系统性金融风险的问题上，常常存在一种错误的认识，即把系统性金融风险的存在与系统性金融风险的发生混同，并由此形成了对待系统性金融风险的两种不同态度：要么以没有发生系统性金融风险来否认其存在，要么以存在系统性金融风险而过分夸大其严重程度。前者会导致在系统性金融风险防范上盲目乐观，弱化"守住不发生系统性金融风险的底线"的努力，不利于形成"金融稳，经济稳"的局面；后者会导致在系统性金融风险防范上矫枉过正，降低金融系统运行的效率，削弱金融对经济发展的推动作用，不利于形成"金融活，经济活"的局面。要实现金融与经济之间的良性互动，在两者之间形成构建"金融稳，经济稳；金融活，经济活"的关系的同时，构建"经济兴，金融兴；经济强，金融强"的关系，形成金融与经济的良性互动格局，就必须正确认识系统性金融风险的存在和发生的内涵及两者之间的逻辑关系。

一、系统性金融风险的存在

系统性金融风险是经济周期、宏观经济政策的变动、外部金融冲击等风险因素引发的一国金融系统激烈动荡的可能性，如果这种可能性演变成现实性，就会严重冲击国际金融系统和全球实体经济。只要这种可能性存在，就意味着系统性金融风险的存在。一种金融风险能否演变为系统性金融风险取决于风险本身的影响面和冲击力，前者取决于传导条件，后者则受累积时间和传导条件的双重影响，只要具备在时间上累积和空间上传导的条件，这种金融风险就存在演变为系统性金融风险的可能性。事实上，任何一种金融风险都可以在时间上不断累积，而且随着金融系统内部关联性的不断增强，在空间上传导的途径也在不断增加。因此，系统性金融风险是与金融系统的发展相伴相生的，只要存在金融系统，就存在系统性金融风险，金融系统内部的关联性越强，系统性金融风险就越大。

某商界"精英"在2000年的外滩金融峰会上曾以我国的金融没有系统为由，否认系统性金融风险的存在，并强调我国金融最大的风险在于"没有系统"。事后发生的与其作为实际控制人的某科技型金融企业有关的一系列事件表明，该商界"精英"之所以罔顾事实，否认金融系统和系统性金融风险的存在，无非是在为杠杆率极高、与金融系统的关联关系极强、已在事实上成为系统重要性金融机构的该科技型金融企业的上市和进一步野蛮生长寻求舆论支持而已。事实上，经过改革开放40多年的发展，我国已经形成了比较完善的金融系统，在这种情况下，以"没有系统"为由来否定系统性金融风险的存在，显然是没有任何依据的。退一步讲，即使在改革开放前"大一统"的金融体制下，也不能说我国的金融"没有系统"，因为从严格意义上讲，现实世界中不存在"非系统"，无论是自然界还是人类社会，系统都是普遍存在的，金融领域也不例外。从这一意义上说，即使在"大一统"的金融体制下，也存在系统性金融风险，只是这种情况下的系统性金融风险有其独特的表现形式而已（详见本书第四章第一节的分析）。

自2008年发生全球金融危机以后，学者们对我国的系统性金融风险高度关注，并从不同的视角论证了我国的系统性金融风险隐患。例如，张强和吴敏认为，随着我国金融开放程度的不断提高，我国面临的系统性金融风险压力正在不断加大，必须高度重视、有效应对，并从金融机构尤其是系统重要性金融机构、房地产市场、政府及公共部门债务等方面具体分析了我国的系统性金融风险隐患[①]；岳闻春和唐学敏利用A股上市金融机构的数据，从金融机构关联性的视角对系统性金融风险的影响因素进行实证分析，明确了关联性及其他因素对系统性金融风险的影响并对其影响机理进行了研究[②]；韩心灵和韩保江从我国存在的五大金融风险点即实体经济

---

　①　张强，吴敏. 牢牢守住防范系统性金融风险的底线 [J]. 求是，2013 (2)：29-31.
　②　闻岳春，唐学敏. 系统性金融风险的影响因素研究：基于金融机构关联性的视角 [J]. 江西社会科学，2015 (7)：72-79.

风险、银行部门风险、政府债务风险、虚拟经济风险和货币风险共振和联动的视角，论证了我国的系统性金融风险，并认为我国发生系统性金融风险的可能性高于以往任何时期①；周小川分别从宏观层面的金融杠杆率和流动性风险、微观层面的金融机构信用风险、跨市场跨业态跨区域的"影子银行"和违法犯罪风险等方面，分析了系统性金融风险隐患，并从宏观调控和金融监管的体制问题、治理和开放的机制缺陷这两个方面分析了风险的成因②。林维维、李莉莉基于分位数回归的 CoVaR 模型和网络拓扑方法，研究了 2015—2019 年 77 家金融机构的系统性风险与网络传染效应，得出了"证券等传统金融机构是系统性风险的主要来源"的结论，并发现随着混业经营的推进，机构之间的网络传染效应正在不断扩大③。

综合上述分析结果和学者们的研究成果，可以发现，只要存在金融系统，系统性金融风险作为金融系统运行的实际结果与期望结果发生偏差的可能性就是一种不以人的意志为转移的客观存在。因此，在如何看待系统性金融风险的问题上，人们应该关注的不是其是否存在，而是其严重程度以及是否会由可能性演变为现实性，即是否会发生系统性危机。而系统性金融风险是否会发生，则取决于其是否最终形成和被触发，即能否通过纵向累积体量和横向编织传导网络而产生并释放足以使金融系统发生激烈动荡的能量。

二、系统性金融风险的发生

系统性金融风险的发生是指金融风险通过长期的累积形成的"能量"，在各种内外部因素的冲击下集中释放，并借助金融系统内部的关联性迅速传导和增强，使金融系统发生激烈动荡，金融系统的功能扭曲甚至丧失，进而严重冲击实体经济的现象。前面的分析已表明，只要有金融系统，就有系统性金融风险。但是，系统性金融风险的存在与系统性金融风险的发生是两个有着紧密联系同时又有着严格区别的概念。两者的联系在于前者是后者的前提，而后者则可能是前者的结果；两者的区别在于前者表现为一种可能性，而后者则表现为一种现实性。

---

① 韩心灵，韩保江. 论当前系统性金融风险的生成逻辑 [J]. 上海经济研究，2015 (5)：19-27.
② 周小川. 守住不发生系统性金融风险的底线 [J]. 中国金融家，2017 (12)：13-16.
③ 林维维，李莉莉. 中国金融机构系统性金融风险研究 [J]. 青岛大学学报（自然科学版），2022 (1)：129-134.

系统性金融风险从表现为可能性的存在状态向表现为现实性的发生状态转化，需要经过风险的形成和风险的触发这两个环节。系统性金融风险的形成过程具体表现为风险体量的纵向累积和传导网络的横向编织，一旦风险体量（例如宏观杠杆率、资产价格泡沫等）累积到一定程度，同时主要以不同金融业务机构之间的关联关系体现出来的风险传导网络达到一定的复杂化程度，系统性金融风险也就真正形成了。但是，系统性金融风险的形成并不意味着这种风险必然发生或已经发生，正如核武器毁灭人类的风险早已形成，但这种风险是否发生还取决于国际争端及其解决方式的发展情况。已经形成的系统性金融风险是否真正发生，取决于触发风险的各类因素及其发展状况，即风险触发环节的态势。触发已经形成的系统性金融风险的各类因素，就是金融稳定委员会在定义中提到的"风险因素"。这些风险因素在宏观层面主要表现为经济周期的变动、宏观政策的变动、整体预期的逆转等；在微观层面的表现则五花八门，可能是个别实体经济的信贷违约行为，也可能是个别金融业务机构的信用资产损失或流动性枯竭，甚至可能是某一金融业务机构的声誉损失导致的金融恐慌等，"蝴蝶效应"往往会在微观风险因素触发系统性金融风险的过程中体现出来。

由于系统性金融风险从存在状态向发生状态的转化需要经历风险的形成和风险的触发这两个环节，为了"守住不发生系统性金融风险的底线"，必须在遏制系统性金融风险的形成和防范系统性金融风险的触发这两个方面同时发力。近年来，我国在金融供给侧结构性改革和加强宏观审慎监管的背景下，实施的结构性降杠杆、在《资管新规》框架下治理金融机构的"通道"业务、加强对房地产市场的调控、保持流动性合理充裕、保持宏观政策连续性和稳定性、提出"六稳"要求、根据《巴塞尔协议Ⅲ》的基本精神提高金融机构的资本标准、推出"流动性覆盖率"和"净稳定融资比率"等宏观审慎监管工具等一系列政策措施，充分体现了在"遏制系统性金融风险的形成"和"防止系统性金融风险的触发"方面"双管齐下"的努力。

三、系统性金融风险与金融危机的关系

金融危机也被称为"金融风暴"，是指一个或多个国家与地区的全部或大部分金融指标在短期内发生急剧的超周期的恶化，并伴随着金融机构和企业的大量倒闭、失业率的大幅度上升和经济的普遍萧条，甚至导致社

会和政局发生动荡的现象。从这一概念中可以看出，金融危机实际上就是金融稳定委员会定义的系统性金融风险，两者在本质上是一致的。系统性金融风险的形成过程，就是金融危机的"能量"累积过程；已经形成的系统性金融风险就是潜在的金融危机；实际发生的系统性金融风险就是现实的金融危机。从这一意义上说，"守住不发生系统性金融风险的底线"也就是要在遏制金融危机"能量"的纵向累积，并切断或削弱其横向传导网络的同时，逐步消弭已经累积起来的危机"能量"，防止金融危机由潜在状态向现实状态转化。

第四章 金融系统结构的复杂性及与经济系统的适应性偏差
——系统性金融风险的生成基础

　　虽然只要存在金融系统，就存在系统性金融风险，但是系统性金融风险的存在并不等同于发生，在系统性金融风险的存在到发生之间，还需经历形成和触发这两个环节。系统性金融风险是在金融系统运行过程中形成的，但金融系统的运行过程并不必然形成系统性金融风险。在单一金融系统或者与经济系统相适应的复杂金融系统的运行过程中，是不会形成真正意义上的系统性金融风险的。只有在与经济系统之间存在适应性偏差的复杂金融系统的运行过程中，才会生成真正意义上的系统性金融风险。因此，金融系统结构的复杂性及与经济系统的适应性偏差，是系统性金融风险的生成基础。为了正确认识系统性金融风险的这一生成基础，本章拟在分别分析金融系统结构的复杂性同系统性金融风险的生成以及金融系统与经济系统的适应性偏差同系统性金融风险的生成之间的关系的基础上，结合我国金融系统的构成及与经济系统的适应状况，分析我国系统性金融风险的生成基础。

第一节　金融系统结构的复杂性与系统性金融风险的生成基础

一、单一金融系统背景下的系统性金融风险

　　金融系统是指由不同功能的金融业务机构、宏观调控机构和承担不同监管职责的金融监管机构、多形式和多层次的金融市场、以多元化的金融

产品及金融服务为载体的多种金融业务，按一定的秩序和内部联系组合而形成，并借助金融基础设施而运行的，承担特定功能的综合体。构成这一综合体的不同要素又分属于不同的子系统，具体包括金融机构系统（金融业务机构系统、宏观调控机构系统和金融监管机构系统的统称）、金融市场系统、金融业务系统（包括金融产品系统和服务系统）以及金融基础设施系统。

单一金融系统是一种特殊的金融系统，其特殊性主要体现在各个子系统的构成上。首先，在金融机构系统的构成上，表现为全国仅有一家主要金融机构，该金融机构集办理金融业务、实施宏观调控和履行金融监管等职责于一身，利用遍布全国的分支机构来发挥自身的功能。其中，在宏观调控方面，主要表现为调整信贷政策和调节货币供应量，在特定的情况下也可能通过服务甚至服从于财政政策的方式来发挥宏观调控职能；在金融监管上，主要表现为依据国家的方针政策和相关法律法规以及内部的规章制度，对各分支机构的行为进行监督和管理，因而没有（在一定程度上也不需要）真正意义上的金融监管。其次，在金融市场系统的构成上，表现为单一的间接融资市场，由该金融机构利用"借者的集中"和"贷者的集中"这一身份，以存款方式筹集资金，同时依据相关政策和信贷制度以贷款方式分配资金。再次，在金融业务系统的构成上，表现为相对单一的产品或服务，具体包括存款产品、贷款产品以及以支付结算和代理业务为主的中间业务。最后，在金融基础设施的构成上，常常显得单一和落后，在"软件"上表现为会计基础设施、法律基础设施和监管基础设施不完善；在"硬件"上，无论是全国联行往来系统，还是省辖往来系统和支行辖内往来系统的运行，都以手工操作为主，缺少现代信息技术的支持。

单一金融系统往往是"大一统"的计划经济体制的产物，在其运行过程中，流动性、盈利性和安全性这三者之间的关系常常被扭曲，因而金融机构面临的风险也有别于复杂的金融系统。在单一金融系统运行过程中，金融机构虽然因受益于"大一统"的计划经济体制而很少面临政策风险和经济周期风险，市场风险也因受益于这种经济体制以及资产结构单一并且与国际金融市场缺少联系而几乎不会出现，但仍然会因交易对手（主要是借款人）违约而面临信用风险，因不完善或有问题的内部程序、员工的问题和外部事件而面临操作风险，也可能因期限严重错配而面临流动性风险，并因这些风险而遭受资产损失。其中，信用风险尤其是以财政为直接或间接交易对象①而面临的信用风险，是单一金融系统运行过程中金融机构面临的主要风险，也是造成金融机构资产损失的重要原因，这正是我国在 20 世纪 80 年代及之前长期存在的"财政挤银行"现象的主要表现形式。但是，由于该金融机构（中国人民银行）在开展金融业务的同时，还掌握着货币发行权，因而具有极强的风险承受能力和危机修复能力。无论因风险而遭受的资产损失有多大，都可以通过增加流通中货币这一特殊的负债来补足流动性，从而免于陷入流动性危机。系统性金融风险的初始表现形式是以信用风险、市场风险和流动性风险为主的各种具体风险，而最终表现形式则是流动性危机的发生及蔓延，如果各种具体风险最终以流动性危机的形式实现了"殊途同归"，也就意味着系统性金融风险的发生。既然在单一金融系统的运行过程中，金融机构拥有的货币发行权使其具有极强的风险承受和危机修复能力，能避免陷入流动性危机，那么，在单一金融系统的运行过程中，也就不可能形成真正意义上的系统性金融风险。也就是说，金融系统不会因为各种风险及其发展变化而发生激烈的动荡，金融系统在其所处的特定经济环境下的功能也不会出现明显扭曲更不会丧失，表面上也不会对实体经济造成严重的负面冲击。当然，尽管不会形成真正意义上的系统性金融风险，但系统性金融风险仍会以一种特殊的形式表现出来，那就是金融机构为了修复危机而增发的货币常常会导致通货膨胀。只是在"大一统"的计划经济体制下，由于实行严格的价格管制，通货膨胀也常常以隐性的方式表现出来，使市场长期处于供不应求状态，这实际上是金融系统功能扭曲的一种特殊表现形式，实体经济也会因此而在事实上受到负面冲击。

二、复杂金融系统及其在系统性金融风险形成过程中的基础作用

（一）复杂金融系统的涵义和特点

前面提到，金融系统是由不同功能的金融业务机构、宏观调控机构和承担不同监管职责的金融监管机构、多形式和多层次的金融市场、以多元化的金融产品及金融服务为载体的多种金融业务，按一定的秩序和内部联

---

① 在单一金融系统背景下，金融系统以财政为直接交易对象，具体表现为银行直接向财政融资，如财政借款或透支；金融系统以财政为间接交易对象，主要表现为以贷款方式向国有企业提供本应由财政拨款解决的资金，在"大一统"的计划经济体制下，这种贷款常常会因财政拨款无法到位而被企业长期占用甚至最终被核销。

系组合而形成，并借助金融基础设施而运行的，承担特定功能的综合体，这实际上就是从复杂系统的视角给金融系统下的定义。与单一金融系统相比，复杂金融系统在金融机构、金融市场、金融业务、金融基础设施等子系统上都表现出了复杂化的特点。

1. 金融机构系统复杂化

一方面，与单一金融系统背景下集金融业务、宏观调控和金融监管职能于一身的"单一化"金融机构格局不同，在复杂金融系统中，金融机构系统的构成呈现出典型的"多元化"特征。另一方面，金融机构系统的复杂化除了表现为上述金融机构"多元化"以外，还有另一种重要表现形式，那就是不同金融业务机构尤其是商业性金融业务机构之间基于资本联系而形成的关联关系，具体表现为同类或不同类的金融业务机构受控于同一金融持股公司，或者被同一机构参股；同类或不同类金融业务机构之间存在持股或控股关系，甚至有交叉持股现象。

2. 金融市场系统复杂化

金融市场系统的复杂化具体表现为金融市场多样化和资本市场的层次化。一方面，与单一金融系统背景下仅有单一的间接融资市场不同，复杂金融系统中的金融市场系统由间接融资市场和直接融资市场两大部分构成，各自又由不同形式和内容的众多子市场构成，从而形成了多元化的市场体系；另一方面，除了上述在金融市场构成上的多样化特征以外，资本市场的层次化也是金融市场复杂化的具体表现。在资本市场上，存在着不同规模和主体特征的投资者和融资者，各自对资本市场的金融产品或服务有着不同的需求。这种对投融资金融产品或服务的多样化需求，决定了资本市场应该是一个多层次的、能适应不同的投资者和融资者在不同规模和不同层次上的不同需求的系统。

3. 金融业务系统复杂化

金融业务系统由金融产品系统和金融服务系统构成，因而金融业务系统的复杂化也在金融产品系统复杂化和金融服务系统复杂化这两个方面表现出来。

首先，金融产品系统复杂化。与单一金融系统背景下仅存在为数不多的存款和贷款产品这种单一且狭隘的产品格局不同，在复杂金融系统背景下，既有包括种类丰富的存贷款产品在内的、与实体经济有着紧密联系的原生金融产品，也有在丰富多彩的原生金融产品基础上形成的、与实体经济距离较远的衍生金融产品。无论是原生金融产品还是衍生金融产品，都由种类繁多的具体产品构成，从而形成了复杂的金融产品体系。此外，金融产品系统复杂化还表现为由金融创新导致的金融产品交易结构的复杂化。金融产品的交易结构是指交易各方以合同条款形式所确定的，协调与实现各方最终利益关系的一系列安排。金融产品交易结构的复杂化具体表现为多元化的交易主体、多环节的交易流程、多层次的收益和风险匹配、结构化的投资者权利和义务，以及集功能互补、替代、协同和竞争于一体的金融机构之间的竞争与合作关系。

其次，金融服务系统的复杂化。金融服务系统的复杂化具体表现为金融服务的多样化和不同金融服务的融合化。金融服务是由金融业务机构提供的，金融业务机构多元化必然带来金融服务多样化的结果。由于复杂金融系统突破了单一金融系统背景下金融机构单一性的局限，形成了种类繁多并存在不同程度的关联关系的金融机构系统，这一系统内的不同金融业务机构，无论是商业银行，还是投资银行和保险机构，或是信托和类信托机构以及其他商业性金融业务机构，都能基于自身的职能和业务范围提供相应的金融服务，由此形成了多样化的金融服务。而且，随着金融创新的不断深化和金融机构种类的增加，各类金融业务机构提供的金融服务也处于一个进一步丰富的过程中。除此之外，金融服务系统的复杂化还表现在不同金融服务的融合化上，这是不同金融业务机构在提供金融服务过程中通过功能互补和协同开展业务合作的结果。例如，商业银行的理财计划可能会与信托公司的某个信托计划对接，而信托公司的信托计划也可能会对接基金管理公司管理的某一个基金。

4. 金融基础设施系统复杂化

金融基础设施系统的复杂化包括"软件"系统的复杂化和"硬件"系统的复杂化两个方面。在"软件"系统的复杂化方面，表现为法律基础设施、会计基础设施和监管基础设施的不断完善和精细化；在"硬件"系统的复杂化方面，表现为形成了支付清算系统、征信系统、反洗钱监测系统和金融市场交易系统等子系统。

（二）复杂金融系统在系统性金融风险形成过程中的基础作用

在单一金融系统背景下，金融机构面临的主要风险是信用风险，尽管这种风险具备在时间上不断累积的可能性，但由于金融机构的风险承受能力和危机修复能力因其掌握货币发行权而无限强大，最终不会形成真正意义上的系统性金融风险。换句话说，在单一金融系统背景下，不具备形成系统性金融风险的基础。而在复杂金融系统背景下，情况就不一样了。复杂金融系统具备复杂性，金融业务机构不仅面临着信用风险、市场风险、操作风险、流动性风险、合规风险、声誉风险等一系列风险，而且这些风险尤其是其中的信用风险和市场风险，很容易因金融系统的复杂性而在时间上累积的同时，形成在空间上传导的网络，在金融机构的风险承受能力和危机修复能力有限的情况下，极可能演变成系统性金融风险。因此，在复杂金融系统中，存在形成系统性金融风险的可能性。

1. 复杂金融系统的各构成部分对金融风险的影响

（1）金融机构系统的复杂性对金融风险的影响

宏观调控机构的专门化和金融监管机构的专业化提升了宏观调控和金融监管的力度和精度，在客观上强化了对金融风险的防范力度。但是，金融业务机构的多元化及在资本上的关联化，却能使不同的金融业务机构依托各自的功能优势，通过在更大范围和更高层次上形成错综复杂的互补、替代、协同和竞争的功能关系，来开展所谓的"创新"活动，突破监管约束，实现监管套利目的，从而加大了监管难度，削弱了金融监管对风险的前瞻性防范作用。

（2）金融市场系统和金融业务系统的复杂性对金融风险的影响

金融市场系统的复杂化和金融业务系统的复杂化常常是互为条件的，金融业务需要借助金融市场这一平台来开展，而金融市场的发展又需要金融业务来"捧场"。在这一过程中，金融业务机构作为金融市场上的主要交易者及金融产品或服务的主要提供者，发挥着主导作用。

金融市场多样化和资本市场层次化，为各类金融业务机构利用各自的业务优势，通过功能上过度的互补、替代、协同和竞争，来开展所谓的"创新"活动，从而实现突破监管约束，提升风险偏好的目的，提供了多样化和多层次的平台。由此可见，以金融市场的多样化和资本市场的层次化方式表现出来的金融市场系统复杂化特征，一方面为进一步发挥金融推动经济发展的作用提供了更广阔的平台和更好的条件，另一方面也对金融风险的防范和化解构成了更加严峻的挑战。

依托多样化和多层次的金融市场平台形成和发展起来的多样化的金融产品或服务，尤其是带有"虚拟资本"特色的金融产品（股票、债券、证券投资基金等）及其衍生产品，构成了规模远超实体经济的庞大的虚拟经济系统，催生了资产价格泡沫，并因此吸引了更多的资金加入虚拟经济系统的交易，使泡沫进一步堆积，当这种泡沫堆积超过合理的度时，就演变成了金融风险的累积。因此，以金融产品丰富化的形式表现出来的金融产品系统复杂化现象，虽然能拓宽投资渠道，增加资本累积的途径，发挥金融对经济发展的推动作用，但同时也会造成资金在金融市场上空转，增加资产价格泡沫，造成系统性金融风险的累积。

与此同时，金融产品交易结构的复杂化和不同金融服务的相互融合，往往会使金融系统的运行变得更加复杂，从而在延长交易链条、增加内耗性交易成本的同时，突破分业经营的制度约束，对抗逆周期调控措施，抬高宏观杠杆率和催生资产价格泡沫，并过度强化不同金融机构之间的关联关系，对金融风险的防范和化解形成巨大的挑战。

（3）金融基础设施系统的复杂化对金融风险的影响

金融基础设施中"硬件"系统的复杂化也意味着"硬件"系统的完善化，有助于加快资金流动和金融工具交割清算的速度，提高金融活动的效率，改善金融活动中的信息不对称状况，并强化对金融活动信息尤其是风险信息的反映和监测力度。从这一意义上说，金融基础设施系统中"硬件"系统的复杂化有助于防范金融风险。但是，"硬件"系统的复杂化也强化了金融业务机构的对外依存度，这在服务于跨境支付的信息传递系统上显得尤为明显，突出地表现在各国的金融业务机构对环球银行间金融电讯协会（Society for Worldwide Interbank Financial Telecommunications，SWIFT）的高度依赖上。这种情况为以美国为首的西方国家谋求金融霸权、实施金融制裁提供了便利，而无理的金融制裁有可能成为系统性金融风险的"导火索"。从这一意义上说，金融基础设施系统中"硬件"设施的复杂化并不一定有利于系统性金融风险的防范和化解。

金融基础设施中"软件"系统的复杂化可以为规范金融机构的行为，防范金融风险提供更充分的法律保障和制度保障。但是，由于金融创新高度活跃，这些"软件"设施尤其是监管基础设施常常滞后于金融创新的步伐，相应地，其更新和完善也常常表现为"打补丁"，因而在开展对系统性金融风险的前瞻性防范方面，往往显得力不从心。正因为如此，才要进一步强化中央银行的宏观审慎监管职责。

2. 复杂金融系统背景下系统性金融风险的形成

系统性金融风险是在金融系统的运行过程中形成的。金融系统的运行过程就是其功能的发挥过程，在本质上表现为各类具有不同功能的金融业务机构，在监管机构和宏观调控机构的监督、管理和调控下，通过不同形式和不同层次的金融市场，依托金融基础设施，以买卖多元化的金融产品和提供多种金融服务的方式开展金融业务活动，从而形成其功能并在相互之间整合其功能的过程。在这一过程中，金融业务机构的行为、金融监管机构和宏观调控机构的监管和调控力度、金融市场的发育程度、金融基础设施的完善程度、金融产品及金融服务的种类和数量，都会对金融系统的运行及合理化程度产生重大影响，但其中发挥关键作用的是金融业务机构的行为，可以说，金融业务机构的行为主导着金融系统的运行。

系统性金融风险的形成过程具体表现为风险体量的纵向累积和传导网络的横向编织。从理论上说，通过完善金融基础设施，强化宏观调控和金融监管措施，可以有效地防止金融风险的纵向累积和横向传导。例如，可以通过常规性的货币政策调节信贷规模，控制宏观杠杆率；可以通过不动产信用控制和证券市场信用控制等手段调控资产价格泡沫；可以通过具体的监管措施遏制金融机构过强的风险偏好，优化金融机构的资产结构；可以通过分业经营的制度约束，防止风险在不同金融机构之间传导。但是，在复杂金融系统中，宏观调控和金融监管的效果常常会因复杂金融系统为各类金融业务机构提供的创新便利，而在一定程度上被削弱甚至化解。

不同的金融业务机构有不同的功能优势和功能局限，在金融系统结构复杂化态势下，金融业务机构的多元化及分工的专业化使各自的功能优势及功能局限都显得更加突出。而金融市场的多样化和层次化以及金融产品的丰富化和金融服务的多样化，则分别为金融业务机构之间利用各自的功能优势开展互补、替代、协同和竞争提供了广阔的平台和多样化的手段。金融产品交易结构的复杂化和金融服务的融合化，既是这种功能互补、替代、协同和竞争的结果，同时也为这种功能关系的进一步发展提供了基础。由此可见，复杂的金融系统使金融业务机构在相互之间构建互补、替代、协同和竞争的功能关系成为可能，越复杂的金融系统，就越有利于这种功能关系的建立。实际上，金融业务机构之间在功能上构建适度的互补、替代、协同和竞争关系，有助于搞活金融，协调金融系统与经济系统之间的适应性，在特定的经济发展阶段更好地发挥金融对经济的主导作用。但是，在金融基础设施系统尤其是其中的宏观调控和金融监管系统滞后于整个金融系统结构的复杂化进程时，上述功能关系就可能在监管套利动机的驱使下，突破合理的度，对逆周期调控政策和监管约束形成对抗和规避，使金融系统在"活而不稳"的格局中运行，造成杠杆率和资产价格泡沫逆势上扬，并强化金融业务机构相互之间的关联关系，在纵向上不断累积金融风险体量，同时在横向上编织金融风险传导的网络，从而形成系统性金融风险（详见本书第五章的分析）。

在金融系统的实际运行过程中，金融系统结构的复杂化主要是由金融创新造成的。金融创新在金融自由化浪潮的裹挟下，常常处于十分活跃的状态，而金融基础设施中的"软件"部分（主要是监管政策和规章）则处于相对稳定的状态，尽管其也在根据金融系统运行的具体情况进行必要的修正和完善，但主要表现为在原有的基础上"打补丁"而已，因而金融基础设施中的"软件"部分滞后于金融系统结构的复杂化进程也往往是一种常态。这在一定程度上说明，形成系统性金融风险的可能性正在随着金融系统结构的进一步复杂化而上升。实际上，近年来推出的一系列宏观审慎监管政策正是反映了在金融系统结构复杂化态势下，通过完善金融基础设施中的"软件"系统来强化系统性金融风险防范力度的政策要求和实践努力。

第二节 金融系统的适应性偏差与系统性金融风险的生成基础

金融系统结构的复杂性决定了金融业务机构之间构建互补、替代、协同和竞争的功能关系的可能性，而金融系统与经济系统的适应性偏差则决定了金融业务机构之间构建上述功能关系的必要性。

一、金融与经济的关系

一部金融发展史就是一部金融协调史，贯穿于世界金融发展史中的一条主线就是金融的变迁，即金融自身的发展及金融推动经济发展的过程，与经济决定、影响和制约金融发展是一个互动的过程，也是金融内部结构以及金融与经济之间的协调过程①。因此，对金融发展与经济发展之间相互关系的分析也就是一种过程分析。既然是过程分析，那么，为了得出客

---

① 卢亚娟. 金融与经济协调发展：金融改革与经济发展高级研讨会综述 [J]. 南京审计学院学报，2004（4）：28-31.

观和可靠的结论，就必须分别从短期和长期这两个不同的视角展开分析。在这里，对长期和短期的划分依据的是经济发展的阶段。在同一经济发展阶段，经济的风险特征和资源禀赋的相对稀缺程度是基本固定的，在这一框架下分析经济发展与金融发展的关系称为短期分析，主要分析经济发展过程中的量变与金融发展的关系，可以把它看成一种静态分析。在不同的经济发展阶段，经济的风险特征和资源禀赋的相对稀缺程度是不同的，跨越不同的经济发展阶段，立足于变化了的风险特征和资源禀赋的相对稀缺程度来分析金融发展与经济发展之间关系的分析方法称为长期分析，这种分析方法可揭示经济发展过程中的质变与金融发展的关系，可以把它看成一种动态分析。

（一）经济与金融的短期关系：金融主导经济

"金融主导经济"主要体现在金融活动对资源配置及社会人员的选择和发展空间的影响上。这种影响具体表现为金融机构通过生产、供给和调节各类资产权益凭证，来有效地引导实体经济中各类经济主体的经济行为，改变其资产结构和财富价值，从而引导经济资源有效组合，并为社会成员的选择和发展拓展更大的经济空间。它是金融对经济生活渗透的强化，是对政府、企业和家庭个人行为的导向，是对经济资源的组合和经济发展空间的引导和拓展①。

在经济的风险特征和资源禀赋的相对稀缺程度基本不变的同一经济发展阶段（短期），经济的发展（量变）主要受制于现有财富的有效利用程度，而要提高现有财富的有效利用程度，就必须对其进行合理的配置，即对财富的权利进行有效的分配。在市场经济条件下，财富权利的分配具体表现为所有权和使用权的分离以及在此基础上实现所有权的分割和转让即产权的交易，其中产权交易在实现资源有效配置并进而推动经济增长的过程中发挥的作用尤为关键。为了使产权达到一种便于交易的状态，就必须把各种有形或无形的实际财富转化为金融形态。作为一种虚拟化形态，资源的金融形态的物质内容是作为权益凭证的金融资产，可分为货币化金融形态、信用化金融形态、证券化金融形态和虚拟化金融形态四种类型。如果实际财富转化为货币化金融形态，则意味着某个物的所有权已经被完全转移，换回了货币，获得了社会的承认；如果实际财富转化为信用化金融

---

① 林日葵. 金融哲学与金融规律研究 [J]. 湖南社会科学，2005 (3)：23-25.

形态，则意味着其所有权已经被分割出债权的权利形式，可以为所有者带来债权收益；若实际财富转化为证券化金融形态，则意味着其所有权已被证券化，所有权已被分割出股权等权利形式，可以为所有者带来股权收益，并更有利于实现流动性；若实际财富转化为虚拟化金融形态，则意味着财富变成了更加虚拟化的存在方式，可以更方便地自由交易，其所有权的变化也更为复杂①。由此可见，金融资产不仅是财富的重要构成要素，而且正是有了金融的财富形态转换功能，财富才可以被多种方式有效地利用，实现优化配置。这无疑有助于财富的进一步创造和增长，实现经济增长过程中的量变，为经济增长过程中的质变（即过渡到新的经济发展阶段）创造条件，因而金融在短期中起到了主导经济发展的作用。

（二）经济与金融的长期关系：经济发展决定金融发展

当我们的注意力从经济的风险特征和资源禀赋的相对稀缺程度基本不变的同一经济发展阶段（短期），转移到经济的风险特征和资源禀赋的相对稀缺程度已发生变化、存在明显区别的多个经济发展阶段（长期），以动态的眼光来考察经济发展与金融发展的关系时，不但能清楚地看出两者之间的高度相关关系，而且能对两者"谁决定谁"的问题做出明确的回答，即经济决定金融。这具体表现为不同的经济发展阶段决定了金融媒介的不同形式，不同的经济发展阶段决定了对金融制度的不同选择，不同的经济发展阶段决定了不同的金融结构。

1. 不同的经济发展阶段决定了金融媒介的不同形式

任何金融媒介的产生和发展以及具体形式都是需要和可能相结合的产物。前者表现为人们在经济活动中降低交易费用和交易成本的需要，后者表现为客观条件满足这一需要的能力。只有与现实可能性相吻合的需要才能得到满足。无论需要的产生还是满足该需要的条件的创造，都与经济发展的规模和水平密切相关。在一定的经济发展阶段，只能产生与该阶段经济发展水平和技术条件相一致的金融媒介，任何超越该时期经济发展水平要求的金融媒介都是难以维持的。同样，任何超越该时期技术可行性的金融媒介也是不可能产生的，即便强行推出，也必然会因在交易过程中引致巨大的风险而被淘汰。与此相反，当一种金融媒介滞后于当时当地经济发展水平和技术条件时，也必然因其交易的低效率和高风险而被市场自发淘

---

① 徐加根，赖叔懿. 财富的含义与金融的意义 [J]. 财经科学，2002（S2）：16-17.

汰。从历史上看，在经济活动中长期流通的实物货币和贵金属货币已随着经济的发展和技术条件的变迁而退出一般等价物行列，目前在流通领域占有重要地位的代用货币和纸币也正随时着交易规模和交易范围的扩大以及信息技术的进步而逐步让位于电子货币和数字货币。由此可见，金融媒介的具体形式是随着经济的发展和技术的进步而不断变迁的，在不同的经济发展阶段，有着不同的金融媒介形式，即使金融媒介的形式没变，其发挥作用的领域和范围也会随着经济发展阶段的不同而发生明显的变化。无论是我国金融史上刀币、布币、银两和银圆等货币形式的消失或纸币的产生以及信用卡和第三方支付等现代支付手段的出现，还是国际金融史上布雷顿森林体系的崩溃，牙买加体系面临的尴尬，或是欧元的产生，虽然都经历了漫长的过程，但当我们结合当时当地的经济发展水平，用动态的眼光来审视这些历史和现实时，不难发现它们都有着深深的经济发展阶段的烙印。

2. 不同的经济发展阶段决定了对金融制度的不同选择

金融制度的选择受制于经济的风险特征和资源禀赋的相对稀缺程度。韩玲慧根据经济发展初期和后工业化时期风险特征的变化，结合间接融资和直接融资在风险管理方面的比较优势，分析了不同经济发展阶段的风险特征对金融制度选择的影响，并借用状态证实模型（Costly State Verification model，CSV）分析了不同时期资源禀赋的相对稀缺程度对金融制度安排的影响，得出了"在技术水平较低、市场分散、交易成本较高的经济发展初期，银行体系能发挥更大的作用，而直接融资市场则在需要更多技术创新且技术风险较大的已工业化经济中的作用明显提高"的结论[1]。在不同的经济发展阶段，经济的风险特征和资源禀赋的相对稀缺程度是不同的，这决定了不同经济发展阶段对金融制度的不同选择。在资本相对稀缺的经济发展初期，为了有效应对资本累积过程中的流动性风险和融资活动中信息不对称导致的逆向选择行为和道德风险，在监督资金有效使用、降低道德风险和流动性风险等方面具有比较优势的银行，是这一阶段的主要金融中介形式，以银行为核心的间接融资是这一阶段占绝对统治地位的基本融资方式，相应地，金融制度的安排也必然会较多地以银行等集中发挥监督功能的组织形式存在。随着经济发展进入新的阶段，市场发育程度提高，资

---

① 韩玲慧. 经济发展阶段与金融制度选择 [J]. 首都经济贸易大学学报，2006 (5)：56-62.

本稀缺状况得到改善，但是，因市场前景和技术前景不确定造成的风险对经济发展的制约作用不断上升。在这种情况下，在分散风险、发现价格和降低监督成本等方面具有比较优势的、信息更为透明的直接融资市场有了更大的用武之地，相应地，权益市场和公开交易的债务市场必然以更快的速度发展，在金融体系中的地位逐渐上升。

3. 不同的经济发展阶段决定了不同的金融结构

金融结构是指金融工具和金融机构在一定时期内的组成情况。戈德史密斯在《金融结构与金融发展》一书中，把经济与金融的关系概括为"金融业的发展与经济的发展紧密结合"以及"金融业的发展具有阶段性"这两个方面。戈德史密斯认为，金融业发展的不同阶段通过不同的金融结构表现出来，而金融结构又直接受制于不同的经济发展阶段。他根据对35个最具代表性的国家近百年的资料的研究，认为各国在经济发展的不同阶段大致会形成三类不同的金融结构。第一类是"金融相关比率（Finance Interrelation Ratio，FIR）较低（在1/5～1/2之间），债权凭证远远超出股权凭证而占据了突出地位"。第二类是"金融相关比率仍然很低，债权凭证仍然大大超过股权凭证，银行仍然在金融机构中居于主导地位。它与上一种结构的主要区别在于政府和政府金融机构发挥了更大的作用，从而体现出这些社会经济具有混合型的特色"。第三类是"金融相关比率较高，在1左右（即金融资产总额与国民财富相等），然而该比率有一个从3/4至5/4的相当大的变动范围，有时也可能上升到2的水平；尽管债权仍占金融资产总额的2/3以上，但股权证券对债权证券的比率已有所上升；金融机构在全部金融资产中的份额也提高，金融机构日趋多样化，这导致了银行体系的地位下降以及储蓄机构和私人及公共保险组织地位的上升"。戈德史密斯还认为，一国的金融结构是随着时间的推移而变化的[①]。事实上，时间的推移和经济的发展趋势是高度一致的，由此不难从戈德史密斯的研究中得出不同的经济发展阶段决定了不同的金融结构的结论。

---

① 雷蒙德·W. 戈德史密斯. 金融结构与金融发展 [M]. 周朔，等译. 上海：上海三联书店，1994：28-30.

二、金融系统与经济系统的适应性偏差及其在系统性金融风险形成过程中的基础作用

（一）金融系统与经济系统的适应性及存在偏差的客观性

金融系统与经济系统相适应，实际上就是经济与金融关系的理想化呈现，即经济的高质量发展在创造优质金融资源的同时，催生健康且高效运行的金融系统，与此同时，在优质金融资源的基础上，健康金融系统的高效运行又反过来主导着经济的高质量发展，从而在经济与金融之间形成良性互动关系，使两者相互促进，协同发展。习近平总书记所做出的"经济兴，金融兴；经济强，金融强"和"金融活，经济活；金融稳，经济稳"的论断，就是对金融系统与经济系统的适应性以及两者之间良性互动关系的精辟概括。

随着经济的发展，经济活动的内容不断增加，规模持续扩大，相应地，对金融活动的内容、规模、结构和制度也提出了更高的要求，从而导致了金融系统结构的复杂化，这体现了经济对金融的决定作用。可以说，金融系统结构的复杂化本身就是金融与经济的长期关系的表现形式之一。由于形成系统性金融风险的可能性会随着金融系统结构的进一步复杂化而上升，因而随着经济的发展，金融风险上升也是一种客观趋势。更重要的是，金融系统通过自身结构的复杂化来体现或适应金融与经济的长期关系即经济发展决定金融发展这种关系时，在短期内即具体的经济发展阶段，往往是有偏的，也就是说，在金融系统与特定的经济系统之间会出现偏差，这种偏差就是金融系统与经济系统的适应性偏差。在经济的风险特征和资源禀赋的相对稀缺程度基本不变的特定经济发展阶段（短期），金融主导着经济，如果存在金融系统与经济系统的适应性偏差，就可能因金融业务机构在业务活动中通过"创新"来实施的过度的"纠偏"行为而使金融对经济的主导作用发生扭曲，而这种扭曲则有可能在纵向上导致金融风险体量的累积，同时在横向上编织金融风险传导的网络，从而形成系统性金融风险（详见本书第五章的分析）。

实际上，金融系统与经济系统之间的适应性偏差是一个不以人的意志为转移的客观现象。正如价值决定价格，但价值规律的作用常常使价格偏离价值一样。虽然经济发展决定了金融发展，但在特定的经济发展阶段，具体金融媒介的形成、金融制度的选择和金融结构的安排，往往并不能完

全反映经济发展的要求，金融系统与经济系统之间在适应性上常常出现或大或小的偏差，要么金融系统滞后于经济系统，要么金融系统超前于经济系统。在这种情况下，为了协调金融与经济之间的关系，尤其是为了有效发挥短期中金融对经济的主导作用，政府以及金融监管和宏观调控机构一直致力于通过推动金融供给侧结构性改革、强化金融监管和宏观调控的力度，来协调金融与经济的关系，试图以此对金融系统与经济系统之间的适应性偏差实行"动态清零"，使短期中金融发展对经济发展的主导作用得以正常发挥，以便在遏制金融风险纵向累积的同时，阻止横向传导网络的编织，在正常发挥金融对经济的主导作用的过程中，推动经济发展，并在长期中通过经济发展实现金融的进一步健康发展，真正形成金融与经济的良性互动格局。与此同时，各类金融业务机构也试图通过既定约束条件下的创新，在相互之间构建互补、替代、协同和竞争的功能关系，以此突破金融系统与经济系统的适应性偏差对业务发展的限制。实际上，这也是在金融业务机构这一层面对金融系统与经济系统适应性的一种"纠偏"行为。但是，由于金融系统与经济系统之间适应性偏差的形成原因复杂多变，在对一种适应性偏差实施"动态清零"的过程中，又会因新的原因产生新的适应性偏差，而且，有时"纠偏"的力度也可能把握不当，出现"矫枉过正"的现象。这种情况表明，金融系统与经济系统的适应性偏差是一种客观的常态，两者之间的完全适应仅仅在动态中表现为一种趋势，而两者之间的适应性偏差将与金融系统和经济系统长期共存。因此，金融与经济的良性互动格局只能在对金融系统与经济系统的适应性持续"纠偏"的过程中实现。

（二）金融系统与经济系统的适应性偏差在系统性金融风险形成过程中的基础作用

在金融系统与经济系统存在适应性偏差的情况下，正常的金融需求未必能从正常的金融供给中得到满足，同时，正常的金融供给也未必能满足正常的金融需求。在这种情况下，为了实现金融供求的平衡，除了用正常的金融供给来满足正常的金融需求以外，还需要构建另外三种供求关系，即用正常的金融供给满足非正常的金融需求、用非正常的金融供给满足正常的金融需求以及用非正常的金融供给满足非正常的金融需求，而这三种供求关系都需要通过金融业务机构之间互补、替代、协同和竞争的功能关系来构建。这里需要说明的是，前述正常和非正常的金融供给和金融需求，仅是因金融系统与经济系统的适应性偏差而造成的金融供给和需求现象，正常和非正常的金融供给分别对应于金融系统对经济系统的适应部分和不适应部分，而正常和非正常的金融需求分别对应于经济系统对金融系统的适应和不适应部分。金融供求的正常和非正常并不对应着合理和不合理，金融供求的正常和非正常与其合理和不合理之间并无必然联系。因此，为平衡金融供求而在金融业务机构之间构建互补、替代、协同和竞争的功能关系，实际上是对金融系统与经济系统的适应性采取的必要的"纠偏"措施。这表明金融系统与经济系统的适应性偏差决定了金融业务机构之间在功能上构建互补、替代、协同和竞争关系的必要性。

当上述功能关系保持在合理的度之内时，可以在不影响金融稳定性的前提下搞活金融，并通过发挥金融对经济的主导作用来增加经济的活力。但是，由于在正常及非正常的金融供给和金融需求中，都可能包含着不合理的成分，当上述功能关系被用于构建不合理的金融供求关系时，就会突破合理的度，使金融对经济的主导作用发生扭曲，导致在纵向上累积金融风险和在横向上编织金融风险传导的网络，进而形成系统性金融风险。具体地说，这种不合理的金融供求关系主要有三种状态：一是用合理的金融供给满足经济系统不合理的金融需求；二是用不合理的金融供给满足经济系统合理的金融需求；三是用不合理的金融供给满足经济系统不合理的金融需求。第一种状态通常表现为不同金融业务机构之间利用各自在业务范围上的相对优势，通过产品"嫁接"方式实现功能协同或通过直接的功能替代，来满足经济系统中不合理的资金需求（这种资金需求往往来自被限制发展或受到严格调控的领域），从而导致资产价格泡沫堆积和杠杆率攀升，并造成不同金融业务机构之间的关联性上升。第二种状态通常表现为在正规金融机构普遍存在融资歧视（包括规模歧视、行业歧视、体制歧视、性质歧视等）的情况下，"影子银行"、高利贷和民间金融在功能上对正统金融机构形成替代和竞争，这种替代和竞争一旦超过合理的度，不但会因其高利率加大融资成本，削弱实体经济发展的后劲和金融资源增长的基础，还会增加金融与实体经济之间的套利机会。更重要的是，"影子银行"和某些民间金融机构在功能上对正统金融机构形成替代和竞争的同时，还会因资产证券化等操作而与正统金融机构形成复杂的关联关系，从而导致金融风险的累积和传导，进而形成系统性金融风险。第三种情况突出地表现为通过不同金融机构在功能上过度的互补和协同来开展所谓的

"创新"，以此实现监管套利目的，从而形成不合理的金融供给（包括面向实体经济的不合理供给，例如对被限制发展或受到严格调控的行业的资金供给，以及满足金融市场投机需求的不合理供给，例如股市高涨阶段野蛮发展的场外配资业务），以满足经济系统中不合理的金融需求（包括实体经济中不合理的需求，例如被限制发展或受到严格调控的行业的资金需求，以及用于在金融市场空转的投机性资金需求），其结果是大量资金在金融市场上空转，资产价格泡沫堆积，金融机构之间的关联关系被强化，金融与实体经济之间的套利空间进一步扩大。

本章第一节和第二节的分析表明，金融系统结构的复杂性决定了金融业务机构之间在功能上构建互补、替代、协同和竞争关系的可能性；金融系统与经济系统的适应性偏差决定了金融业务机构之间构建上述功能关系的必要性。这种可能性和必要性相结合，决定了金融业务机构之间形成上述功能关系的必然性。基于这种必然性，当上述功能关系因无序的金融创新而突破合理的度时，就会在纵向上累积金融风险在横向上编织金融风险传导的网络，进而形成系统性金融风险。因此，金融系统结构的复杂性及与经济系统的适应性偏差，是系统性金融风险的生成基础，为系统性金融风险的滋生提供了平台。而由金融系统的运行环境和运行格局决定的激励金融业务机构相互之间在功能上构建过度的互补、替代、协同和竞争关系的因素，则是在这一平台上滋生系统性金融风险的土壤。

第三节　我国金融系统结构的复杂性及与经济系统的适应性偏差分析

一、我国现阶段金融系统结构的复杂性

既然复杂金融系统是指由不同功能的金融业务机构、宏观调控机构和承担不同监管职责的金融监管机构、多形式和多层次的金融市场、以多元化的金融产品及金融服务为载体的多种金融业务，按一定的秩序和内部联系组合而形成，并借助金融基础设施而运行的，承担特定功能的综合体，那么，我国金融系统结构的复杂性也必然在金融机构系统、金融市场系统、金融业务系统和金融基础设施系统的复杂性上体现出来。

（一）我国金融机构系统的复杂性

1. 我国金融机构的多元化

经过多年的改革和发展，我国已经形成了以中央银行为核心的、以商业银行为主体的、政策性金融业务机构与商业性金融业务机构相分离的多种金融机构并存的系统，在构成上呈现出典型的多元化特征。在这一系统中，金融机构系统已明确划分了金融业务机构系统和宏观调控及金融监管机构系统，在这些子系统之下还有不同层次的更小的子系统。金融业务机构系统包括商业性金融业务机构和政策性金融业务机构这两个更小的子系统。商业性金融业务机构系统主要由商业银行、信托和类信托机构、保险公司、投资银行（证券公司）以及众多的其他商业性金融业务机构（如村镇银行、农村信用社和农村合作银行、农村资金互助社、企业集团财务公司、汽车金融公司等）组成。政策性金融业务机构主要包括服务于农业发展的中国农业发展银行、为进出口提供政策性金融服务的中国进出口银行、服务于社会经济发展中的开发性投资活动的国家开发银行。宏观调控和金融监管机构系统在不同国家的构成状况有所区别，通常包括两类：一是由同一金融机构即中央银行同时承担宏观调控和金融监管职责；二是宏观调控和金融监管职责分别由中央银行和专门的金融监管机构承担，后者是包括我国在内的大多数国家的做法。在我国，宏观调控职责由专门行使中央银行职责的中国人民银行承担，金融监管职责则在中央金融委员会的领导下，由中国人民银行、国家金融监督管理总局和中国证券业监督管理委员会根据分工协作的要求分别承担。其中，中国人民银行在自身的职责范围内承担的金融监管职责主要是对支付结算、反洗钱和银行间市场运行等方面的监管。近年来，随着宏观审慎监管要求的不断提高，被赋予宏观审慎监管职责的中国人民银行，在金融监管体系中的地位也得到了进一步的提升。

2. 我国金融机构的关联化

除了上述金融机构多元化以外，我国金融机构系统的复杂性还表现为不同金融业务机构之间以及金融业务机构与实体经济之间，基于资本和业务联系而不断强化的关联关系。根据潘宏胜的研究，这种关联关系的强化主要表现在三个方面，即资本结构"网状化"、业务关联度上升以及负债结构复杂化[1]。

---

① 潘宏胜. 中国金融体系复杂化的成因及影响［EB/OL］.（2018-04-24）［2022-04-08］. https://bijiao.caixin.com/2018-04-24/101238407.html.

首先，各类金融业务机构的资本结构逐步趋于"网状化"，并导致其相互之间的信用联系不断紧密化。这种情况主要表现在四个方面：①传统金融机构通过收购或设立子公司而形成事实上的金融控股集团（例如，隶属于五大行的金融控股集团、银河金控、中信集团以及专司金融股权管理的平安集团等）；②出现了产融结合型企业集团，突出地表现为数家中央企业拥有多家金融子公司，涉足多类金融业务；③涌现出大量产业和资本深度融合的民营资本系（例如复星系、万向系、海航系、恒大系、明天系等）；④以阿里巴巴、腾讯、百度等为代表的互联网企业大量涉足金融领域，其中隶属于阿里巴巴的蚂蚁金服获得了包括银行、第三方支付、小额信贷以及保险和基金管理等在内的多项金融业务经营权。

其次，银行业虽然仍主导着金融业务体系，但不同的银行之间以及银行与非银行金融业务机构之间在业务上的关联性上升。一方面，银行之间的业务关联性上升。2021 年末，其他存款性金融机构的同业负债和同业资产分别达 366 625.41 亿元和 558 738.12 亿元，分别是 2010 年末的 3.67 倍和 3.62 倍，同业负债与同业资产之比达 65.62%[①]。另一方面，银行与非银行金融机构之间的业务关联性上升。2021 年末，银行类金融机构对其他金融机构的负债和资产分别达到 253 973.53 亿元和 246 908.23 亿元，分别是 2010 年末的 5.74 倍和 12.51 倍，银行业对其他金融机构的负债和资产之比达到 102.86%[②]，银行业与非银行金融业之间在资产负债上的关联性显著上升。

最后，金融业务机构的负债结构渐趋复杂化，批发性融资在负债中的重要性上升。金融业务机构之间的批发性融资主要是指金融业务机构相互之间的资金融通以及通过发行金融债券等方式实现的资金融通。相较于发生在金融业务机构与非金融机构及其他居民部门之间的融资，此类融资活动的规模较大，故称批发性融资。由批发性融资活动形成的负债在金融业务机构总负债中所占比重的变化，是动态反映金融业务机构之间关联关系的重要指标。2021 年末，我国银行类金融业务机构的同业负债和发行债券的规模达到 717 177.14 亿元，在负债和所有者权益总额中的占比达到

---

① 笔者根据中国人民银行发布的《其他存款性公司资产负债表》（2010 年和 2021 年）中的数据整理。

② 笔者根据中国人民银行发布的《其他存款性公司资产负债表》（2010 年和 2021 年）中的数据整理。

20.91%，比 2010 年上升 4.36 个百分点①；同期，我国银行类金融业务机构对非金融机构及住户的负债规模为 2 116 898.59 亿元，在负债和所有者权益总额中的占比为 61.71%，比 2010 年下降 9.51 个百分点②。由此可见，我国金融业务机构的负债结构正在趋于复杂化，同业负债和发行债券在资金来源中的占比显著上升，与此同时，对非金融机构和住户的负债在资金来源中的占比显著下降。这一事实表明，批发性融资在负债中的重要性正在上升，相应地，不同金融业务机构之间的关联性也在随着负债结构的改变而呈现出上升的趋势。

（二）我国金融市场系统的复杂性

我国金融市场系统的复杂性同样表现为金融市场多样化和资本市场的层次化这两个方面。

1. 我国金融市场的多样化

中国真正意义上的金融市场产生于 20 世纪 80 年代中后期。在改革开放和金融体制改革的推动下，现代意义上的金融市场逐步形成，并随着金融改革的不断深化而进一步发展和完善。经过 30 多年的发展，我国金融市场现已形成了以间接融资市场为主导，直接融资市场在金融市场系统中的地位不断提升的市场运行格局。我国的间接融资市场主要是指银行存贷款市场，由各种具体的存款市场（如传统的活期存款市场、定期存款市场、储蓄存款市场以及作为存款创新产物的结构性存款市场等）和贷款市场（如各种流动资金贷款市场、固定资产贷款市场、项目融资市场、房地产贷款市场等）构成，各种存贷款市场的有机结合和衔接，形成了我国的间接融资市场。我国的直接融资市场根据融资期限的长短，分为货币市场和资本市场。货币市场由同业拆借市场、国库券市场、商业票据市场、回购市场等子市场构成；资本市场由债券、股票和其他资本性工具（证券投资基金、私人权益资本等）的发行市场和交易市场构成。党的十九大报告明确指出"深化金融体制改革，增强金融服务实体经济能力，提高直接融资比重……"；党的二十大报告中再次强调了"健全资本市场功能，提高直接融资比重"。由此可以预见，随着金融体制改革的进一步深化，直接融

---

① 笔者根据中国人民银行发布的《其他存款性公司资产负债表》（2010 年和 2021 年）中的数据整理。

② 笔者根据中国人民银行发布的《其他存款性公司资产负债表》（2010 年和 2021 年）中的数据整理。

资市场在金融市场系统中的作用和地位将进一步提升，直接融资市场的种类也将进一步丰富和完善。

2. 我国资本市场的层次化

在我国，经过 30 多年的发展，已经基本形成了由主板（含中小企业板）、创业板（俗称"二板"）、科创板和全国中小企业股份转让系统（俗称"新三板"）、区域性股权交易市场、证券公司主导的柜台市场共同构成的，初具规模的多层次资本市场体系。其中的主板市场、创业板市场和科创板市场隶属于场内交易市场；全国中小企业股份转让系统、区域性股权交易市场和证券公司主导的柜台市场隶属于场外交易市场。场内交易市场主要是指上海证券交易所市场、深圳证券交易所市场和 2021 年 9 月开始运行的北京证券交易所市场。原属新三板精选层公司的股票已整体平移到北京证券交易所交易，成为场内交易的证券，并将在新三板创新层公司中产生在北京证券交易所上市的公司，维持新三板基础层、创新层与北京证券交易所层层递进的市场结构。

（三）我国金融业务系统的复杂性

我国的金融业务系统同样由金融产品系统和金融服务系统构成，因而金融业务系统的复杂性也在金融产品系统的复杂性和金融服务系统的复杂性这两个方面表现出来。

1. 我国金融产品系统的复杂化

随着金融体制改革的深化和金融创新的推进，我国金融产品的种类日益丰富。

一方面，与实体经济有着紧密的直接联系的原生金融产品不断丰富，表现为除了以存款和贷款为代表的间接融资产品种类不断丰富以外，无论是以同业拆借合约、票据、回购协议、国库券、货币市场基金等为代表的货币市场直接融资工具，还是以股票、中长期债券、证券投资基金及私人权益资本工具为代表的资本市场直接融资工具，都经历了一个从无到有并迅速发展的过程。根据中国人民银行发布的统计资料，2021 年，全国银行间同业拆借的交易量和全国银行间质押式回购的交易量分别达到 1 188 208 亿元和 10 404 513 亿元，分别是 2010 年交易量的 4.26 倍和 12.29 倍[①]；2021 年，全国股票筹资额和各类债券发行额分别为 14 746 亿元和 613 839

---

① 数据来源于中国人民银行发布的全国银行间同业拆借交易统计表和全国银行间质押式回购交易统计表。

亿元，分别是 2015 年股票筹资额和债券发行额的 1.61 倍和 2.68 倍①。

另一方面，在金融自由化浪潮的裹挟、避险及获利动机的驱动以及新技术革命的支撑下，在原生金融产品的基础上衍生出来的、与实体经济距离较远的衍生金融产品，包括远期合约、期货合约、期权合约和互换合约等初始衍生产品以及在初始衍生产品的基础进一步衍生和交叉衍生而形成的再衍生产品，也经历了一个从无到有并迅速发展的过程。2006 年 9 月 8 日，中国金融期货交易所（简称"中金所"）在上海挂牌成立。这是一家专门从事金融期货、期权等金融衍生产品交易与结算的金融公司模式交易所。中金所的成立在我国金融衍生产品市场的发展过程中具有重要的里程碑意义。中金所成立以来，先后推出了多种金融衍生产品，包括股指期货、国债期货、股指期权等类别（具体见表 4-3-1 所示）。根据中金所发布的统计资料，2021 年，该市场各类金融衍生产品的总成交额高达 1 181 651.64 亿元，是 2012 年总成交额的 1.56 倍②。

表 4-3-1　中金所交易的主要金融衍生产品

代码	产品名称	上市时间	现货标的
IF	沪深 300 股指期货	2010 年 4 月 16 日	沪深 300 指数
TF	五年期国债期货	2013 年 9 月 6 日	面值为 100 万元、票面利率为 3% 的名义中期国债
T	十年期国债期货	2015 年 3 月 20 日	面值为 100 万元、票面利率为 3% 的名义长期国债
IC	中证 500 股指期货	2015 年 4 月 16 日	中证 500 指数
IH	上证 50 股指期货	2015 年 4 月 16 日	上证 50 指数
TS	两年期国债期货	2018 年 8 月 17 日	面值为 200 万元、票面利率为 3% 的名义中期国债
IO	沪深 300 股指期权	2019 年 12 月 23 日	沪深 300 指数

资料来源：中国金融期货交易所（http://www.cffex.com.cn）。

除了金融产品日益丰富以外，我国金融产品系统的复杂性还表现为由金融创新导致的金融产品交易结构的复杂化，即交易各方以合同条款形式所确定的，协调与实现各方最终利益关系的一系列安排的复杂化。在分业经营体制下，这种金融产品复杂性的表现形式在打着资管产品的名义，以

① 数据来源于中国人民银行发布的股票市场统计表和国内各类债券统计表。
② 数据来源于中金所发布的《年度统计报告》。

监管套利和对抗逆周期调控为目的金融创新活动中表现得尤为明显，具体表现为交易主体的多元化、交易流程的多环节化、收益和风险匹配的多层化、投资者权利与义务的结构化，以及因功能过度互补、替代、协同、竞争而导致的金融业务机构之间竞争和合作关系的复杂化。在金融系统的实际运行过程中，这种复杂化的产品交易结构不但能削弱监管效果，导致风险体量累积，同时还能基于金融机构之间复杂的竞争和合作关系而形成风险传导的网络。

2. 我国金融服务系统的复杂性

我国金融服务系统的复杂性具体表现为金融服务内容的丰富化和不同金融服务的融合化。

金融服务是由金融业务机构提供的，金融业务机构多元化必然带来金融服务内容丰富化的结果。在我国，已经形成了种类繁多并存在不同程度关联关系的金融业务机构系统，这一系统内的不同金融业务机构，无论是商业银行，还是投资银行和保险机构，或是信托和类信托机构以及其他商业性金融业务机构，都能基于自身的职能和业务范围提供相应的金融服务，由此形成了多样化的金融服务。同时，随着金融创新的不断深化和金融业务机构种类和数量的增加，各类金融业务机构提供的金融服务也处于进一步丰富的过程中。

就商业银行而言，金融服务是其表外业务，包括传统的中间业务和狭义的表外业务。随着金融改革的深化和金融创新的推进，我国商业银行无论是在传统的中间业务上，还是在狭义的表外业务上，都呈现出不断丰富化的态势。目前，我国商业银行的传统中间业务主要包括各种具体的支付结算服务、代理服务、信托服务（含代客理财服务）、租赁服务、咨询和情报服务、计算机服务、代理融通服务以及保管箱服务等；狭义的表外业务，即能形成或有资产，从而需要承担一定风险的金融服务，主要包括以贷款承诺和票据发行便利为代表的承诺类服务以及以商业信用证和备用信用证、银行保函、票据承兑等为主要代表的担保类服务。

就我国的投资银行（证券公司）而言，目前提供的金融服务主要包括证券承销服务、证券经纪服务、企业兼并与收购服务、上市辅导服务、投资分析和咨询服务、资产管理服务等。

就我国的保险机构而言，目前已经形成了由财产保险服务（财产损失保险、责任保险、信用保险、保证保险等）和人身保险服务（包括人寿保险、健康保险、意外伤害保险等），以及主要依附在人身保险服务上的保险理财服务等构成的较为完整的保险服务体系。

我国的信托机构在经历了六轮清理整顿及以后的持续规范过程，特别是《资管新规》出台以来的严格监管以后，现已基本实现了向"受人之托，代人理财"这一信托本质的回归。依据这一信托本质，我国的信托机构和类信托机构已经构建了由各种具体的资金信托、财产信托、权利信托和事务管理信托组成的较为完整且结构正在逐步优化的信托和类信托服务体系。

除了上述金融服务内容丰富化之外，我国金融服务系统的复杂性还表现在不同金融业务机构之间通过功能互补和协同来开展业务合作而导致的金融服务的对接和融合上。这种现象在金融业务机构的资产管理服务中，表现得尤为突出。例如，商业银行的理财计划可能会与信托公司的某个信托计划对接，而信托公司的信托计划也可能会对接基金管理公司管理的某一个基金。不同金融业务机构在金融服务上的对接和融合有助于发挥各类金融业务机构的比较优势，提高金融服务效率，实现不同金融业务机构之间的"共赢"，并更好地实现金融消费者的效用。但是，这种对接和融合也常常是金融业务机构实现监管套利目的的手段，如果利用不当或过度使用，往往会成为削弱甚至抵消逆周期调控效果，强化金融业务机构之间的关联性，累积和传导金融风险，进而形成系统性金融风险的重要推手。

（四）我国金融基础设施系统的复杂性

我国金融基础设施系统的复杂性包括"软件"系统的复杂性和"硬件"系统的复杂性这两个方面。

我国金融基础设施中的"软件"主要包括法律基础设施、会计基础设施、监管基础设施。其中的法律基础设施涉及与金融活动直接或间接相关的一系列法律法规；会计基础设施包括科学合理的金融企业会计制度和会计准则、完善的会计法律规范和道德规范等；监管基础设施包括监管理念、监管体制、监管法律法规、监管机构行使监管权的相对独立性、投资者保护制度以及由最后贷款人和存款保险制度构建的政府金融安全网等。在"软件"系统的复杂性方面，具体表现为我国的金融法律基础设施、金融会计基础设施和金融监管基础设施正在不断完善和精细化。其中，持续出台相关监管规章，对既有的金融监管规制体系"打补丁"，是我国金融基础设施中"软件"系统复杂化和精细化的表现形式之一，这在很大程度上说明了我国金融基础设施中的"软件"系统滞后于金融创新,在保障金融系统稳健运行方面还有较大的提升空间。

我国金融基础设施中的"硬件"主要由支付清算系统、征信系统、反洗钱监测系统、金融市场交易系统等子系统构成。在"硬件"系统复杂性方面的主要表现是:①形成了以中央银行现代化支付系统为核心,商业银行的行内系统为基础,票据交换系统和卡基支付系统并存的国内支付清算系统和服务于国际结算的跨境支付系统及其所依托的信息传递系统;②形成了由中国人民银行运行的,由企业信用信息基础数据库和个人信用信息基础数据库两部分构成的征信系统;③在各个金融机构内部建立了专门收集、分析、监测及提供反洗钱情报和信息的反洗钱监测系统,并呈现出通过整合逐步统一运行的趋势;④在金融市场交易方面,形成了包括证券交易系统、外汇交易系统、证券结算和存管系统、同业拆借系统在内的,由管理各类交易的规则、实现各种交易指令传递及交易资金清算和产品存管的专业技术手段共同组成的一系列组织和安排。

这些金融基础设施在运行过程中既相互配合,又相互制约,共同服务于提高金融系统的运行效率和维护金融系统的运行秩序的目的。

二、我国现阶段金融系统与经济系统的适应性偏差

在本章第二节中已经说明,金融系统与经济系统的适应性偏差是一种不以人的意志为转移的客观存在,是金融与经济的长期关系(即经济发展决定金融发展)在特定经济发展阶段的一种有偏呈现。2008 年以后,为了走出全球金融危机的阴影,我国推出了以积极的财政政策和稳健的货币政策为代表的一系列经济刺激措施,这些措施在推动我国经济迅速摆脱危机影响,实现稳定增长方面发挥了重要作用。但在此过程中,尤其是 2012 年重启金融自由化进程以后,我国经济运行中逐步出现了"三大失衡"并存的现象,即实体经济结构性供需失衡、金融与实体经济失衡、房地产和实体经济失衡[①]。其中的金融与实体经济失衡所反映的正是当前经济发展阶段金融系统与经济系统的适应性偏差,即金融与经济的长期关系在现实经济条件下的有偏反映。而且,金融系统与经济系统之间的这种适应性偏差还会助推实体经济的结构性供需失衡以及房地产和实体经济的失衡。

---

① 国家发改委主任何立峰 2017 年 3 月 19 日在"中国发展高层论坛"上的讲话。参见:http://www.ce.cn/xwzx/gnsz/gdxw/201703/19/t20170319_21145434.shtml.

作为金融系统与经济系统的适应性偏差在当前经济发展阶段的反映，金融与实体经济的失衡突出地表现在两个方面，即"实体经济不实"和"虚拟经济太虚"。前者表现为实体经济中真实的创造社会财富的产业部门生产率低下，具有较大的泡沫经济成分；后者表现为虚拟经济中真正为实体经济服务的比例较低，同时自我循环、脱离实体经济发展的泡沫化成分过多①。从理论上看，以"实体经济不实"和"虚拟经济太虚"表现出来的金融系统与经济系统在现阶段的适应性偏差，存在着自我强化和自我调整的运行规律。"实体经济不实"和"虚拟经济太虚"使实体经济与金融之间出现了套利机会，这会激励资本"脱实向虚"，进而使实体经济与金融之间的套利空间进一步扩大，推动资本进一步"脱实向虚"，导致实体经济更加"脱实"和虚拟经济更加"虚"。而实体经济作为虚拟经济的"基础资产"，随着大量资金进入金融市场空转，虚拟经济的泡沫不断堆积，作为虚拟经济"基础资产"的实体经济必然会因"失血"而"瘦身"，当实体经济因"失血"而"瘦身"到一定程度，以至于无法支撑庞大的虚拟经济时，虚拟经济中的泡沫也将随之破裂，从而使金融系统（虚拟经济系统）与经济系统之间的适应性偏差暂时消失，并在新的"起点"上开启新一轮的偏差形成和发展过程。实际上，这一过程是以金融危机即系统性金融风险"形成"的方式开启，并最终以系统性金融风险发生的方式结束的。这对于经济系统和金融系统而言，都是不能承受之"重"。因此，在实践中，必须通过加强金融调控和监管，最大限度地协调金融与实体经济的关系，阻止实体经济"脱实"，遏制虚拟经济"过虚"，以此对金融系统与经济系统之间在目前的经济发展阶段的适应性偏差实行"动态清零"，尽量使两者在动态中保持基本适应的状态。

"实体经济不实"和"虚拟经济太虚"作为我国现阶段金融系统与经济系统的适应性偏差的突出表现，其形成原因既存在于经济系统的运行中，也存在于金融系统的运行中。由于在特定的经济发展阶段（短期），金融发展主导着经济发展，因而造成现阶段金融系统与经济系统适应性偏差的主要原因存在于金融系统及其运行中，主要包括货币供给体系不完善、融资体系不合理、金融市场发育不充分、金融基础设施滞后等几个方面。

---

① 黄鑫. 实体经济怎么干：把脉中国实体经济 [N]. 经济日报，2017-01-17（005）.

首先，货币供给体系不完善。我国长期以来以外汇占款为货币发行的主要渠道，导致货币数量调控的自主性不足，造成了房地产价格持续上涨、金融杠杆率不断叠加等诸多问题，进而激励资金流出实体经济领域，进入房地产领域和金融市场空转。

其次，融资体系不合理。现阶段以间接融资为主，直接融资比重偏低并以债券融资为主的格局，导致了实体经济的高杠杆。与此同时，银行主导的间接融资体系通常对应着传统产业、大中型企业主导的产业结构，而由金融市场主导的直接融资体系更有利于高风险的创新性产业、高技术企业和中小企业成长[1]，因而现阶段以间接融资为主，直接融资比重偏低，且在间接融资中还存在所有制歧视的融资体系，在很大程度上限制了产业结构调整的速度和方向，既造成了实体经济的结构性供需失衡，也导致了金融与实体经济的失衡。

再次，金融市场发育不充分。一是利率市场化尚未真正完成，贷款市场的基准利率依然存在，"利率双轨制"造成的套利机会是造成资本"脱实向虚"的原因之一；二是相较于中国的经济体量和经济结构调整的要求，市场体量偏小，结构也不够合理，无法充分反映经济中的创新成分，对宏观经济的运行状况反映不足，经济"晴雨表"功能发挥不充分，进而使优化资源配置的功能难以有效发挥；三是市场运行的规范性不足，投资者结构不合理，投资理念不成熟，"耐心资本"缺乏，导致市场投机性过强，进一步强化了经济的虚拟化色彩。

最后，金融基础设施滞后。金融基础设施的滞后突出地表现为"软件"系统不完善。根据黄奇帆的总结，我国现阶段金融基础设施"软件"系统的不完善主要表现在两个方面：一是在金融监管方面，金融监管部门的协调配合水平还有待提高，监管标准不够一致，监管层次不够明确，不利于金融基础设施向集中统一、安全有效、先进开放的方向发展；二是在法律法规方面，我国有关金融基础设施的法律条款相对分散、模糊，并且以行政规范为主，缺少清晰、可执行的具有统一性、基础性作用的专门性法律基础；同时，金融法律的执行机制尚不健全，金融法规的效力有待提高[2]。除此之外，由于金融创新高度活跃，这些"软件"设施尤其是金融监管基础设施，常常滞后于金融创新的步伐，其更新和完善也常常表现为

---

① 张文汇. 金融与实体经济的再平衡 [J]. 中国金融，2017 (21): 88-90.
② 黄奇帆. 推动金融供给侧结构性改革的框架思考 [J]. 兰州财经大学学报，2021 (1): 1-6.

"打补丁"，因而在对金融系统运行秩序的前瞻性规范方面，往往显得力不从心。本来，金融基础设施"软件"系统能够为规范金融机构行为，进而优化金融系统运行秩序，动态矫正金融系统与经济系统的适应性偏差提供法律保障和制度保障。但是，由于存在上述问题，金融基础设施的"软件"系统在为矫正金融系统与经济系统的适应性偏差提供法律保障和制度保障方面，并没有真正发挥应有的作用。

"实体经济不实"的现状决定了经济系统对金融系统的产品或服务必然产生合理和不合理这两种需求，分别对应于实体经济中的"真实"和"不实"部分；"虚拟经济太虚"的现状决定了金融系统对经济系统也必然形成合理和不合理这两种产品或服务供给，分别对应于虚拟经济中的"正常虚拟"和"不正常虚拟"部分。当"实体经济不实"和"虚拟经济太虚"共存于特定的经济发展阶段，并以此体现出金融系统与经济系统的适应性偏差时，在经济系统对金融产品或服务的需求与金融系统对金融产品或服务的供给上，除了正常的供求关系以外，还必然形成三种扭曲的供求关系，分别是以合理的金融供给满足不合理的金融需求、以不合理的金融供给满足合理的金融需求、以不合理的金融供给满足不合理的金融需求。而在分业经营的金融体制和相应金融监管措施的约束下，不同金融业务机构之间在功能上形成的互补、替代、协同和竞争关系，则是维系这种扭曲的供求关系，并在业务活动中对金融系统与经济系统的适应性实现自动"纠偏"的必然选择。

三、分析结论：我国存在系统性金融风险的生成基础

真正意义上的系统性金融风险的形成过程表现为在与经济系统存在适应性偏差的复杂金融系统的运行中，因不同金融业务机构之间在功能上过度的互补、替代、协同和竞争而导致的风险体量纵向累积和风险传导网络的横向编织过程。在这一过程中，不同金融业务机构之间在功能上是否形成过度的互补、替代、协同和竞争关系是核心环节，决定了在金融系统运行过程中，系统性金融风险能否真正形成。复杂的金融系统为不同的金融业务机构之间在功能上构建互补、替代、协同和竞争关系提供了可能性，而金融系统与经济系统的适应性偏差又催生了构建这些功能关系的必要性。当金融系统结构的复杂性及与经济系统的适应性偏差共存于特定的经济发展阶段时，也就意味着不同的金融业务机构之间既有可能也有必要在

功能上形成互补、替代、协同和竞争关系，因而金融系统结构的复杂性及与经济系统的适应性偏差决定了在特定经济发展阶段形成这些功能关系的必然性，这就是系统性金融风险在特定经济发展阶段的生成基础。实际上，由于金融系统结构的复杂性这一既成事实及与经济系统的适应性偏差的客观性，在现代经济的所有发展阶段，系统性金融风险的生成基础都存在，只是因金融系统与经济系统的适应性偏差的存在形式及程度不同，而在具体表现形式上有所区别而已。在这一基础上，当上述功能关系因受金融系统运行的特定环境和格局的影响而突破合理的度时，就会造成风险体量的纵向累积和风险传导网络的横向编织，从而形成系统性金融风险。我国现在已形成了结构复杂的金融系统，无论是在金融机构、金融市场、金融产品或服务方面，还是在金融基础设施方面都呈现出复杂的结构，而且随着金融改革的深化和金融创新的进一步推进，金融系统结构呈现出进一步复杂化的态势。与此同时，现阶段我国金融系统与经济系统的适应性偏差也是客观存在的事实，突出地表现为"实体经济不实"和"虚拟经济太虚"。因此，现阶段金融业务机构之间既具有在功能上构建互补、替代、协同和竞争关系的外在条件，也具有构建这些功能关系的内在冲动。这说明我国存在系统性金融风险的生成基础。至于在这一基础上，如何通过不恰当的金融创新突破合理的度，在不同金融业务机构之间形成过度互补、替代、协同和竞争的功能关系，进而推动金融风险体量的纵向累积和传导网络的横向编织，即系统性金融风险的形成，则是接下来需要具体分析的内容。

第五章 金融系统运行与系统性
金融风险的形成
——基于现象的分析

金融系统结构的复杂性及与经济系统的适应性偏差构成了系统性金融风险的生成基础。在这一基础上，系统性金融风险的形成过程表现为风险体量的纵向累积和风险传导网络的横向编织过程。在与经济系统之间存在适应性偏差的复杂金融系统尤其是受到分业经营制度约束的复杂金融系统的运行过程中，无论是风险体量的纵向累积还是风险传导网络的横向编织，通常都离不开不同金融业务机构之间在功能上过度的互补、替代、协同和竞争。而在分业经营体制及相关监管政策的约束下，这种过度的互补、替代、协同和竞争又常常是通过不恰当的金融创新实现的。因此，本章拟在介绍金融创新的涵义、内容和表现形式，并分析现阶段金融创新对金融系统运行所产生的影响的基础上，通过分析金融业务机构之间过度互补、替代、协同和竞争的功能关系对金融风险的纵向累积和横向传导产生的影响，从现象层面揭示系统性金融风险的形成机理。

第一节　金融创新在金融系统运行暨系统性金融风险形成
过程中的作用和地位

在金融系统运行过程中，金融业务机构出于增加收益、降低风险、规避管制等目的而实施的创新，会不断打破金融系统内部各构成部分之间的均衡，导致系统在寻求新的均衡的过程中功能被扭曲，出现震荡、混沌等失稳和失衡现象。与此同时，处于不同周期的经济系统对金融系统的功能尤其是资源配置和经济调节功能有着不同的需求，而金融创新导致的金融系统功能扭曲，极易造成经济系统正常运行对金融系统的功能需求与功能供给之间出现错位，表现为用合理的供给满足经济系统不合理的需求，或用不合理的供给满足经济系统合理的需求，从而造成金融风险的纵向累积和横向传导，进而形成系统性金融风险。

一、金融创新的涵义和基本内容

（一）金融创新的涵义

"创新"这一概念是由熊彼特于1912年在其著作《经济发展理论》中最先提出的，他认为创新是指新的生产函数的建立，即企业家对企业要素进行新的组合。在此基础上，熊彼特将具体的创新活动概括为制造新产品、采用新工艺、开发新资源、拓展新市场、确立新的生产组织与管理方式这五种情形。

金融创新（Finance Innovation）作为一种特殊的创新活动，其涵义是从熊彼特创新概念的基础上衍生出来的，通常是指通过变更现有的金融体制和创设新的金融业务，突破现有金融体制的束缚和现有金融业务的局限，对金融业的生产函数进行重新组合，从而获得潜在利润的过程。

（二）金融创新的基本内容

在范围上，我们可把金融创新分为广义和狭义两类。广义的金融创新是指发生在金融领域的一切形式的创新活动，包括制度创新、管理创新、机构创新、市场创新、产品创新、服务创新、技术创新等；狭义的金融创新则仅指金融业务创新，即金融工具和金融产品及相关管理制度和管理方法的创新。

在层面上，我们可把金融创新分为宏观层面的创新、中观层面的创新和微观层面的创新。在宏观层面，金融创新通常等同于金融史上的重大历史性变革，金融业的每一项重大发展都被视为金融创新。这种观点实际上就是经济与金融的长期关系即经济发展决定金融发展的反映。在中观层面，通常将金融创新定义为政府金融当局和金融机构为适应经济环境的变化，防止或转移经营风险和降低成本，更好地实现流动性、安全性和盈利性目标而逐步改变金融中介功能，创造和组合一个新的高效率的资金运营方式或运营体系的过程，主要包括技术创新、产品创新和制度创新。在微观层面，通常将金融创新局限于金融产品和金融业务的创新，这与狭义金融创新的口径基本一致，具体包括规避管制的创新、管理风险的创新、转换信用的创新、增强流动性的创新等。

通常，人们习惯于从狭义的视角来理解金融创新的涵义。在本书中，考察金融创新主要基于分析金融创新对金融系统运行的影响，进而分析对系统性金融风险的影响。金融系统是指由金融机构（包括不同功能的金融业务机构、宏观调控机构和承担不同监管职责的金融监管机构）、多形式和多层次的金融市场、以多元化的金融产品及金融服务为载体的多种金融业务，按一定的秩序和内部联系组合而形成，并借助金融基础设施（包括作为"硬件"的技术设施和作为"软件"的管理设施）而运行的，承担特定功能的综合体。由此可见。广义的金融创新所涉及的范围与金融系统的各构成要素基本一致，广义的金融创新事实上表现为金融系统运行内容和运行方式及对社会经济及自身安全的影响的改变。从这一意义上来说，从广义的视角来理解金融创新，似乎更适应本书的研究需要，也更符合本书的研究目的。但是，在特定的经济发展阶段，金融系统中不同的构成部分的变化在整个金融系统的运行内容和运行方式变化过程中的贡献度是不同的，进而对社会经济以及金融安全产生的影响也是不同的。在短期，金融制度、金融机构、金融市场和金融技术是相对稳定的，而金融产品或金融服务的创新则非常活跃，以至于金融管理常常滞后于金融业务创新的步伐。这表明，在广义视角下的各种具体的金融创新中，对金融系统运行内容和运行方式的变化，进而对社会经济和金融系统安全产生重大影响的主要是金融产品和金融业务的创新，而这恰恰是狭义视角的金融创新。因此，根据"突出重点，兼顾一般"的原则，在本书的研究中，从广义的视角着眼，同时从狭义的视角着力，来理解金融创新的涵义并考察其对金融系统运行的影响，应是更好的选择。

与此同时，宏观层面的金融创新体现了经济发展决定金融发展这种长期关系，涉及的历史跨度长，空间范围广，要对其进行系统的考察，往往可望而不可即，而且与本书研究目的的关联度不高；中观层面的金融创新虽然内涵明确，而且也是大多数金融创新理论研究常用的口径，但因其涉及的范围偏大（与广义金融创新的口径基本一致），若完全按此口径来考察金融创新对金融系统运行进而对社会经济和金融安全产生的影响，同样难免"眉毛胡子一把抓"；微观层面的金融创新与狭义金融创新的口径一致，在特定的经济发展阶段，对金融系统运行内容和运行方式变化的贡献度最大，理应成为考察金融创新影响金融系统运行进而影响社会经济及金融安全的主要着力点。

总而言之，无论哪个领域或哪个层面的金融创新，都会在不同程度上导致金融系统的构成及运行方式和运行内容的改变。因此，必须从广义的视角和中观甚至宏观的层面完整理解金融创新的涵义，以便全面考察金融创新对金融系统运行进而对系统性金融风险的形成所产生的影响。与此同时，由于在特定的经济发展阶段，对金融系统运行进而对系统性金融风险的形成产生重大影响的主要是金融产品或服务的创新，因而还必须从狭义的视角和微观的层面重点理解金融创新的涵义，以便重点考察和精准评估金融创新对金融系统运行和系统性金融风险的形成所产生的影响，为采取更具针对性的风险防范措施提供依据。

二、金融创新对金融系统运行及系统性金融风险的影响

除了在范围上把金融创新分为广义的创新和狭义的创新以及在层面上把金融创新分为宏观层面、中观层面和微观层面的创新以外，还可在表现形式上把金融创新分为外延式创新和内涵式创新。

外延式金融创新是指通过增加金融系统中一个或多个构成要素的数量而实现的创新。外延式金融创新具体表现为货币政策在扩张与紧缩之间的切换、监管制度及法规的补充和完善、监管机构的增设或撤并以及监管职能的调整、金融业务机构的增减、金融市场类型的增减及交易场所的扩充（收缩）和交易制度的改革等。从这一意义上说，国务院金融稳定发展委员会的设立、中国银监会和中国保监会的合并、赋予中国人民银行宏观审慎监管职责、货币市场和资本市场从无到有的发展过程、科创板的设立、注册制在科创板市场和创业板市场的试点、北京证券交易所的设立等，都属于外延式金融创新。

内涵式金融创新是在不增加金融系统各构成要素的数量的前提下，通过提高现存的构成要素的利用效率而实现的金融创新，突出地表现为产品创新和服务创新。内涵式金融创新的结果会使金融系统中由金融产品或服务组成的金融业务要素在名义和形式上增加，但实质上并没有真正增加，而是通过复杂化的产品交易结构和服务流程设计，使产品或服务在名义和形式上不同于原有的产品或服务，在本质上却是"换汤不换药"，而参与

这种创新活动的金融机构则可以从中获得直接或间接的经济利益。例如，在《资管新规》实施之前，商业银行常常把通过发行理财产品募集的资金对接信托机构的信托计划，然后投资于证券市场，这在名义上形成了理财产品、信托产品和证券投资产品这三大金融产品，但本质上却只有证券投资产品这一项"底层资产"，投资者的收益或亏损完全取决于底层资产的表现。而无论投资结果如何，参与交易过程的商业银行和信托机构则能在履行所谓的"忠诚"和"谨慎"义务的前提下，获得稳定的管理收益，甚至还能根据事先的约定，分享投资收益。

通常，外延式金融创新是由政府金融当局发起的，体现了对于经济发展决定金融发展这一长期关系的主观认识，如果创新的方向选择合理、创新的力度把握得当，能在客观上起到完善金融系统，缩小金融系统与经济系统的适应性偏差，削弱系统性金融风险的生成基础的作用。在特定的经济发展阶段，这种金融创新活动具有"一过性"的特点。内涵式金融创新则不同，通常是由金融业务机构主导的，其所属的范围和所处的层面分别与狭义的金融创新和微观层面的金融创新基本一致。其目的主要有四个方面，分别是规避管制、管理风险、转换信用和增强流动性，本质上是为了获得更多的潜在利润。在特定的经济发展阶段，相较于外延式金融创新的"一过性"特征，内涵式金融创新则显得非常活跃，创新的内容和方式也处于不断的变化中。特定的经济发展阶段需要与之相适应的相对稳定的金融系统，但是由金融业务机构主导的内涵式金融创新常常打破金融系统的稳态，使金融系统的运行处于持续的"内卷化"状态中，这必然在加深金融系统结构的复杂化和精细化程度的同时，强化金融系统的脆弱性，扩大金融系统与经济系统的适应性偏差，增加系统性金融风险的生成基础（详见本书第六章第三节的分析）。更为严重的是，在分业经营的金融体制和严格的监管约束下，金融业务机构不但有很强的内涵式金融创新尤其是以规避管制为目的的金融创新冲动及相关的行动，而且在既定的监管环境下，不同的金融业务机构在资金融通的范围、能力、条件等方面的不同，决定了其在发挥资金融通功能方面的能力差异和比较优势，因而这种行动常常需要通过不同金融业务机构相互之间在功能上构建过度的互补、替代、协同和竞争关系来实施，其结果则常常导致金融风险体量的纵向累积和传导网络的横向编织，从而形成系统性金融风险。因此，在目前的经济发展阶段，由金融业务机构主导的内涵式金融创新，不但对金融系统的运行方式和运行内容产生重大影响，而且在系统性金融风险的形成过程中发挥着关键作用。至于这种内涵式金融创新是如何导致金融风险的纵向累积和横向传导，进而形成系统性金融风险的，则是接下来要进一步分析的问题。

第二节　金融系统运行与金融风险体量的纵向累积

系统性金融风险的形成过程表现为金融风险体量的纵向累积过程和金融风险传导网络的横向编织过程。其中，金融风险体量的纵向累积是指在经济周期的波动演化中，金融系统运行的顺周期性因金融机构和实体经济之间在融资杠杆渠道、信贷渠道等方面的关联性和互动性不断增强而持续强化的过程①，突出地表现为杠杆率的攀升和资产价格泡沫的堆积。

一、金融系统运行中的功能互补与金融风险体量的纵向累积

（一）功能互补的涵义及在金融系统运行中的表现

1. 功能互补的涵义

这里所谓的"功能互补"源于微观经济学中的"互补品"之说。"互补品"是指两种或几种在功能上具有依存关系的产品或服务，即其中任何一种产品或服务的消费必须与另一种或几种商品或服务配套。互补关系的一个显著特征是一种产品或服务的价格上升，该产品或服务的需求便会下降，作为互补品的其他产品或服务的需求也随之下降，即这些产品或服务相互之间的交叉价格弹性小于零。

根据互补关系的紧密程度，通常可把不同产品或服务之间的互补关系分为普通互补关系和完全互补关系。前者是指不同的产品或服务之间虽然存在功能互补关系，但并不存在固定的同时使用的比例。例如，牛奶与咖啡虽然常常被混合在一起饮用，但两者之间搭配的比例则因人而异。后者是指不同的产品或服务之间不但在功能上相互依存，而且必须按固定的比例同时使用，否则，其中任何一种产品或服务的功能都无法正常发挥。例如，眼镜片与眼镜框之间就是这种完全的互补关系，必须严格按照两个镜片和一个镜框的固定比例来使用。除此之外，还有一种特殊的互补关系，

---

① 范云朋. 我国系统性金融风险监测与度量研究：基于 ESRB-CISS 研究方法 [J]. 经济问题探索，2020（11）：157-171.

也可称之为"准完全互补关系",是指对于不同的产品或服务,虽然并不完全要求按固定的比例同时使用,但存在一个比例区间,如果同时使用的比例处于该区间内,则这些产品或服务的功能就可以正常发挥,否则,就会导致这些产品或服务的功能下降或扭曲。例如,为了抢救急性重度低钾血症患者,需要静脉滴注用生理盐水稀释后的氯化钾。在这里,生理盐水和氯化钾构成了互补品,其中氯化钾的占比应根据患者的情况灵活掌握,既不能过高,也不能过低。过低会导致疗效降低甚至失去疗效,过高会导致患者休克甚至危及生命,使氯化钾的功能由"治病"扭曲为"索命"。

无论是产品还是服务,都有相关的以厂商面目出现的制造者和提供者,这些厂商的功能是通过其提供的产品或服务体现出来的。因此,不同产品或服务之间的互补关系,实际上是不同厂商之间在功能上的互补关系的体现。由于不同的产品或服务之间的互补关系除了表现为普通互补关系和完全互补关系之外,还有一种特殊的互补关系即准完全互补关系,因而不同厂商之间在功能上的互补关系也相应地表现为普通的功能互补关系、完全的功能互补关系和准完全的功能互补关系。

2. 金融业务机构之间的功能互补关系在金融系统运行中的表现

从广义的视角来看,金融系统运行过程中的功能互补关系既包括不同的金融产品或服务及其提供者即金融业务机构之间的功能依存关系,也包括构成金融系统的不同要素及其内部各组成元素之间在功能上的依存关系。从狭义的视角来看,金融系统运行过程中的功能互补关系仅指不同金融产品或服务之间以及作为金融产品或服务的提供者的不同金融业务机构之间在功能上的依存关系。在这里,主要基于狭义的视角来定义金融系统运行过程中的功能互补关系,即某一项金融业务功能的实现必须与另一项业务的功能相配合,或者某一金融业务机构在发挥某种功能的过程中,必须依靠其他金融业务机构的配合。这种功能互补关系,一方面存在于同一金融业务机构内部的不同业务之间,如银行系统内支付结算业务与存款业务在功能上的依赖关系;另一方面也广泛存在于不同金融业务机构的不同业务之间,如证券公司的承销业务与银行的代理业务、信托公司的资金募集与银行的托管业务之间在功能上的依存关系。其中,不同金融业务机构的不同业务之间的互补关系体现了提供这些业务的不同金融业务机构之间基于各自的优势和劣势而在功能上形成的依存关系,它是在分析系统性金融风险的纵向累积过程时需要重点关注的一种功能互补关系。

通过不同的金融业务在功能上的相互依存关系体现出来的不同金融业务机构之间的功能互补关系，既是金融创新的条件，也是金融创新的结果。从狭义金融创新的视角来看，这意味着不同的金融业务机构可以基于各自产品或服务的相对优势，通过业务合作的方式，创造出新的产品或服务。例如，在《资管新规》实施之前，围绕获得证券投资收益这一目的，依托商业银行的资金来源优势和信托公司的业务范围优势，通过把商业银行的理财计划"嫁接"到信托公司的信托计划中，就能实现这两类金融业务机构的优势互补，从而形成能突破银行业务范围限制和信托公司资金募集能力限制的证券投资信托计划。尽管这类新产品和新服务仅仅是名义上和形式上的，但参与这种业务合作的金融机构，例如前述的商业银行和信托公司，却能获得实实在在的直接收益或间接收益。这正是内涵式金融创新给参与者带来的好处，也是内涵式金融创新的动力来源之一。

通常，不同金融业务机构之间的这种功能互补关系既非普通互补关系，也非完全互补关系，即既不能随心所欲地互补，也没有必要按固定的比例来开展互补活动，而是存在一个合理的度，这个度会随着宏观经济形势和金融系统运行环境的变化而变化，而且比较抽象，常常隐藏于各类金融法律以及不同阶段的各种监管规制和窗口指导文件中。如果没有金融业务创新，各类金融业务机构都在既定的业务架构下开展活动，那么，金融业务机构之间即使存在功能互补关系，也不会突破合理的度，但是，一旦有金融创新尤其是以监管套利为目的的金融创新的介入，则无论是以功能互补为条件的金融创新，还是通过金融创新形成的功能互补，都会使这种功能互补关系突破合理的度，导致过度互补，从而造成系统性金融风险体量的纵向累积。

（二）不同金融业务机构之间过度的功能互补关系与金融风险体量的纵向累积

一般而言，在金融系统运行过程中形成的各金融业务机构之间的功能互补关系有助于发挥各类金融业务机构的比较优势，提高服务效率和效益，强化系统内部的制约，遏制金融业务机构的道德风险，在保护金融消费者利益的同时，更好地实现金融消费者的效用。但是，如果对这种互补关系使用不当，互补过度，则极易导致金融风险的纵向累积。原因在于，这种过度的互补往往会成为削弱甚至抵消逆周期调控效果的重要推手，具体表现为金融业务机构出于经济利益的诉求和对市场前景的乐观预期，在逆周期调控阶段，通常会通过"创新"滥用这些互补关系，突破监管束缚和规避调控要求，使自身的顺周期行为得以继续。而金融业务机构的顺周期行为极可能在经济上行阶段因过多的资金投放而导致杠杆率攀升和资产价格泡沫堆积，在经济下行阶段因杠杆断裂和资产价格泡沫破裂而引爆系统性金融风险。

逆周期调控是一种旨在遏制金融业务机构尤其是商业银行在经济上行阶段大量投放资金，而在经济下行阶段过度压缩资金投放的行为，以阻止经济泡沫的堆积和宏观杠杆率的不合理攀升，避免风险集聚，并平滑宏观经济在经济周期不同阶段的波动幅度，进而防范系统性金融风险的一系列政策、机制以及相关措施和手段的总称。通常，对金融系统运行的逆周期调控的内容包括总量调控和结构调控两个方面。逆周期总量调控是指中央银行等相关部门在对宏观经济形势及其变动趋势做出科学研判的基础上，通过创新货币政策工具、建立和健全与新增货币供应量超常变化相联系的动态拨备要求和额外资本要求（如逆周期缓冲资本）等政策手段，对信贷投放和货币供应进行灵活的逆方向调控，引导货币信贷适度增长，保持流动性合理充裕，实现经济总量调节与防范金融风险有机结合，提高金融监管的弹性和有效性。逆周期结构调控是为了防止经济上行阶段金融风险在某些特定的领域累积，而在经济下行阶段金融风险又在这些领域释放并外溢而建立的机制、采取的一系列政策及相关措施和手段的总称。逆周期结构调控的实现途径通常包括两种，即内在机制途径和外在干预途径。内在机制途径表现为利用资本充足率、净稳定融资比率、流动性覆盖率等指标，约束或引导金融业务机构尤其是商业银行的资产扩张行为；外在干预途径表现为利用既有的法规及即时颁布和实施的监管政策，直接限制金融业务机构尤其是商业银行把资金投向某些受限制或存在高风险的产业和领域。逆周期结构调控的目的无论通过何种途径来实现，其基本切入点都无非两个方面，即遏制特定资产（例如房地产和资本性金融工具等）价格泡沫的堆积和结构性降杠杆，以防止特定资产价格泡沫的堆积和特定领域杠杆率的过度攀升，避免价格泡沫破裂和杠杆断裂及由此产生的外溢效应对金融系统乃至整个经济系统的冲击。应该说，这既是基于良好愿望的切入点，也是反映合理目标的出发点。但是，在金融系统运行过程中，各类金融业务机构通过功能上过度的互补，削弱甚至抵消结构性逆周期调控效果，实现监管套利目的，从而导致金融风险体量纵向累积的基本切入点也在于此。

为了在结构性逆周期调控背景下继续自身的顺周期行为，金融业务机构必须找到合适的功能互补对象，而在分业经营的制度约束下，在一定程度上具有金融"全牌照"优势的信托机构以及虽无信托之名，却在所开展的业务上具有或部分具有信托之实的类信托机构，无疑成了金融业务机构尤其是商业银行的首要选择。根据《中华人民共和国信托法》（简称《信托法》），信托是指委托人基于对受托人的信任，将其财产权委托给受托人，由受托人按委托人的意愿，以自己的名义，为了受益人的利益或者特定目的，进行管理或者处分的行为。信托机构是信托关系中受托人的存在形式之一，也是主要存在形式，是指依据《信托法》的相关规定，以受托人的名义，对信托财产实施管理和处分行为的金融机构，常常以信托公司的名义出现。类信托机构的名义和存在形式较多，主要包括公募基金管理机构、私募基金管理机构、基金子公司、银行理财子公司等。除此之外，《资管新规》正式实施后，商业银行、券商和保险机构的理财计划（非保本）也具有完全的信托法律关系。从这一意义上说，商业银行、券商和保险机构也部分具有类信托机构的特点。

在分业经营的体制下，相较于其他金融业务机构尤其是商业银行，信托机构的"全牌照"功能优势使其业务范围十分广阔，既能介入信贷市场，也能介入资本市场，甚至还能涉足包括房地产在内的实业投资领域，而且在业务范围和资金投向上受到的监管约束通常也弱于商业银行。但是，受制于严格的私募要求，信托和类信托机构（公募基金管理机构除外）的资金募集能力相对偏弱，而商业银行则因其公募资格和庞大的客户群体，具有强大的资金筹集能力。信托和类信托机构的业务范围优势和商业银行的资金筹集能力优势在经济利益上催生了两者通过功能互补实现"双赢"的必要性。与此同时，《信托法》及相关的法律法规并未禁止信托和类信托机构向商业银行募集资金，而《中华人民共和国商业银行法》（简称《商业银行法》）及相关的法律法规也没有禁止商业银行将资金（包括吸收的存款资金和募集的理财资金）投入信托和类信托机构设立的信托计划和类信托计划，这又为商业银行与信托和类信托机构开展功能互补提供了可能性。既然必要性和可能性都具备，那么，在缺少强有力的监管约束的情况下，受经济利益的驱使，以商业银行为代表的金融业务机构与信托或类信托机构以"创新"的名义开展合作，从而在功能上造成过度的互补，就是一种必然结果。这种过度的互补具体表现为以商业银行为代表的金融业务机构，利用信托机构与自身在监管上的差异，借助信托机构在一定程度上的"全牌照"功能优势，将自身的业务"嫁接"到信托产品上，以特定目的载体投资、同业理财等方式，把表内业务转移到表外，以此突破资本充足率等相关监管指标的束缚和资金投向的限制，从而削弱甚至抵消结构性逆周期调控的效果，导致特定资产价格泡沫进一步堆积和特定领域的杠杆率继续攀升，金融风险的体量不断累积。

（三）金融业务机构之间过度的功能互补关系及金融风险体量纵向累积作用的现实表现

以商业银行为代表的金融业务机构通过与信托或类信托机构合作，寻求功能互补，从而突破监管指标的束缚和资金投向的限制，实现监管套利目的，并进而导致金融风险纵向累积的现象，在前几年对房地产行业实施逆周期调控以及按照"结构性去杠杆"的要求遏制地方政府债务过度增长阶段，表现得尤为突出。

我国的房地产市场起步于20世纪90年代初期，在20世纪90年代末和21世纪初进入快速发展阶段，2010年以后受持续增强的调控力度的影响，进入了在调整中发展的阶段，发展速度有所下降，但基本上保持了持续增长的态势。在发展初期及以后较长时期的经济条件和居民收入状况决定了我国的房地产市场本应具有明显的买方市场特征，然而，银行信贷活动的过度介入，使这一市场特征没有真正体现出来。强大的信贷支持在推动该市场进入快速发展阶段的同时，其引发的过量需求也使广大消费者在很大程度上成为价格接受者，从而使我国的房地产市场一进入快速发展阶段便形成并长期保持了供给引领需求的格局。在这种格局下，只要开发商能够有足够的资金垫支开发成本，通常都能以合意的价格销售住房，收回资金①，而银行对开发商的直接信贷支持和对消费者购买期房的信贷支持正好能迎合开发商获得资金、增强成本垫支能力的需要，也是堆积住房价格泡沫，从而累积金融风险的重要助推力量。由此可见，在供给层面，银行信贷活动对住房价格的影响不仅表现为借助信贷投向和投量影响住房供给总量和供给结构，更重要的是，直接影响开发商的成本垫支能力，在既有的相对稳定的市场格局下直接作用于住房价格。因此，对进入房地产行业的信贷资金规模实行适度的限制，是对房地产行业实施逆周期调控，稳

---

① 吴龙龙，黄丽明. 试析银行信贷对住房价格的调控作用 [J]. 商业研究，2006（14）：146-149.

定住房价格，遏制金融风险体量在房地产价格上累积的必要举措。但是，金融业务机构之间尤其是商业银行与信托或类信托机构之间在功能上的过度互补现象，常常削弱甚至抵消这种逆周期调控的效果，使住房价格长期处于逆势上涨的态势中。而一旦经济环境变化或预期被逆转导致房价泡沫破裂，则极易因其冲击效应和外溢效应而引爆系统性金融风险。事实上，2022年3月以来，根据国务院金融稳定发展委员会专题会议的精神，适度放宽对房地产行业发展的限制，根据"因城施策"的要求，在部分城市取消限购政策，适度放宽信贷条件等举措，正是基于对房地产市场形势的研判，而采取的稳定房地产市场和住房价格，进而"守住不发生系统性金融风险的底线"的必要安排。

与此同时，为了降低宏观杠杆率，防止杠杆率过高导致系统性金融风险的累积，根据供给侧结构性改革和"三去一降一补"的精神，2015年12月的中央经济工作会议明确提出了"去杠杆"的要求。经历了两年多的实施，"去杠杆"取得了一定的成效，中国人民银行于2018年6月22日发布的《中国区域金融运行报告（2018）》显示，2017年地区社会融资规模平稳增长，信贷资源配置效率进一步提升，资金在金融体系内部循环、多层嵌套的情况大幅减少，更多地流向实体经济。在此基础上，为了巩固"去杠杆"的效果，提升"去杠杆"的"精度"，避免"一刀切"的做法，防止"去杠杆"过程中对民营企业和中小企业的"误伤"，2018年4月2日，中央财经委员会在第一次会议上首次提出了"结构性去杠杆"的概念，把"去杠杆"的重点进一步落实到了地方政府和国有企业上。应该说，"结构性去杠杆"也取得了一定的成效，在一定程度上对防范和化解系统性金融风险起到了"精准拆弹"的作用。但是，这种成效仅仅表现为在整体上把地方政府的债务率控制在国际通行的警戒标准以下，维持了风险整体可控的局面而已。由于以商业银行为代表的金融业务机构与信托或类信托机构之间在功能上过度互补行为的存在，银行资金过度流向政府融资平台的途径并未被有效阻断，再加上地方政府的发债积极性高企，因此从趋势上看，前几年在"结构性去杠杆"背景下，无论是地方政府的债务规模还是债务率（债务余额/综合财力），依然呈现出较明显的上升态势（如表5-2-1所示），而且，部分省份的债务率已突破国际通行的100%～120%这一警戒区间。2019年11月公布的地方政府债务率指标显示，有6个省份的债务率已突破国际警戒线，这6个省份分别为贵州（149.7%）、辽宁（144.6%）、内蒙古（130.3%）、云南（109.9%）、天津（106.8%）、湖南（101.7%）。此外，青海和海南的债务率也已接近国际警戒线，分别为99.9%和99.6%。到了2020年，地方政府债务率进一步呈现出整体上移的态势。申万宏源证券研究人员在2021年3月8日发布的一项研究报告显示，2020年各地方政府债务率整体提高，其中债务率最高的是天津市，达到了386.22%，其次是黑龙江、新疆、贵州、青海、云南等地，东部沿海地区的债务率相对较低，但较2019年仍有所上升[①]。

表 5-2-1 地方政府债务规模和债务率

年份	2016	2017	2018	2019	2020
债务规模/万亿元	15.3	16.51	18.39	21.31	25.66
债务率/%	80.5	77	76.6	82.9	93.6

数据来源：中华人民共和国财政部（www.mof.gov.cn）。

图5-2-1展示了商业银行通过与信托或类信托机构的功能互补，突破监管约束，将资金投入受限制的房地产领域和政府融资平台的流程。从中可以看出，商业银行因受监管约束，不便于直接向房地产行业或政府融资平台提供资金，而信托或类信托机构虽然在向房地产行业和政府融资平台提供资金方面受到的监管约束较少，但囿于自身没有足够的资金而无法施展。在这种情况下，通过建立两者之间的功能互补关系，商业银行即可将自身的资金"嫁接"到由信托或类信托机构出面运行的信托或类信托计划中，再以信托贷款或信托投资的方式，投入到房地产行业或政府融资平台上。通常，这一操作过程是由商业银行主导的，风险也主要由商业银行承担，信托或类信托机构仅是秉承商业银行的意志，发挥"通道"作用而已。通过这一操作，商业银行可以获得相应的贷款利息收入或投资收益，信托或类信托机构则可获得固定的管理费（"通道费"）收入。这一操作的结果是削弱了住房价格调控和"结构性去杠杆"的效果，助推了房价上涨和地方政府债务率上升，在客观上通过堆积资产价格泡沫和抬升杠杆率，造成了金融风险体量的纵向累积。

---

① 孟祥娟，姚洋，赵宇璇，等.2020年地方政府债务率整体上移：信用风险监测［EB/OL］.（2021-03-08）［2022-06-15］. https://finance.sina.com.cn/money/bond/research/2021-03-08-doc-ikknscsh9516411.shtml.

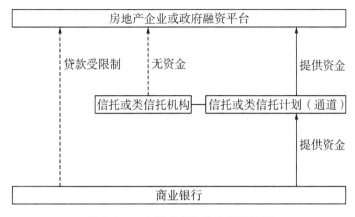

图 5-2-1 金融业务机构功能互补图

除此之外，由金融业务机构尤其是商业银行通过与信托或类信托机构合作方式参与的股票市场的场外配资活动，也是金融业务机构通过相互之间过度的功能互补，发挥系统性金融风险纵向累积作用的重要现实表现。这种情况在股市高涨阶段表现得尤为突出，无论是在 2007 年还是在 2014—2015 年的牛市阶段，都活跃着这种场外配资行为，在股市呈现短暂牛市迹象的其他时段，这些配资行为也往往会蠢蠢欲动。根据申万宏源证券在 2015 年 6 月 29 日发布的研究报告，当时场外配资市场的规模为 1.7 万亿~2 万亿元，其中以银行理财资金为主要资金来源（即以运营理财计划的商业银行作为委托人）的伞形信托[①]的存量规模为 7 000 亿~8 000 亿元，除此之外，还有包括互联网 P2P 模式在内的一些其他方式[②]。通过金融业务机构之间过度的功能互补方式实施的场外配资活动，必然导致大量资金违规进入股票市场，在抬高资本市场杠杆率的同时，增加股市的泡沫，造成系统性金融风险体量的纵向累积。而一旦这类场外配资行为被清理或取缔，股市也会随之下跌。2015 年的"股灾"，在很大程度上可以说正是从清理违规的场外配资开始的。好在"股灾"发生时，股市泡沫堆积得还不够多，否则，对经济和金融所造成的损失绝不是"股灾"二字所能

---

① 伞形信托也称为信托的信托（Trust of trust，TOT），有两种具体表现形式：一是一个母信托的资金分散投资于多个子信托；二是多个母信托的资金集中投资于一个子信托。前者是常见的伞形信托形式，有助于分散信托风险和解决子信托的资金募集困难；后者会导致风险过于集中，常常是信托机构违规开展"资金池"业务和在股市上扬阶段违规开展场外配资业务的主要手段。

② 申万宏源. 场外配资市场规模约为 1.7 万亿~2 万亿 [EB/OL]. （2015-06-29）[2022-06-15]. https://www.163.com/money/article/ ATA58H9T00254TFQ.html.

概括的，说它能"引爆"系统性金融风险这颗"炸弹"，也绝非危言耸听。

二、金融系统运行中的功能替代与金融风险体量的纵向累积

（一）功能替代的涵义及在金融系统运行中的表现

1. 功能替代的涵义

"替代"是与"互补"相对应的概念。在经济学中，通常认为两者构成了有联系的不同产品或服务关系中的"完备事件组"，即"替代"和"互补"之间存在"非此即彼"的关系。而事实上，若结合具体的产品或服务及其制造者或提供者，对其相互关系做进一步的细化分析，则可以发现，除了"替代"和"互补"关系外，还有"竞争"和"协同"关系。其中，后面两种关系及其对系统性金融风险的影响，是本章下一节中具体分析的内容。

替代品是指能够满足相同欲望的不同产品或服务。就满足这些欲望而言，这些不同的产品或服务在功能上就存在替代关系。根据对相同欲望的满足程度不同，可以把替代品之间的替代效应分为完全替代和部分替代。完全替代是指替代品之间具有完全相同的功能，例如燃油汽车与电动汽车之间的替代关系。部分替代是指替代品的功能不完全一致，彼此之间无法实现完全替代，具体又分两种情况：一是基于功能上的交叉关系，相互之间只能在一定范围或一定程度上替代，例如咖啡与果汁，彼此可以在"解渴"功能上相互替代，但咖啡无法替代果汁的"补充维生素"功能，果汁也无法替代咖啡的"提神"功能；二是基于功能上的包含与被包含关系，一种产品或服务能够完全替代另一种产品或服务的全部功能，但反过来却不成立，例如智能手机的拍摄功能可以完全替代照相机的全部功能，但照相机却无法替代智能手机的上网和通信等功能。

除了上述因替代品之间的功能关系不同而影响替代效应外，替代品本身的性质也会影响替代效应。通常，替代是在消费者实际收入不变的情况下，因替代品之间相对价格发生变化而出现的，因而替代效应常常被理解为实际收入不变时某种产品或服务价格变化对其替代品需求量的影响。但是，产品或服务的价格变化必然导致需求者的实际收入发生变化，从而形成需求的收入效应，而需求的收入效应又因产品或服务本身的性质不同而有不同的表现。对于正常商品而言，由于需求的收入弹性大于零，即需求会随着实际收入的增加而增加，这与替代效应的变动方向一致，因而其替

代效应会因收入效应而被强化；对于劣等品（低档产品或服务）而言，由于需求的收入弹性小于零，即需求会随着实际收入的增加而减少，因而其替代效应会因收入效应而被削弱，在这种情况下，如果收入效应完全抵消甚至超过了替代效应，那么，这种劣等品的需求量反而会因价格上升而增加或因价格下降而减少，这就是在价格变动时，"吉芬商品"的收入效应对替代效应所产生的影响。

正如不同产品或服务之间的互补关系实际上是不同厂商之间在功能上的互补关系的体现，不同产品或服务之间的替代关系同样体现了相关厂商之间在功能上的替代关系。同时，基于这些厂商提供的产品类别和服务内容以及这些产品或服务的性质及相互之间的功能替代关系，这些厂商之间的功能替代效应也有完全替代和不完全替代这两种表现形式，并且这种替代效应会因产品或服务的性质不同所导致的需求方面的收入效应不同，而被强化或者被削弱，甚至被完全抵消。

2. 金融业务机构之间的功能替代关系在金融系统运行中的表现

金融系统运行过程中功能替代关系与功能互补关系不同。在金融系统运行过程中，功能互补关系既存在于构成金融系统的不同子系统之间，也存在于子系统内部各构成元素之间，而功能替代关系通常仅仅存在于子系统内部的不同构成元素之间。而且，在分业经营、分业监管的体制下，宏观调控和金融监管机构系统内部以及金融基础设施系统内部的各构成要素之间的关系也着重表现为互补，很少出现替代的现象。因此，替代关系主要存在于不同的金融市场之间以及不同的金融产品和业务及其提供者即金融业务机构之间。

从理论上说，无论是金融市场系统内部各子市场之间的功能替代关系，还是金融业务系统内部各种具体的金融产品或服务之间的功能替代关系，或是由这种替代关系所体现的金融业务机构系统内部各类具体的机构之间的功能替代关系，都可以从供给和需求两个方面来加以分析。但是，鉴于本书的研究内容和研究目的，这里主要从需求的角度来考察这些替代关系。

与出现在一般产品市场上的功能替代关系不同，在金融市场上，各种具体的市场之间、各种具体的金融产品或服务之间以及作为金融产品或服务的提供者和金融市场运营者的各类金融业务机构之间，都不存在完全重合的功能关系，在分业经营的体制下更是如此。因此，在不同的金融市场、金融产品、金融服务和金融业务机构之间，通常不存在完全的功能替代关系，而仅仅存在基于功能交叉而形成的部分替代关系。

金融产品和金融服务之间以及相关金融市场和金融业务机构之间的功能替代关系与出现在一般产品市场上的功能替代关系的另一个不同之处是，在产品市场上，产品相对价格的变化及其导致的消费者实际收入的变化是影响产品功能替代效应的主要因素，而在金融系统运行过程中，影响功能替代效应的主要因素除了以利率和服务费方式表现出来的价格变化之外，还有产品或服务的供给，即金融产品或服务的可获得性。在金融产品或服务供给充分，可获得性不受限制的条件下，不同金融产品或服务以及相关的金融市场和金融业务机构之间在功能上的替代效应主要受利率或服务价格相对变化的影响，而且这种替代效应在不同的金融产品或服务上，会因利率和服务价格变化导致的实际收入变化而被强化或削弱，甚至被完全抵消。但是，在金融产品或服务的可获得性受到限制的情况下，由于此时的金融产品或服务往往会成为微观经济主体运行过程中的"必需品"，微观主体对金融产品或服务的需求价格弹性会大幅度下降，从而对价格变化的反应变得极不敏感，此时的替代效应几乎完全受制于金融产品或服务的可获得性，只要金融产品及相关的服务出现在市场上，不管价格多高，通常都能对可获得性受到限制的金融产品发挥替代作用。例如，在为了调控住房价格而限制银行贷款资金注入房地产行业时，很多房地产企业会求助于利率更高且条件更为苛刻的信托计划或其他资产管理计划，甚至求助于带有高利贷性质的民间借贷。

不同的金融产品和金融服务以及相关的金融市场和金融业务机构这些金融系统的子系统内部各构成要素之间，在彼此功能交叉的基础上形成的功能之间的部分替代关系，能满足各类金融消费者对金融产品或服务的多样化需求，是维持金融业务机构之间的适度竞争，提升金融服务效用的客观要求，通常有助于发挥金融系统的整体功能，提高金融系统的运行效率，而且不会造成金融风险体量的纵向累积即资产价格泡沫的堆积和杠杆率的过度攀升。但是，如果这种功能之间的替代关系被过度利用，甚至在监管套利动机驱使下，通过所谓的"金融创新"而被滥用，同时在监管措施上却因受制于"认识时滞"和"行动时滞"而没能及时更新或完善，或者监管措施被新的"金融创新"突破，那么，金融风险体量的纵向累积即资产价格泡沫的堆积和杠杆率的过度攀升就很难避免。而在金融系统运行过程中，这些情形恰恰是常见的。

（二）金融业务机构之间过度替代的功能关系与金融风险体量的纵向累积

在金融系统的实际运行过程中，不同金融业务机构之间在功能上的过度替代导致金融风险体量的纵向累积即资产价格泡沫的堆积和杠杆率的过度攀升，这一过程主要是通过"影子银行"对常规银行功能的过度替代实现的。

为了遏制某些领域资产价格泡沫的过快增长和降低某些行业过高的杠杆率，防止市场风险和信用风险在这些领域和行业内累积，限制资金流入这些领域和行业是必要之举。而在我国由银行主导的融资体系中，银行是这些领域和行业的主要资金来源，因而调节和控制银行资金的流向尤其是贷款资金的流向，是实现上述目的的首要选择。通过对银行资金流向的调节和控制，可以遏制对某些特定资产的过量需求，稳定资产价格，限制资产价格泡沫进一步堆积，同时防止某些行业负债规模进一步增长，稳定其杠杆率。在此基础上，再利用经济增长带来的收入增长来吸收已形成的资产价格泡沫，同时利用经济增长带来的所有者权益（净资产）的增长来降低某些行业过高的杠杆率，使其逐步回归到正常状态。实际上，这一"以时间换空间"的过程既是遏制系统性金融风险纵向累积的过程，也是在体量上化解和消弭已经形成的系统性金融风险，即"拆除"系统性金融风险这一"炸弹"的过程。但是，"影子银行"对银行功能的过度替代常常使监管部门为调控银行资金流向而做出的努力在效果上大打折扣。

"影子银行"这一概念是由美国经济学家保罗·麦卡利（Paul McCulley）于 2007 年首次提出的，是指虽无"银行"之名，却有"银行"之实的各种金融中介业务，通常由非银行金融机构作为载体，对金融资产的信用、流动性、期限等风险因素进行转换，扮演着"类银行"的角色。由于"影子银行""在阴影之下运行"（operate in shadow），故而成为金融体系中隐匿的系统性风险。中国银保监会在 2020 年 12 月发布的《中国影子银行报告》中，根据监管覆盖范围和强度、产品结构复杂性及杠杆水平、信息披露充分性与全面性以及集中兑付压力这四项主要标准，对"影子银行"范围做出了界定，并据此把"影子银行"分为广义和狭义两类。广义口径的"影子银行"包括同业理财及其他银行理财、银行同业特定目的载体投资、委托贷款、资金信托、信托贷款、非股票公募基金、证券业资管、保险资管、资产证券化、非股权私募基金、网络借贷 P2P 机构、融资租赁公司、小额贷款公司提供的贷款、商业保理公司的保理业务、融资担保公司在保业务、非持牌机构发放的消费贷款、地方交易所提供的债权融资计划和结构化融资产品；狭义口径的"影子银行"主要包括同业特定目的载体投资、同业理财、投资非标债权等部分银行理财、委托贷款、信托贷款、P2P 网络借贷和非股权私募基金等业务，这些业务的"影子银行"特征更明显，风险也相对更高。通常，在考察系统性金融风险的形成过程时所涉及的"影子银行"，主要是指狭义口径的"影子银行"。

在我国分业经营的金融体制下，可以根据"影子银行"与常规银行关系的密切程度，把狭义口径下的"影子银行"分为两类。一类是在常规银行主导下通过与之开展业务合作，即通过发挥前面已分析的功能互补作用和后面即将分析的功能协同（详见本章第三节的分析）作用来开展业务，从而推动金融风险体量纵向累积并横向编织风险传导网络（其中关于横向传导网络的编织，详见本章第三节的分析）的"影子银行"，具体表现为同业理财、投非标债权等部分银行理财、同业特定目的载体投资等业务。由于这类"影子银行"的活动主要体现常规银行的意志，因而也被称为"银行的影子"。另一类是根据自身的意愿，独立自主地对常规银行发挥功能替代作用，或与之在功能上进行公平竞争（详见本章第三节的分析），从而在纵向上累积金融风险体量并在横向上编织金融风险传导网络（其中关于横向传导网络的编织，详见本章第三节的分析）的"影子银行"，主要表现为委托贷款、信托贷款、P2P 网络借贷和非股权私募基金等业务，是真正意义上的"影子银行"。

委托贷款、信托贷款、P2P 网络借贷和非股权私募基金等"影子银行"业务，通过对常规银行功能的过度替代，削弱了宏观调控和金融监管部门对银行资金流向的调控效果，进而助推了金融风险体量的纵向累积即资产价格泡沫的堆积和杠杆率的过度攀升。由于这类"影子银行"的活动处于银行监管体系之外，信贷标准也显著低于银行授信，在银行资金流向受到严格调控时，常常能代替银行满足受限制的领域和行业的流动性需求，为资产价格泡沫的进一步堆积和杠杆率的进一步攀升提供动力。而且，由于这类"影子银行"在交易结构设计上的灵活性，即使监管部门调整监管思路，采取"亡羊补牢"措施，使其在资金投向上受到与常规银行同样的限制，这类"影子银行"仍能借助资金需求方多元化经营的条件，通过与资金需求方合谋，采取"绕道"的方法，将资金迂回投放到受限制的产业或领域，从而进一步彰显其累积系统性金融风险的作用。

（三）金融业务机构之间的功能替代及金融风险体量纵向累积作用的现实表现

在我国，房地产行业和地方政府融资平台是近10多年来累积系统性金融风险体量的重要领域，在该领域内累积风险的具体表现形式是房价泡沫的堆积和政府融资平台杠杆率的攀升。为了遏制房价泡沫过度堆积和地方政府杠杆率过度上升的态势，防止因房价泡沫破裂或政府融资平台杠杆断裂而引爆系统性金融风险，金融监管和宏观调控部门通过监管政策约束和窗口指导等方式，对流向房地产行业和政府融资平台的资金尤其是来自常规银行的资金，实施了必要的限制。但是，信托贷款、委托贷款、非股权私募基金等"影子银行"对常规银行功能的替代，却使宏观调控机构和金融监管机构为此所做的努力在效果上大打折扣。

开始时，这类"影子银行"较常规银行受到的监管约束少，信贷标准也明显低于常规银行，因而在常规银行的资金流向受到严格调控时，可以无可厚非地替代常规银行来满足房地产行业和政府融资平台的资金需求，从而为房价泡沫的进一步堆积和政府融资平台杠杆率的进一步上升提供动力。这实际上相当于监管部门在关上资金通向房地产行业和政府融资平台的"大门"的同时，仍留着"一扇窗"，而且这扇"窗"的"面积"并不比"门"小多少。其后，当监管部门意识到这一问题，并以"打补丁"的方式完善了相关监管措施，使这类"影子银行"在涉及房地产行业和政府融资平台的资金投向上受到与常规银行相同或相近的约束时（例如，部分地区的监管部门以窗口指导方式要求信托公司把房地产信托规模限制在受托管理资产规模的30%以内，房地产信托集中度不超过主动管理信托规模的40%[①]），这类"影子银行"仍可以凭借自身在交易结构设计上的灵活性优势，通过所谓的"创新"，突破此类约束，继续发挥对常规银行的功能替代作用，从而继续为金融风险体量的累积提供动力。例如，信托或类信托机构通过与资金需求方事先达成的共谋或事后形成的默契，凭借资金需求方多元化经营的有利条件，将资金迂回投放到受限制的领域（如图5-2-2

① 陈嘉玲. 信托公司最新窗口指导：控制房地产信托集中度 不超过主动管理规模的40%
[EB/OL]. (2022-04-01) [2022-06-06]. http://finance.sina.com.cn/jjxw/2022-04-02/doc-imcwi-pii1972824.shtml.

所示），以此规避对资金投向的限制，在名义上实现所谓的"去房地产化"。又如，信托或类信托机构在与融资方的大股东或实际控制人事先达成股权回购协议的基础上，以"明股实债"方式将信托贷款包装成信托投资，以此突破《信托公司集合资金信托计划管理办法》中"向他人提供贷款不得超过其管理的所有信托计划实收余额的30%"这一条款的约束。

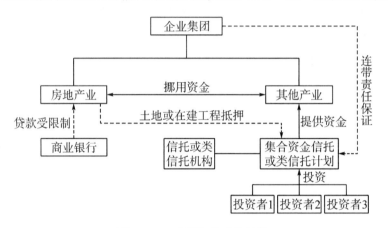

图 5-2-2　金融机构功能替代

在《资管新规》限制了常规银行与"影子银行"的功能互补空间后，这类"影子银行"的功能替代作用显得尤为突出，其助推金融风险纵向累积的作用也得到了进一步的彰显，这可从2016年末至2019年末相关数据的变化中得到一定程度的体现。中国银保监会在2020年12月发布的《中国影子银行报告》显示，经过三年的治理，至2019年末，风险较高的狭义"影子银行"规模降至39.14万亿元，较2017年初的历史峰值缩减了11.87万亿元。其中，同业理财、同业特定目的载体投资、委托贷款、P2P网络借贷分别从6.8万亿元、23.05万亿元、13.2万亿元、0.82万亿元，下降至0.84万亿元、15.98万亿元、11.44万亿元、0.49万亿元，这几项共计下降15.12万亿元，超过总体降幅3.25万亿元（15.12万亿元-11.87万亿元）。从这些数据中可以看出，下降的主要是体现"银行的影子"特性的同业理财和特定目的载体投资，即通过与常规银行的功能互补推动风险体量累积的业务，两项共计下降了13.03万亿元〔（6.8万亿元-0.84万亿元）+（23.05万亿元-15.98万亿元）〕，这主要源于《资管新规》对此类业务的限制。虽然《中国影子银行报告》没有披露投资非标债权等部分银行理财、信托贷款、非股权私募基金等"影子银行"的规模变化，但可以想象，在商业银行受到《资管新规》严格约束的情况下，投资非标债权等部分银行理财的规模必然也会下降。由此可以推测，同期信托贷款、非股权私募基金等对常规银行具有功能替代作用的"影子银行"总规模依然在逆势上涨，上涨幅度应在 3.25 万亿元（15.12 万亿元-11.87 万亿元）以上。同期中国人民银行发布的社会融资规模存量数据显示，2016 年末的委托贷款和信托贷款规模分别为 13.20 万亿元和 6.31 万亿元，2019 年末的规模分别为 11.44 万亿元和 7.45 万亿元，在此期间，委托贷款规模下降了 1.76 万亿元（11.44 万亿元-13.20 万亿元），而信托贷款规模则上升了 1.14 万亿元（7.45 万亿元-6.31 万亿元）。究其原因，主要是委托贷款通常由商业银行受托发放，因而受《资管新规》的约束更强，而信托贷款主要由信托公司受托发放，比较容易通过创新来突破《资管新规》的约束。根据信托贷款规模在 2016 年末至 2019 年末期间上升了 1.14 万亿元这一事实，可以进一步推算出在此期间除了信托贷款以外的《中国影子银行报告》中尚未披露的非股权私募基金等"影子银行"规模逆势上涨的额度应在 2.11 万亿元（3.25 万亿元-1.14 万亿元）以上。

随着《资管新规》的进一步实施和过渡期的逐步结束，委托贷款和信托贷款规模逐步下降。2021 年末，委托贷款和信托贷款的存量分别为 10.87 万亿元和 4.36 万亿元，分别比 2016 年末下降 2.33 万亿元和 2.05 万亿元[①]。单纯从这些数据上看，以委托贷款和信托贷款形式表现出来的"影子银行"的规模正在收缩，其对常规银行的功能替代作用以及由此引发的对系统性金融风险体量的纵向累积效应也在相应地下降。关于这一结论，在委托贷款上显然是基本无疑的，但在信托贷款上，则还需深入分析。由于信托机构在产品交易结构设计上的灵活性优势以及业务范围方面的"全牌照"优势，在业务运作过程中很容易通过对产品的"包装"来掩盖其业务事实，实现监管套利。在总体上，信托机构的业务可以分为融资信托、投资信托和事务管理信托三类，信托贷款是融资信托的主要形式。在具体的业务运作过程中，信托机构可以通过特定的产品交易结构设计将信托贷款这一融资信托"包装"成投资信托，也可通过特定的契约设计，

---

① 数据来源于中国人民银行（www.pbc.gov.cn）发布的社会融资规模存量指标。

将信托贷款这一融资信托"包装"成事务管理信托,而这些做法都会在表面上导致信托贷款下降。因此,如果按照"实质重于形式"的原则,对信托和类信托机构的业务进行实质性归类,那么,由此得出的结论恐怕就不会令人如此乐观了。

第三节 金融系统运行与金融风险传导网络的横向编织

系统性金融风险的形成过程表现为金融风险体量的纵向累积过程和金融风险传导网络的横向编织过程。其中金融风险传导网络的横向编织表现为金融风险跨行业、跨市场、跨区域的传染,其基本特点是金融机构之间关联性增强和系统重要性提升①

一、金融系统运行中的功能协同与金融风险传导网络的横向编织

(一)功能协同的涵义及在金融系统运行中的表现

1. 功能协同的涵义

"协同"(Synergetics)一词来自古希腊语,意为"协调一致、和合共同"。我国古文献中对"协同"一词亦多有阐述。如《汉书·律历志》中提到:"咸得其实,靡不协同。"《后汉书·桓帝纪》亦云:"内外协同,漏刻之闲,桀逆枭夷。"宋庄季裕在《鸡肋编》中也有"誓书之外,各无所求,必务协同,庶存悠久"的描述。对于"协同"的涵义可从静态和动态两个方面来理解。其静态涵义是指构成系统的各个元素之间围绕实现系统运行的目标而形成的功能之间的合作关系;其动态涵义是指在系统运行过程中,通过各元素功能之间的协调和配合,使其关系从无序状态向有序状态转化的过程。

功能协同和功能互补在形式上都表现为构成系统的各元素之间在功能上形成的合作关系,具有很多的相似之处,但在实际上还是有着很大区别的。功能互补是通过把双方活动对接起来的方式使本来难以形成的功能得以形成,通常是在双方无法独立发挥某种特定功能的情况下采用的一种合

---

① 范云朋. 我国系统性金融风险监测与度量研究:基于 ESRB-CISS 研究方法 [J]. 经济问题探索, 2020 (11): 157-171.

作方式，例如传统的照相机与胶卷的配合使用。功能协同是指虽然双方的功能都能独立发挥，但效果不尽如人意，而通过把双方的活动对接起来，就能实现更大的收益或更高的效用。例如，在夏季把空调的温度适当调高，同时打开电扇，人体就能获得比单独使用空调或单独使用电扇的状态下更高的舒适度。由于功能协同比功能互补多了一项约束条件，即双方的功能都能独立发挥，但效果不尽如人意，因而在一定程度上可以把功能协同看成一种特殊的功能互补；也可在一定程度上把功能互补看成一种特殊的功能协同。

2. 金融业务机构之间的功能协同关系在金融系统运行中的表现

在广义的视角上，金融系统运行过程中的功能协同关系是指构成该系统的金融市场、金融业务、金融机构以及金融基础设施等要素之间以及各类要素内部各组成部分之间，在功能上协调一致、和合共同的关系以及形成这种关系的过程。而在狭义的视角上，金融系统运行过程中的功能协同关系仅仅是指金融市场和金融业务之间以及金融市场内部各种具体的子市场之间、金融业务内部各种具体的产品或服务之间，在功能上的协同关系。这里主要从狭义的视角来看待金融系统运行过程中的功能协同关系。在分业经营的制度约束下，不同的金融业务机构只能在与其业务范围相适应的金融市场上开展活动，不同的金融产品或服务也是由不同的金融业务机构提供的，因此，狭义视角的功能协同关系所反映的正是金融业务机构之间的功能协同关系。

金融业务机构之间的功能协同关系和互补关系都表现为这些金融业务机构相互之间的合作，这是两者的共同之处。两者之间的主要区别是，功能互补是在双方都不具有某种功能或难以独立发挥该功能的情况下，通过彼此之间的业务合作，使该功能得以形成和发挥，是为了解决"不能做"这一问题而开展的合作；功能协同是在双方功能都能在一定程度上正常发挥，并能因此而获得相应的收益，但为了使功能发挥得更充分，从而获得更高的收益而在业务上开展的合作，是在各自"能做"的前提下为了"做得更好"而开展的合作。前者如商业银行虽能通过理财计划募集到足够的资金，却受制于监管要求，在特定情况下无法向政府融资平台提供资金，而信托机构虽然在特定情况下向政府融资平台提供资金受到的限制较少，却苦于募集不到足够的资金。在这种情况下，就可以通过商业银行的理财计划与信托机构的信托计划对接，让商业银行和信托机构分别走出"有米无巧妇难为炊"和"巧妇难为无米之炊"的困境，使本来难以实施的政府融资平台贷款业务得以实施。后者如在"如何获得更多的投资收益"这一问题上，商业银行虽然有足够的资金来源，但受制于投资范围，收益相对较低，而信托机构虽然投资范围较广，却受制于资金募集能力，难以取得规模效益。在这种情况下，若把商业银行的理财计划和信托机构的信托计划对接，就既能突破银行业务范围的限制，也能突破信托机构资金募集能力的限制，使双方都能获得更高的投资收益。

金融业务机构之间的功能协同关系不仅存在于同类金融业务机构内部的不同业务主体之间，也广泛存在于不同类别的金融业务机构之间。同类金融业务机构内部不同业务主体之间的功能协同关系具体存在于不同商业银行之间（如同业存款和拆借、银团贷款等）、不同证券公司之间（如相互拆借、联合融资融券等）、不同保险机构之间（如联合保险、相互提供再保险等）、不同的信托或类信托机构之间（如联合信托贷款或投资、信托计划的相互对接等）以及其他属于同一类别的不同金融业务机构之间。不同金融业务机构之间的功能协同表现为由不同金融业务机构提供的金融产品或服务在相关金融市场上实现对接，以此寻求"1+1>2"的效果，从而使双方都获得更大的效用和收益。这种不同金融业务机构之间的功能协同关系同前面介绍的功能互补关系共同构成了金融系统运行过程中的同业合作关系。以功能协同方式表现出来的同业合作关系既存在于商业银行与信托和类信托机构之间（例如基于获得更多收益目的而开展的银信合作），也存在于商业银行与投资银行/证券公司和保险机构以及其他金融业务机构之间（例如，银证转账业务和银证通业务、基于获得更多收益目的而把银行理财计划与券商或保险理财计划对接），还广泛存在于证券公司、保险机构、信托和类信托机构以及其他金融业务机构之间（例如证券公司为证券投资信托计划提供场内配资服务、私募机构以劣后级投资者身份投资由信托公司运作的以企业集团财务公司为优先级投资者的信托计划）。这些五花八门的功能协同关系无不体现了各类不同的金融业务机构在自身能够在一定程度上独立发挥功能并取得一定收益的前提下，试图通过寻求与其他金融业务机构的合作，使功能得到更充分的发挥，从而获得更大的收益和效用的诉求。

（二）金融业务机构之间过度的功能协同关系与金融风险传导网络的横向编织

在系统性金融风险的形成过程中，金融业务机构之间的功能互补和功能协同所发挥的作用是有区别的。由于金融业务机构之间以实现功能互补为目的而开展的合作解决了某些业务"不能做"这一问题，因而在对系统性金融风险的"贡献"上，虽然也会因这种业务合作而在一定程度上强化不同金融业务机构之间的关联性，起到编织风险横向传导网络的作用，但主要是通过堆积资产价格泡沫和提升杠杆率推动风险体量的纵向累积。与此相反，由于金融业务机构之间基于实现功能协同这一目的而开展的合作，解决了"如何把某些业务做得更好"这一问题，因而在对系统性金融风险的"贡献"上，虽然也会因这种业务合作而在一定程度上突破资金流向和流量的限制，导致资产价格泡沫堆积和杠杆率上升，起到累积风险体量的作用，但主要是通过强化相互之间的关联性来编织风险横向传导的网络。

在系统运行过程中，构成该系统的各元素之间的功能协同能够使系统的运行产生更大的收益或更高的效用。在这里，也可以把效用看成一种特殊的收益。由于收益与风险是正相关的，系统运行过程中各构成元素之间的功能协同在带来高收益的同时，也必然伴随着高风险。由此可见，功能协同程度越高，系统运行过程中面临的风险也就越大。这是因为，各元素之间的功能协同程度越高，其"步调"的一致性就越强，就越容易产生"共振"现象，从而使系统在运行过程中出现剧烈的"振荡"。从这一意义上说，在系统运行过程中，根据环境的变化，适时调控各构成元素之间在功能上的协同状态，正是正确处理收益与风险关系的客观要求。实际上，当系统各构成元素因"英雄所见略有不同"而处于"混沌"状态中运行时，通常比较稳定；而当系统各构成要素因"英雄所见略同"而导致功能上过度协同，从而在高度有序的状态下运行时，常常会处于"一荣俱荣，一损俱损"的剧烈"振荡"中。

金融业务机构作为金融系统的主要构成元素，其相互之间的功能关系是其所处的不同金融市场之间以及其所提供的不同金融产品或服务之间功能关系的集中反映。不同的金融市场之间以及不同的金融产品和金融服务之间功能协同关系的增强，表明金融系统的这些构成要素之间的联系在增强，同时也意味着作为金融市场的运行者以及金融产品或服务的提供者即金融业务机构之间的直接联系也在增强。金融系统是由金融机构、金融市场、金融业务（包括金融产品和金融服务）、金融基础设施等子系统构成的一个有机整体，也可看成一种特殊的组合。根据资产组合理论，构成该组合的各要素之间的关联关系越强，该组合面临的风险也就越大。金融系统作为一种特殊的组合，在运行过程中，随着其主要构成要素——金融业务机构之间的关联性因相互之间功能协同关系的建立和发展而增强，面临的风险必然会相应地上升。从理论上说，当构成金融系统的各要素因相互之间超强的功能协同而形成完全的相关关系，从而使整个金融系统呈现出"浑然一体"的状态时，该金融系统就必然在"不成功，便成仁"的风险最高"境界"中运行。

金融业务机构之间的关联性基于相互之间功能协同关系的建立和发展而形成和增强的过程，就是金融风险直接的横向传导网络的编织过程（至于间接的横向传导网络的编织过程，将在随后的功能竞争关系中加以分析），从本质上看，就是不同金融业务机构之间"一荣俱荣，一损俱损"的关系随着基于"共赢"目的开展业务合作而导致的债务联系和业务联系的增强而增强的过程。如果某一金融业务机构在业务活动中基于增加收益、规避管制等目的，无节制地与其他金融业务机构开展多形式、多层次的业务合作，形成错综复杂的功能协同关系，使自身与其他金融业务机构之间的关联关系呈现出双向性、交叉性和非对称性的特点，从而成为金融业务机构关联关系中的重要节点时，该金融业务机构也就有可能成为系统重要性金融机构①，即业务规模较大、业务复杂程度较高，一旦发生风险将给整个金融系统带来严重冲击的金融机构。其中的业务复杂程度较高主要是由不同金融业务之间的功能协同造成的（在分业经营的金融体制下，主要表现为由不同金融业务机构提供的不同金融业务之间的功能协同），与其他金融业务机构之间关联关系的上升是业务复杂程度提高的具体反映。一旦金融风险在这类系统重要性金融机构中发生，必然产生非线性放大的外溢效应，对整个金融系统形成的冲击力也将呈指数化增长。当出现这种情况时，系统性金融风险也就真正发生了。

（三）金融业务机构之间过度的功能协同关系及金融风险横向传导网络编织作用的现实表现

金融业务机构之间的功能协同通过强化彼此之间基于业务和债务关系

---

① 需要说明的是，过度的功能协同并非成为系统重要性金融机构的必要条件，有些大型金融机构基于既有的业务规模和业务复杂程度，即使不与其他金融机构开展过度的功能协同，也能获得系统重要性金融机构的地位。例如，我国的四大国有商业银行。相反，有些金融机构即使过度地实施功能协同，囿于自身的业务规模，也未必能成为系统重要性金融机构。

形成的关联性编织金融风险横向传导的网络。无论是隶属于同一类别的不同金融业务机构之间的功能协同，还是不同类别的金融机构业务之间的功能协同，都会在不同程度上导致风险传导途径的多样化和复杂化，特别是各类金融业务机构出于监管套利和盲目追求高收益的目的，通过所谓的"金融创新"而实现的功能协同，对系统性金融风险横向传导的贡献度更大。

1. 相同金融业务机构之间过度的功能协同关系及金融风险横向传导网络编织作用的现实表现

在我国由中央银行主导的，以商业银行为主体的，政策性金融与商业性金融相分离的，多种金融机构并存的金融机构系统中，商业银行无疑在金融业务机构这一子系统中处于"大哥大"地位，因而商业银行相互之间的功能协同关系以及商业银行为建立这种关系而做的努力，对金融系统的运行进而对系统性金融风险的形成所产生的影响，显然高于其他同类金融业务机构之间的功能协同。因此，这里以不同商业银行之间的功能协同关系为例来做具体分析。

不同商业银行之间的功能协同包括同业存款、同业拆借、转贴现、回购和互换等业务，这些业务可以统称为同业往来或同业合作，都体现了作为其运行主体的商业银行在各自功能能够在一定程度上正常发挥的前提下，通过彼此之间的合作获得更多收益的诉求。以同业存款为例，在这类业务中，作为资金存出方的商业银行虽然也可通过把资金存入中央银行的方式实现收益，但收益低于存放同业，而作为资金存入方的商业银行，也可通过发行金融债券或大额可转让定期存单（CDs）等方式筹集资金，以满足贷款、投资和客户提现等需要，但其成本高于吸收同业存款。在这种情况下，开展同业存款业务显然能增加作为资金存出方的商业银行的收益，也能降低作为资金存入方的商业银行的成本，从而实现"双赢"。同样，商业银行之间的转贴现、回购和互换等业务也能产生类似的效果。这一过程在为商业银行带来更多利益的同时，也强化了彼此之间基于业务和债务关系而形成的关联性，增加并复杂化了金融风险的传导网络。在这里，尤其值得注意的是商业银行之间以"互换"方式开展的同业合作，包括货币互换和利率互换等，这种功能协同行为会导致风险横向传导网络的进一步多样化和复杂化。而且，随着存款利率市场化的推进，商业银行之间以利率互换（即依据各自在筹集固定利率资金和浮动利率资金方面的不同比较优势，开展固定利率与浮动利率的互换）方式建立这种功能协同关系的冲动会更强烈，行动也会更积极，因为这几乎能凭空给双方带来收益。与此同时，随着外汇市场的进一步开放，不同商业银行之间基于各自在筹集不同货币资金方面的比较优势或绝对优势而开展的货币互换活动也会进一步活跃。这种互换通常在期初按照即期汇价交换指定的货币，期中互换指定货币的利息（可以是固定利率与固定利率之间、固定利率与浮动利率之间或浮动利率与浮动利率之间的互换），期末再按约定的汇价反向交换指定货币的本金。很显然，利率互换导致商业银行之间基于所需交换的利息形成了双向债权债务关系；货币互换则既基于需交换的利息，也基于需交换的本金，形成了商业银行之间更为复杂的双向债权债务关系。无论是利率互换还是货币互换，都通过建立功能协同关系，强化了商业银行之间的关联关系，从而增加了金融风险传导的网络。

2. 不同金融业务机构之间过度的功能协同关系及金融风险横向传导网络编织作用的现实表现

目前，我国最大的金融业务机构无疑是商业银行，而且商业银行的这一地位必将在长期内保持不变。而就资产规模而言，信托公司曾在2014年末超越保险公司，一度成为我国第二大金融业务机构。因此，商业银行与信托和类信托机构之间通过所谓的"银信合作"方式形成的功能协同关系，在不同金融业务机构之间形成的功能协同关系中最具代表性，对金融系统稳定运行的影响也最大。这种功能协同关系最典型的表现形式是银行理财计划与信托或类信托计划的对接。通常，对于商业银行而言，如果理财计划不对接信托计划或类信托计划，理财资金就只能在银行的业务范围内运作，其盈利能力将受到限制，难以有效满足投资者的收益期望，而且风险无法转移。但是，如果商业银行实现了自身运行的理财计划与信托或类信托计划的对接，则既可借助信托机构或其他类信托机构的"通道"实现更大的盈利，还可通过对信托或类信托计划的结构化设计，以优先级投资者的身份获得相对固定的收益，在一定程度上把风险转移给劣后级投资者。对于信托或类信托机构而言，信托或类信托计划与银行理财计划对接，不但能募集到更多的资金，实现投资的规模效益，还可以通过结构化设计，产生杠杆效应，获得更大的收益。而且，为了在更高层次和更大的范围内实现商业银行与信托或类信托机构之间的功能协同，还可通过多层嵌套的结构化设计，以收获更大的杠杆效应和风险匹配效应，但与此同时，风险的传导效应也大幅度上升了（具体见图5-3-1所示）。

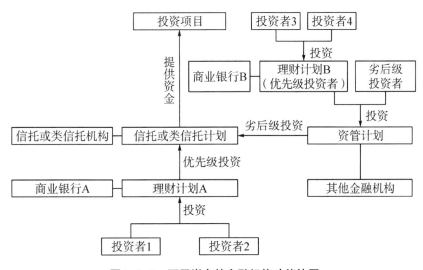

图 5-3-1　两层嵌套的金融机构功能协同

从图 5-3-1 中可以看出，由于采取多层嵌套的结构化设计，商业银行 A 和 B、信托或类信托机构、其他金融业务机构以及投资者之间，形成了错综复杂的关联关系。运作理财计划 A 的商业银行 A 与运作资管计划的其他金融业务机构之间，不但因投资于同一信托计划（持有同一信托资产）而形成间接关联关系，而且还因运作资管计划的其他金融机构需以劣后级投资者身份，用自身的收益甚至本金为以优先级投资者身份运作理财计划 A 的商业银行 A 提供本金及收益担保而形成了直接关联关系（属于或有债权债务关系，这是一种风险不易被注意到的表外业务）。运作理财计划 B 并以优先级投资者身份投资上述资管计划的商业银行 B，与投资该资管计划的劣后级投资者之间，也形成了同样的间接和直接关联关系。商业银行 B 和资管计划的劣后级投资者与运作该资管计划的其他金融业务机构之间，因投资而形成了直接的关联关系。商业银行 A 和运作资管计划的其他金融业务机构与信托或类信托机构之间，基于信托投资而形成了直接的关联关系。商业银行 A 和 B、其他金融业务机构以及资管计划的劣后级投资者之间，基于直接或间接投资于同一信托或类信托计划而形成了间接关联关系。除此之外，理财计划 A 和 B 的投资者与商业银行 A 和 B 以及其他金融业务机构之间，也因直接或间接的投资关系以及最终持有同一信托或类信托计划而形成了直接或间接的关联关系。

这些错综复杂的关联关系最终都经由信托或类信托机构运作的信托或

类信托计划指向了"投资项目"这一底层资产。一旦投资项目失败，导致信托计划遭受严重损失，则该多层嵌套的结构化设计中所涉及的包括商业银行在内的所有金融业务机构，都将因风险和损失沿着纵横交错的关联途径全方位传导而遭受巨大冲击。而在包括银行理财计划在内的各类资管计划都有刚性兑付要求时，金融业务机构所受到的冲击更大。可以想象，如果在金融系统运行过程中，大量存在此类功能协同现象，并且背后还有刚性兑付的要求，一旦底层资产或中间某个环节出现问题，整个金融系统将受到怎样的冲击！而事实是，在《资管新规》实施并打破刚性兑付之前，在我国金融系统运行过程中，金融业务机构之间存在大量此类功能协同关系，而且多层嵌套的结构化设计更复杂，层次更多。由此可见，金融系统在运行过程中承受着多么大的风险和压力！

3. 对现实中金融业务机构之间过度的功能协同关系及金融风险横向传导网络编织作用的总结

无论是同类金融业务机构之间以同业存款、拆借或资金互换方式，还是不同类金融业务机构之间以资管协作方式实施的功能协同，都是实现"共赢"的有效选择，这决定了在金融系统运行过程中，各类金融业务机构都会在不同程度上产生寻求功能协同的冲动和行动。同时，由于分业经营导致的市场分割以及不同市场在报酬结构上存在的差异，金融业务机构以资管协作方式实现功能协同的冲动更强烈，行动也更积极。在这种情况下，不同金融业务机构之间以及同类金融业务机构内部不同主体之间，必然会基于债务和业务上的联系而形成极强的关联性。而且，这种关联性会因同业往来形式的多样性和资管协作采取多层嵌套和层层加杠杆的做法而变得错综复杂，呈现出双向性、交叉性和非对称性的特点，从而使金融风险在金融系统内传导时产生非线性放大效应。一旦长期累积的市场风险或信用风险在某个重要关联节点上集中释放，对整个系统的冲击力必然呈现出指数化增长的态势。

《资管新规》实施以后，刚性兑付逐渐被打破，多层嵌套的结构化设计也受到了一定的限制，金融业务机构之间在功能上过度协同的现象明显减少。根据穆迪公司在 2021 年 9 月发布的《中国影子银行季度监测报告》，2021 年上半年广义"影子银行"资产减少约 1.34 万亿元，降至 57.8 万亿元，延续了 2017 年以来的下降趋势；2021 年第二季度商业银行对非银行金融机构的净债权余额下降 1.0 万亿元，至 1.4 万亿元，接近

2017 年 3 月峰值的 1/10，银行与非银行金融机构之间的关联性已降至 6 年来的最低点①。应该说，以《资管新规》为代表的一系列强监管措施，在遏制金融业务机构之间过度的功能互补和协同，防止金融风险纵向累积和横向传导方面，取得了较明显的效果。

但是，以《资管新规》为代表的一系列强监管措施，主要是通过对金融业务机构行为的直接限制来发挥作用的，在效果上具有浓厚的治标色彩，难以从根本上解决问题，因而其效果能否延续，还需留待时间来检验。从目前来看，至少有四个因素会削弱其长期效果。首先，金融创新是极其活跃的行为，从历史经验和教训来看，只要金融业务机构具有突破监管约束的冲动，金融监管措施迟早会被金融创新突破。其次，以《资管新规》为代表的一系列强监管措施的作用范围主要局限于资产管理领域，金融业务机构之间在资管业务上开展的合作是其关注的重点，但对同类金融机构内部不同主体之间在功能上的协同和互补行为的影响有限。再次，因不同部门出台的实施细则不一致以及对《资管新规》相关条款理解上存在差异，监管标准尚未完全统一，具体表现为对资管产品的结构化设计（即通过把投资者分为优先级和劣后级，以收获更大的杠杆效应和风险匹配效应）依然保留在由中国银保监会负责监管的信托公司的业务中，而由中国证监会负责监管的资管机构在设计分级资产管理产品时，却需要将结构调整为"同盈同亏"模式②，这种差异无疑为金融业务机构提供了新的监管套利空间。最后，不同金融业务机构之间的功能协同主要是利用信托或类信托机构提供的"通道"业务来实施的，但以《资管新规》为代表的一系列强监管措施没有也不可能禁止全部通道业务。目前虽然由中国证监会监管的资管机构不再允许开展新的"通道"业务，但由中国银保监会监管的信托公司仍被允许从事所谓的"合理通道"业务。很显然，这为金融业务机构通过创新把不合理的"通道"包装成合理的"通道"，从而继续实施过度的功能协同行为提供了方便。鉴于这些因素的影响，可以认为，即使在以《资管新规》为代表的一系列强监管措施的约束下，金融业务机构之间在功能上过度协同的行为及对系统性金融风险的影响，也将在动态中表

① 实际上，银行与非银行金融机构之间的关联性既反映在债权上也反映在债务上，相较于净债权余额，银行与非银行金融机构之间债权债务的总量对两者之间关联关系的反映更完整。单纯使用净债权指标，会低估两者之间的关联关系。

② 胡旭鹏."资管新规"实施及完善解析［J］.上海法学研究，2019（1）：4-9.

现为一种长期现象，金融监管所能做到的充其量是实现"动态清零"。

二、金融系统运行中的功能竞争与金融风险传导网络的横向编织

（一）功能竞争的涵义及在金融系统运行中的表现

1. 功能竞争的涵义

竞争是指个体或群体之间为了追求富有吸引力的目标而形成的一种对抗现象，表现为在最大限度地获得自身利益这样一种心理需要驱使下，实施的力图胜过甚至压倒对方或者至少在一定程度上获得与对方相同利益的行为（活动）。

从结果上看，替代和竞争有很大的相似之处，两者都表现为利益主体结构在一定程度上的改变，这是由替代或竞争导致的市场份额变化造成的。替代和竞争的不同之处在于，替代是在一方或几方功能丧失或功能发挥受阻的前提下，由功能相同或相似且能正常发挥的另一方或另几方来代替或部分代替其发挥功能，反映了在各种内部和外部因素影响下，利益由一方或几方向另一方或另几方转移的关系（例如，在电力供应不正常的状态下，人们会更多地选择使用煤气灶，而在煤气供应不正常的情况下，人们对电磁炉的需求会上升）；竞争是指个体或群体之间在各自功能都可正常发挥的前提下，通过更新产品或服务、创造条件、优化策略等方式，公平地开展利益争夺（在实践中，也可能因先天条件不平等或手段不合法等原因，导致不公平竞争），体现了各方在优势发生相对变化或绝对变化的基础上，重新分配利益的关系（例如，在电和煤气都能正常供应的前提下，人们对电磁炉和煤气灶的选择会因电磁炉和煤气灶各自功能优势的相对变化而变化）。

在经济活动、社会活动或日常生活中，竞争几乎无时无处不在。在经济活动中，竞争通常是以市场为平台，以产品或服务为载体，通过具体的竞争策略来实施的。竞争的结果通常表现为产品或服务的市场占有率，即产品或服务的功能对市场需求的覆盖率的相对变化，因而竞争的实质是产品或服务的功能在市场上的比拼。

产品或服务都是由具体的厂商提供的，厂商的功能主要是通过业务活动即提供产品或服务的方式体现出来的，因此，厂商之间在市场上以产品或服务为载体开展的竞争，体现的就是作为产品或服务提供者的厂商之间的功能竞争关系。

2. 金融业务机构之间的功能竞争关系在金融系统运行中的表现

金融系统运行过程中的功能竞争具体表现为各个金融业务机构在既定的约束条件下，为了最大限度地获得经济利益或提高影响力，以金融市场为平台，通过制定和实施一定的策略，试图在金融产品和金融服务的功能上胜过对方或者至少在一定程度上获得与对方相同利益的行为（活动）。

从广义的视角来看，金融系统运行过程中的功能竞争既包括同类金融业务机构内部各主体之间以及不同类别的金融业务机构之间以金融产品或服务为载体展开的竞争，也包括不同金融监管机构之间针对某些特殊的金融业务（主要是创新的金融业务），在发挥监管职能时形成的竞争。例如，商业银行属于中国银保监会的监管对象，但商业银行开办的某些投资银行业务却往往会介入原中国证监会的监管领域中，在这种情况下，如果没有通过功能性的监管安排来协调好监管关系，就会形成"监管竞争"或"监管真空"，从而降低监管效率。从狭义的视角来看，金融系统运行过程中的功能竞争仅指金融业务机构之间依托各自的产品或服务，在功能上展开的竞争。通常，金融系统运行过程中的功能竞争是指狭义上的功能竞争，即金融业务机构之间的功能竞争。

金融业务机构之间的功能替代与功能竞争在结果上都表现为利益主体结构在一定程度上的改变（这种改变是由替代或竞争导致的市场份额或市场影响力变化造成的）。两者之间的区别在于，金融业务机构之间的功能替代是在某一方或某几方功能受阻甚至丧失的前提下，由另一方或另几方来代替或部分代替其发挥功能，反映了在各种内部或外部因素影响下，金融业务机构之间的利益转移关系（例如，当商业银行的贷款能力因监管政策变化而受到约束时，投资银行的债券承销功能就能在一定程度上替代商业银行的贷款功能）；而金融业务机构之间的功能竞争是在各自功能可以正常发挥的前提下，通过产品、服务、技术、制度等方面的创新，各显神通，在遵循或规避既定制度约束的同时，平等地开展利益争夺（在实践中，可能存在因创新不合规而实际上造成不公平竞争的现象），体现了金融业务机构之间在优势发生相对变化或绝对变化的基础上，重新分配利益的关系（例如，不同商业银行对存贷款客户的争夺、银行理财计划借道信托计划在证券市场上对证券公司的自营证券业务形成的竞争）。

通常，同类金融业务机构内部的不同业务主体之间（例如不同的商业银行之间）可以直接形成功能竞争关系。在混业经营的条件下，不同类别的金融业务机构之间也可直接开展功能竞争。但是，在分业经营的制度约束下，由于不同类别的金融业务机构之间有着界限比较分明的业务范围，要形成功能竞争关系，就必须通过创新，突破既定业务范围的限制。在实践中，功能竞争的主动方常常借助信托或类信托"通道"（即通过与信托或类信托机构实现功能互补或协同），进入目标对手的业务领域，与之形成间接的功能竞争关系（例如，银行理财计划对接证券投资信托计划，从而形成商业银行与证券公司之间的间接功能竞争关系）。这种现象在《资管新规》实施以前非常普遍，在股市高涨阶段显得尤为突出。

（二）金融业务机构之间过度的功能竞争与金融风险传导网络的横向编织

在金融系统运行过程中，虽然金融业务机构之间的功能替代和功能竞争在过程和结果上有一定的相似之处，但两者在系统性金融风险形成过程中发挥的作用是有区别的。由于功能替代常常是在一类或几类金融业务机构的某些功能受阻的情况下，由另一类或另几类金融业务机构代替其发挥功能，而前者功能受阻通常是特定时期的监管政策导致的，意在实现逆周期调控的目的，因此，不同金融业务机构之间在这种情况下形成的功能替代关系，就对系统性金融风险的影响而言，虽然也会在一定程度上增强相互之间的关联关系，增加金融风险横向传导的途径，但主要表现为通过削弱逆周期调控效果，推动资产价格泡沫堆积和杠杆率上升，造成风险体量的纵向累积。功能竞争则不同，由于功能竞争通常是金融业务机构之间在各自功能完好的状态下平等地实施的，不存在逆周期调控政策对其中某一方或某几方形成的功能限制，因此，不同金融业务机构之间在这种情况下形成的功能竞争关系，就对系统性金融风险的影响而言，虽然也会在一定程度上助推资产价格泡沫堆积和杠杆率上升，造成风险体量纵向累积，但其主要影响则表现为强化了金融业务机构之间的关联关系，编织了风险横向传导的网络和途径。

在金融系统运行过程中，虽然金融业务机构之间的功能竞争现象广泛存在，但对金融风险的横向传导产生重要影响的功能竞争主要存在于不同的金融业务机构之间，并主要表现在资产配置的竞争上。在分业经营的制度约束下，不同金融业务机构之间的功能竞争常常表现为非对称竞争，即一方试图进入另一方的市场，但另一方并不会明显排斥，其结果是不同的金融业务机构都在不同程度上持有同质化资产。无论是相互之间围绕资产配置直接展开的功能竞争，还是通过借道信托或类信托计划间接展开的功能竞争，都会造成金融业务机构之间资产配置的同质化，而且这种资产配置的同质化程度会随着相互之间功能竞争的深化而加剧。不同金融业务机构之间同质化的资产配置必然强化金融系统的关联性，因为任一金融业务机构的资产抛售行为引起的资产价格波动，都会对系统内持有相同资产的金融业务机构产生影响，从而导致一系列连锁反应，并在金融系统中引起"共振"。因此，在资产配置同质化状态下的资产价格波动对整个金融系统的影响可能远大于对单个或部分金融机构的影响。而且，与基于金融系统内部债权债务关系渠道的直接传染方式不同，这种基于持有共同资产的间接风险传染可以在没有债权债务关系的条件下以较为隐蔽的方式进行①，事先很难引起人们的警觉。更为严重的是，这种间接且隐蔽的传染渠道一旦与基于债权债务关系的直接传染渠道同时发挥作用，双方必然处于一个持续的相互强化过程中，使风险在传导过程中呈现出指数化增强的态势。

在金融系统运行过程中，功能竞争除了在不同金融业务机构之间形成上述基于同质化资产的间接关联关系外，在分业经营制度的约束下，不同类别的金融业务机构为了开展功能竞争，其主动方必须借道信托或类信托计划，这又形成了作为功能竞争主动方的金融业务机构与信托或类信托机构之间的直接关联关系。在功能竞争过程中，这种直接关联关系与上述间接关联关系紧密结合，进一步加大了金融风险的横向传导效应。

（三）金融业务机构之间过度的功能竞争关系及金融风险横向传导网络编织作用的现实表现

在金融系统运行的现实中，金融业务机构之间的功能竞争现象普遍存在。无论是在混业经营还是在分业经营制度下，不同类别的金融业务机构之间以及同类金融业务机构内部的不同业务主体之间，都在不同程度上存在着功能竞争关系。在混业经营的金融体制下，无论是同类金融业务机构内部的不同业务主体之间，还是不同类别的金融业务机构之间，几乎都可以在利益动机驱使下，无障碍地实施功能竞争活动（至少在理论上是这样的），只要在发挥功能时存在利益差异，具有利益优势的业务功能就会成为金融业务机构之间竞争的对象。在分业经营制度约束下，不同的金融业务机构由制度规定了界限相对分明的业务领域，同类金融机构内部的不同

---

① 王虎，李守玮. 系统性金融风险多层网络传染与控制研究［J］. 大连理工大学学报（社会科学版），2020，41（5）：29-41.

业务主体也有与自身的规模、市场定位相对应的细分市场和重点业务领域。但是，不同业务领域或细分市场之间客观存在着报酬结构动态失衡现象（例如，在股市高涨阶段，证券市场给投资银行带来的收益通常会明显高于信贷市场给商业银行带来的收益；在银行信贷市场上，批发贷款市场的收益回报通常高于零售贷款市场），金融业务机构长期在既定的业务范围内经营必然导致边际收益递减。为了"抓住"不同业务领域或细分市场之间报酬结构动态失衡带来的套利机会，同时弥补既定业务领域内边际收益递减造成的损失，金融业务机构之间必然会利用既有的条件或通过"创新"造就新的条件，开展功能竞争活动。

在现实中，同类金融业务机构内部不同业务主体之间的功能竞争，普遍存在于包括商业银行、信托或类信托机构、保险机构、投资银行/证券公司在内的各类金融业务机构内部，其中，在商业银行系统中表现得尤为突出。在商业银行经营活动中，业务创新上日趋明显的"内卷化"现象、贷款业务中普遍存在的借款人所有制歧视和规模歧视现象，以及由此造成的产品或服务同质化现象，正是商业银行之间在功能上过度竞争的典型表现。这种过度的功能竞争，无疑扭曲了商业银行的功能，削弱了对实体经济的支持力度。可以说，目前在政策上对普惠金融大力扶持以及在监管上对普惠金融严格考核，很大程度上是为了遏制金融业务机构内部不同主体之间尤其是不同商业银行之间过度的功能竞争行为，以期充分发挥金融对经济发展的支持作用。

在我国分业经营的金融体制下，不同类别金融业务机构之间的功能竞争在现实中常常是围绕资产配置，通过所谓的"金融创新"来实施的。这种功能竞争在结果上通常表现为分业经营的制度约束在一定范围内被突破，不同金融业务机构之间的关联关系增强，加剧金融风险横向传导途径的多样化和复杂化态势。在现实中，商业银行通过资产管理这一业务切入点，借道信托或类信托计划，与投资银行/证券公司、基金管理机构等在资产配置上开展的功能竞争，在不同金融业务机构之间的功能竞争中最具有典型性。在利率市场化背景下，商业银行在既定的业务领域中面临着"边际收益递减"规律更强的约束，加上在牛市行情下证券市场更高的回报率，在构建这种功能竞争关系的过程中，商业银行通常表现得更为积极，因而常常以功能竞争"主动方"的面目出现。相应地，为商业银行提供功能竞争"通道"的信托或类信托机构等"影子银行"，也因其在此过程中完全秉承商业银行的意志，而沦为"银行的影子"。图 5-3-2 展示了由商业银行主导的其与证券公司、基金公司等主要在资本市场上开展业务活动的金融机构之间功能竞争关系的形成过程。从图 5-3-2 中可以看出，就对系统性金融风险形成过程的影响而言，这种功能竞争既构建了商业银行和其他金融机构与作为"通道"的信托或类信托机构之间的直接关联关系，也在商业银行之间、商业银行与其他金融机构之间，以及在商业银行和其他金融机构与证券公司及基金管理机构等主要在资本市场开展业务活动的金融业务机构之间，形成了基于持有同质化资产的间接关联关系，还在其他金融机构与商业银行之间基于信托或类信托计划在收益和风险匹配上的结构化设计，形成了担保与被担保这种直接关联关系，从而进一步强化了金融风险的横向传导效应。

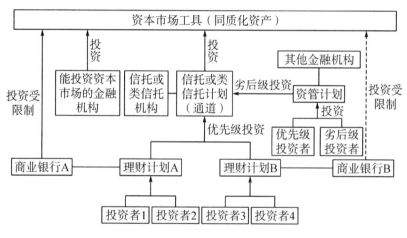

图 5-3-2　金融机构功能竞争

在《资管新规》实施后，不同金融业务机构之间这种助推系统性金融风险的功能竞争现象已明显减少。但是，《资管新规》明显的治标色彩，再加上在分业经营制度约束下不同金融业务机构之间实施功能竞争行为的重要条件——信托或类信托机构的"通道"作用并没有完全消除，合理的"通道"依然被保留着，这就为金融业务机构尤其是商业银行通过所谓的"创新"，把不合理的"通道"包装成合理的"通道"，从而继续实施功能竞争行为提供了机会。何况，从历史经验来看，只要存在为了突破监管约束而实施金融创新的内在冲动，监管约束就迟早会被金融创新突破。因此，从长期来看，只要金融系统运行的环境和格局没有得到根本性的改善，金融业务机构之间过度的功能竞争现象及对系统性金融风险的影响必将长期存在，只是在不同时期程度不同而已。试图通过加强监管完全消除这种现象，常常是一种奢望。通过持续的监管，力图实现"动态清零"，或许是对待这种现象的更为现实和理性的态度。

综合本章的分析，系统性金融风险的形成过程具体表现为金融风险体量的纵向累积过程和金融风险传导网络的横向编织过程。其中，风险体量的纵向累积主要是金融业务机构之间通过金融"创新"构建过度的功能互补和替代关系导致的；风险传导网络的横向编织主要是金融业务机构之间通过金融"创新"构建过度的功能协同和竞争关系导致的。随着《资管新规》的推出和过渡期的终结，各金融业务机构之间在功能上实施互补、替代、协同和竞争的空间，在短期内无疑会有所压缩。但是，包括《资管新规》在内的一系列强监管措施本身在效果上具有很强的治标色彩，在很大程度上体现了对金融业务机构创新行为的直接限制。而金融创新尤其是内涵式金融创新本身是非常活跃的。随着基金子公司、私募机构、银行理财子公司等类信托机构以及券商资管和保险资管等类信托业务的产生和发展，加上信托公司业务创新的不断深化，在金融系统运行过程中，各类金融业务机构在利益驱使下，必然能够拓宽现行监管约束下的功能互补、替代、协同和竞争的空间，甚至能开拓出新的空间。关于这一点，完全可以从金融发展史上金融监管屡屡被金融创新突破的众多事实中得到肯定答案。因此，在一个复杂且与经济系统存在适应性偏差的金融系统的运行过程中，只要金融系统的运行环境和运行格局能够提供足够的激励，金融业务机构通过创新而在相互之间构建过度互补、替代、协同和竞争的功能关系就将成为一种常态。相应地，金融监管和宏观调控机构与金融业务机构之间围绕着金融创新，在系统性金融风险的防范化解和累积传导问题上展开的"博弈"，也将成为一种常态。至于金融系统的运行环境和运行格局是如何提供激励的，则是本书第六章中要接着分析的内容。

第六章　金融系统运行与系统性金融风险的形成
——基于原因的分析

　　系统性金融风险作为一种宏观风险，是在以金融业务机构为代表的微观金融主体的活动中形成的，这一过程在现象上具体表现为在金融系统运行中，金融业务机构之间在功能上过度的互补、替代、协同和竞争所导致的风险体量的纵向累积和传导网络的横向编织。金融系统结构的复杂性为金融业务机构相互之间构建互补、替代、协同和竞争的功能关系提供了可能性，与此同时，金融系统与经济系统的适应性偏差，又使金融业务机构在彼此之间构建上述功能关系成为必要。这种可能性和必要性相结合，构筑了系统性金融风险的生成基础。无论是金融系统结构的复杂性，还是金融系统与经济系统的适应性偏差，都属于宏观层面的范畴，这决定了系统性金融风险生成基础的宏观性。作为微观主体的金融业务机构在依托复杂金融系统造就的可行性迎合由金融系统与经济系统的适应性偏差导致的必要性的过程中，如能将上述互补、替代、协同和竞争的功能关系保持在适当的度以内，无疑有助于在稳定金融的前提下搞活金融，有效发挥金融在特定经济发展阶段对经济的主导作用。但一旦突破这一个度，就会扭曲金融与经济的关系，从而催生系统性金融风险。那么，又是什么因素导致金融业务机构相互之间在功能上形成过度的互补、替代、协同和竞争关系的呢？这既与特定经济发展阶段中金融系统运行的特定格局有关，也与金融系统运行的特定环境有关。而对这种特定格局和环境的研究，就是在原因层面对金融系统运行与系统性金融风险形成之间关系的分析。因此，本章试图立足于当前经济发展阶段我国金融系统的基本运行格局和运行环境，通过分析金融和实体经济在报酬结构上的失衡状态、分业经营制度约束下的混业诉求、由无序的金融创新导致的金融系统"内卷化"运行态势、信贷型"耐心资本"缺乏和证券市场过强的投机性等现象，来揭示在金融系统运行过程中，金融业务机构之间在功能上构建过度的互补、替代、协同和竞争关系的推动力量以及与这四种功能关系紧密相关的顺周期行为的强化力量，从而在原因层面解析系统性金融风险的形成机理。

第一节 金融和实体经济在报酬结构上的失衡与系统性金融风险的形成

金融与实体经济在报酬结构上的失衡在系统性金融风险形成过程中发挥的作用主要表现为刺激了金融业务机构之间在功能上的过度替代和竞争，从而在纵向累积和横向传导两个维度上作用于系统性金融风险的形成过程。

一、报酬结构以及金融与实体经济的报酬结构

（一）结构及其对系统功能的影响

结构是组成系统的各部分及其内部各要素之间的搭配和安排，也可以看成系统中各子系统及其要素的构成情况。这种搭配和安排即系统结构的合理性会直接影响系统的整体功能。当系统的结构合理，各构成部分及其内部各要素之间能够协调配合时，系统的功能将得到充分发挥；而当系统结构不合理，各组成部分及其内部各要素之间在系统运行过程中存在摩擦，并因此而造成明显的内耗时，系统的整体功能无疑将受到削弱或扭曲，甚至导致系统功能丧失。

（二）报酬结构的涵义、作用及合理性评价

1. 报酬结构的涵义

报酬结构是一种特殊的结构。对于报酬结构的涵义，可以从微观和宏观两个层面来理解。微观层面上的报酬结构是指各个具体岗位或人员薪酬的具体构成状况，包括基本工资、职务工资、绩效工资以及各种补贴等薪酬要素的具体搭配和安排，又称为薪酬结构。宏观层面上的报酬结构是指不同行业之间在投资回报上的差异，具体表现为不同行业在资本收益率或

资本利润率上的差异。这里所说的报酬结构，主要是指宏观意义上的报酬结构。

2. 报酬结构的作用

不同行业的报酬整合在一起形成了报酬系统，该系统中不同行业存在不同程度差异的报酬形成了报酬结构。作为经济系统的一个子系统，报酬系统内部结构的合理性会直接影响经济系统的运行效率和功能发挥程度。报酬是引导投资进而配置资源的主要依据，当报酬结构合理，报酬系统能正常运行时，就能优化资源配置，使经济系统的功能得以正常发挥；而当报酬结构不合理，报酬系统运行过程中出现摩擦和内耗时，资源配置就会因不合理的报酬信号而处于低效甚至无效状态，经济系统的功能必然被削弱甚至扭曲。

3. 报酬结构的合理性评价

报酬结构反映了不同行业在报酬上的差异，正是这种差异性，使宏观层面的报酬构成了一个系统。这种差异合理与否，是报酬结构合理与否的具体反映，进而决定了报酬系统的功能是否能够正常发挥。从长期来看，影响不同行业之间报酬差异进而影响报酬结构合理性的因素很多，但关键因素不外乎三个方面，即行业风险和经营风险、行业进入壁垒（包括政策壁垒、技术壁垒以及垄断程度等）、行业面临的政策风险和合规风险。通常，行业风险和经营风险越高，其资本回报率就越高，反之亦然；行业的进入壁垒越高，利润被竞争对手分割的可能性就越小，资本回报率也就越高，反之亦然；在同等条件下，行业受到的政策约束和监管约束越多，即面临的政策风险和合规风险越大，其要求的资本回报率也越高。除了这三个因素之外的其他因素，尽管种类繁多，表现形式各异，但都不过是影响报酬结构合理性的"随机扰动项"而已。因此，对于报酬结构合理性的评价，应聚焦于以下两个方面：一是不同行业面临的行业风险和经营风险是否正常，是否在行业本身的承受力之内；在行业进入壁垒上的差异是否合适；在政策约束和监管约束方面的差异是否合理。二是不同行业的资本回报与其承担的风险是否基本匹配；是否反映了行业进入壁垒的合理差异；是否体现了不同行业在政策约束和监管约束方面的差异。前者表明了形成合理报酬结构的基础是否具备，后者表明了在此基础上合理的报酬结构是否形成。如果这两个方面所包含的各个问题的答案都是肯定的，则说明不同行业的报酬差异处于正常范围内，报酬结构呈合理状态，能够起到优化资源配置的作用；反之，如果这些问题的答案存在否定部分，那就说明报酬结构在合理性上存在一定的欠缺，否定的部分越多，欠缺就越多，报酬结构的合理性就越差，优化资源配置的功能就越弱，甚至还会扭曲资源配置功能。基于这样的认识，我们可以把宏观层面的合理报酬结构解读为与不同行业所承担的正常行业风险和经营风险相匹配，同时反映了不同行业在进入壁垒以及政策风险和合规风险方面存在的合理差异，能引导资源在不同行业合理配置的行业报酬所构成的组合。

（三）金融与实体经济之间的报酬结构

金融与实体经济之间的报酬结构属于宏观层面的报酬结构，反映了经济系统中金融部门与实体经济部门之间在投资回报上的差异，具体表现为金融部门与实体经济部门之间在资本收益率或净资产收益率上的差异。

在总体上，可把整个经济分为两大部门，即实体经济部门和金融部门，其中的金融部门也可称为虚拟经济部门。在金融交易中，作为交易对象的金融工具包括原生金融工具和衍生金融工具。原生金融工具是指在信用活动中出具的能够证明债权债务关系或所有权关系的合法凭证，包括货币（含存款货币）、存单、股票、债券、基金等，其中的股票、债券、基金等原生金融工具是实体经济部门和金融部门资本的代表，属于虚拟资本。衍生金融工具是在原生金融工具基础上经过一次或多次衍生后形成的金融工具，其虚拟性更强。通常，货币和存款等原生金融工具的交易反映了实体经济中的交易活动，而作为虚拟资本的股票、债券、基金等原生金融工具及其衍生产品的交易，往往独立于实体经济之外，而且由于股票、债券及基金的交易价格通常高于其所代表的实体经济的资本净额（即所有者权益总额），再加上在这些原生金融工具基础上还产生了大量的衍生金融工具，因而金融部门的交易规模远大于实体经济的交易规模，金融资产的价值也远大于对应的实体经济中的资产价值。正因为这样，金融部门也被称为虚拟经济部门。

金融部门与实体经济部门之间在报酬结构上的平衡性，对金融稳定进而对经济稳定有着重大影响。金融资产是在实体经济这一基础资产的基础上经过虚拟和衍生而形成的，金融资产的价值与对应的实体经济中资产价值之差，就是金融交易产生的泡沫。通常，在特定的经济发展阶段，依据资源禀赋的相对稀缺程度，保持适度的泡沫，有助于搞活金融进而搞活经济。但是，如果泡沫过多，导致虚拟经济泡沫化，就会使实体经济这一基础资产难以支撑庞大的虚拟经济，从而削弱金融稳定的基础，并最终影响经济的稳定性。当金融部门与实体经济部门之间的报酬结构平衡时，两部门就处于无套利均衡状态，这时资金既不会"脱实向虚"，也不会"脱虚向实"，金融交易过程中形成的泡沫也处于合理状态，既不会削弱实体经济，也不会因泡沫过度堆积而超过实体经济这一基础资产的承受力，因而金融和经济都是稳定的。但是，当金融部门与实体经济部门的报酬结构失衡（通常表现为金融部门的报酬明显高于实体经济部门）时，就会在两者之间形成套利机会，推动资本"脱实向虚"，既削弱了作为基础资产的实体经济这一金融稳定的基础，又堆积了金融资产的价格泡沫，造成金融风险的纵向累积，对金融稳定进而对经济稳定形成严重的威胁。因此，为了在特定的经济发展阶段合理发挥金融对经济的主导作用，形成"金融活，经济活；金融稳，经济稳"的良好格局，必须平衡金融与实体经济的报酬结构。至于如何理解和评价金融与实体经济报酬结构的平衡性，则是本节第二部分需要分析的内容。

二、金融与实体经济报酬结构的平衡性及评价依据

（一）金融与实体经济报酬结构的平衡性

金融与实体经济报酬结构的平衡性是两者之间报酬结构合理性的另一种表述，是指分别与金融部门和实体经济部门所承担的正常行业风险和经营风险相匹配，同时反映了金融部门和实体经济部门在进入壁垒以及政策风险和合规风险方面存在的合理差异，能引导资源在金融部门和实体经济部门之间合理配置的行业报酬所构成的组合。

金融是在不确定条件下实现资源跨期最优配置的活动。这里所说的"不确定条件"也可称为"不确定性"，是风险的另一种表述。由此可见，金融活动与风险相伴相随，金融部门面对的行业风险通常高于实体经济部门，理应获得相应的行业风险溢价。除了行业风险以外，金融部门的经营风险也高于实体经济部门，这是因为，一方面，实体经济部门的经营风险会通过信贷关系向金融部门传导；另一方面，金融部门的杠杆率通常远高于实体经济部门。根据在《巴塞尔协议Ⅲ》的基础上制定，并于2013年1月1日正式实施的《商业银行资本管理办法（试行）》，我国商业银行

的总资本充足率不得低于8%，核心资本充足率不得低于6%，核心一级资本充足率不得低于5%，即使加入储备资本这项额外资本要求，商业银行的总资本充足率、核心资本充足率和核心一级资本充足率的最低要求也仅分别为10.5%、8.5%和7.5%，在总体上远低于实体经济部门。高杠杆意味着经营活动中的高风险，同时也意味着高收益。与此同时，金融部门面临着比实体经济部门更严格的监管约束和政策调控，因而比实体经济部门承担了更大的合规风险和政策风险，这也为金融部门获得高于实体经济部门的资本回报提供了依据。鉴于金融部门特有的风险特征，从收益与风险相匹配的要求来讲，自然能在风险溢价基础上获得高于实体经济部门的资本回报，只要其承担的风险不超过其风险承受能力，且收益与风险之间的关系能够得到正常体现，这种高资本回报就是合理的。除此之外，金融部门的进入门槛远高于实体经济部门，基于这种进入壁垒而获得的自然垄断地位，也能使金融部门获得高于实体经济部门的资本回报。总之，相较于实体经济部门，金融部门在总体上面临着更大的行业风险、经营风险以及政策风险和合规风险，也有较高的行业进入门槛造就的自然垄断地位。既然这样，那么，无论从收益与风险匹配的要求来看，还是从行业垄断程度对收益的影响来看，金融部门都可以也应当获得比实体经济部门更高的资本回报。

因此，金融部门与实体经济部门之间报酬结构的平衡并不要求两者的资本回报率相同或相近，而是允许存在差异，只要这种差异充分反映了两者在行业进入壁垒以及行业风险、经营风险、政策风险和合规风险方面的差异，并且这些风险也是各自应当承担和能够承担的正常风险，这种报酬结构就是平衡的。反之，如果资本回报率未能充分反映两者在上述风险和经营壁垒方面的差异，或者虽然反映了这些差异，但金融部门和实体经济部门各自承担的风险不充分（该承担的风险没有承担，例如回避对中小企业发放贷款、普惠金融业务开展不充分等）或不合理（承担了超过自身承受能力的风险，例如杠杆率突破了监管要求、超过规定范围开展业务活动等，从而形成了不恰当的风险溢价），那么，无论是否存在差异及差异大小，这种报酬结构都是不平衡的。

（二）金融与实体经济报酬结构平衡性的评价依据

金融与实体经济的报酬结构在形式上表现为金融部门的资本回报率与

实体经济部门的资本回报率之间的差异，通常以两者之间的资本收益率或净资产收益率的差异体现出来。至于这种差异是否在匹配金融部门和实体经济部门各自承担的行业风险和正常的经营风险的同时，反映了金融部门和实体经济部门在进入壁垒以及政策风险和合规风险方面存在的合理差异，能否引导资源在金融部门和实体经济部门之间合理配置，即金融与实体经济的报酬结构是否平衡，却无法根据这一差异做出判断。因此，要评价金融与实体经济报酬结构的平衡性，还需要从这一报酬结构之外寻找依据。

当金融部门与实体经济部门报酬结构平衡时，意味着双方处于无套利均衡状态。这时，存量资本既不会从实体经济部门流向金融部门，即"脱实向虚"，也不会从金融部门流向实体经济部门，即"脱虚向实"。当金融部门与实体经济部门的报酬结构失衡时，就会在两者之间出现套利机会，导致资本从实体经济部门流向金融部门，或从金融部门流向实体经济部门，从而使经济运行中出现"脱实向虚"或"脱虚向实"现象。而在市场经济条件下，对于"无利不起早"的资本而言，也只有在出现套利机会时，才会跨部门流动。由此可见，金融部门与实体经济部门报酬结构失衡既是资本"脱实向虚"或"脱虚向实"的充分条件，也是其必要条件。既然这样，那么就可以根据资本跨部门流动的方向和规模来判断和评价金融与实体经济报酬结构的平衡或失衡状态。

从理论上说，资本跨部门流动会带动土地、劳动、技术等生产要素同方向流动，因而经济运行过程中的"脱实向虚"或"脱虚向实"现象，不仅表现在资本这一生产要素的跨部门流动上，也表现在土地、劳动、技术等生产要素的跨部门流动上。但是，在实践中，对于虚拟经济部门即金融部门而言，土地并非其主要生产要素（除非把房地产行业也列入虚拟经济部门），甚至是可以忽略的生产要素，同时，在对技术要素的需求上，金融部门与实体经济部门的整体差异也不明显，而资本和劳动无论对于金融部门还是实体经济部门而言都是极其重要的生产要素。因此，经济运行中的"脱实向虚"或"脱虚向实"现象，突出地表现在资本和劳动的跨部门流动上。这表明，资本和劳动跨部门流动的方向和规模，应是判断经济"脱实向虚"或"脱虚向实"的程度，进而评价金融与实体经济报酬结构平衡或失衡状态及其严重程度的可靠依据。

三、金融与实体经济报酬结构的失衡现状

（一）我国金融与实体经济报酬结构的现实表现

在现实中，受全球金融化浪潮下金融规模过度膨胀的影响，大多数国家金融业回报率已明显高于实体经济[①]，中国也不例外。表 6-1-1 列示了金融类上市公司和非金融类上市公司的净资产收益率，用于比较两者之间的差异。考虑到 2020 年以来，实体经济受疫情的影响较大，而金融部门因业务在线化程度高，受疫情影响较小，而且还在支持疫情防控过程中，获得了更多的盈利机会，在这种情况下，金融类和非金融类上市公司在净资产收益率上缺乏可比性，所以这里列示的数据仅至 2019 年底。这些数据表明，金融类上市公司和非金融类上市公司在净资产收益率上的差距虽然呈现出缩小的态势，但到 2019 年底，金融类上市公司仍高出 4 个百分点，而且还呈现出再次扩大的趋势，如图 6-1-1 所示。与此同时，2019 年底，金融类上市公司的净利润在上市公司净利润总额中的占比也高达 51.6%[②]，而到了 2020 年上半年，据中证金融研究院统计，金融类上市公司实现净利润 1.05 万亿元，在 A 股上市公司利润总额的比重更是高达 56.76%[③]。

表 6-1-1　金融类与非金融类上市公司的净资产收益率　　单位:%

年份	金融类上市公司	非金融类上市公司
2015	16.3	7.9
2016	13.4	8.4
2017	12.7	9.7
2018	11.7	8.6
2019	11.9	7.9

数据来源：wind 数据库。

[①] 朱鸿鸣. 提升金融体系对经济转型升级的适应性 [J]. 新金融评论，2020 (3)：38-56.

[②] 数据来源：wind 数据库。

[③] 东方财富网（转载自新华网）. "A 股最赚钱榜" 前十均为金融企业，如何看待？[EB/OL].
(2020-09-04) [2022-07-12]. https://www.eastmoney.com/a2/202009041621223847.html.

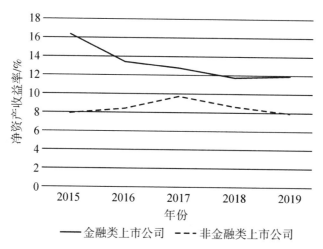

图 6-1-1　我国金融类与非金融类上市公司的净资产收益率差异

数据来源：Wind 数据库。

（二）我国金融与实体经济报酬结构的失衡状态

上述数据体现了金融部门与实体经济部门在资本回报率上的差异，反映了现实中金融与实体经济的报酬结构。但是，这种差异是否合理，即现实中的金融与实体经济在报酬结构上是否平衡，无法从这些数据中反映出来，还需根据生产要素尤其是资本和劳动的跨部门转移状况来判断。如果资本和劳动等生产要素存在着明显的"脱实向虚"态势，则表明金融业的资本回报率过高；反之，则表明金融业的资本回报率过低。在现实中，大多数情况下金融部门的回报率会高于实体经济部门，所以这里就在这一假设前提下，分析资本和劳动是否存在"脱实向虚"的态势，如能得出肯定的结论，就说明金融和实体经济的报酬结构失衡，且具体表现为金融部门的资本回报率过高。

1. 资本要素的"脱实向虚"态势

资本要素的"脱实向虚"具体表现为两个方面：实体经济部门的资金"脱实向虚"和金融部门的资金"脱实向虚"。

实体经济部门的资金"脱实向虚"是指资金脱离实体经济领域，进入金融领域流转，以获得金融投资收益。在严格的行业准入制度约束下，离开实体经济进入金融领域的资金，通常只能通过"影子银行"来运营。因此，资金"脱实向虚"是"影子银行"野蛮生长的重要推动力量，而"影子银行"野蛮生长也正是资金"脱实向虚"的重要表现形式。在各种服务于实体经济部门资金"脱实向虚"的"影子银行"中，信托贷款和委托贷款发挥的作用最大。自 21 世纪初开始，信托贷款和委托贷款的规模不断增大。中国银保监会在 2020 年 12 月发布的《中国影子银行报告》显示，2016 年末，信托贷款和委托贷款存量分别达到 6.31 万亿元和 13.20 万亿元的峰值。这表明，自 21 世纪初到 2016 年末，实体经济部门的资金长期处于持续增强的"脱实向虚"态势中。

金融部门的资金"脱实向虚"是指金融部门背离支持实体经济发展的初衷，把大量资金投入金融市场，通过在金融市场上空转来获得利益。这种空转通常是由商业银行主导的，而在分业经营的制度约束下，"同业理财"和"同业特定目的载体投资"这两种"银行的影子"，是实现这种空转的主要手段。所以，从同业理财和同业特定目的载体投资的规模及其变化中，我们可以看出金融部门资金"脱实向虚"的态势和程度。自 21 世纪初以来，金融部门的同业理财和特定目的载体投资的规模同样处于持续上升的态势中。中国银保监会在 2020 年 12 月发布的《中国影子银行报告》显示，2017 年初，金融部门的同业理财和同业特定目的载体投资存量分别达到了 6.80 万亿元和 23.05 万亿元的峰值。这表明，自 21 世纪初到 2016 年末，金融部门的资金在金融市场上空转的规模不断扩大，"脱实向虚"的态势不断增强。

2. 劳动要素的"脱实向虚"态势

劳动要素"脱实向虚"是指经济部门的高端人才过度地向金融领域集中的现象。为了便于分析，这里先对经济部门的高端人才做出界定。通常，学历是评介人才档次的主要依据，考虑到高校大规模扩招以后，本科毕业生已经演变成经济部门中普通的应用型甚至操作型人才，博士研究生作为高端研究型人才，大部分会进入高等院校和科研院所等非经济部门，通常不属于经济部门的高端人才，而硕士研究生因其在研究和应用这两个层面都有一定的优势，可以界定为经济部门的高端人才。基于对经济部门高端人才的这种界定，这里借鉴朱鸿鸣[①]的研究方法，用北京大学和清华大学硕士研究生就职金融业的占比和行业排序来分析劳动要素"脱实向虚"的态势和程度。

表 6-1-2 列示了北京大学和清华大学 2013—2021 年硕士研究生就职金融业的占比和行业排序。从表 6-1-2 中可以看出，近年来北京大学毕业

---

① 朱鸿鸣. 提升金融体系对经济转型升级的适应性 [J]. 新金融评论, 2020 (3): 38-56.

研究生在金融行业的就业占比虽然呈现出波动下降的态势，但其行业排序除了 2020 年缺失数据和 2021 年降为第二（被信息传输、软件和信息技术服务行业超越）以外，其他各年均保持行业排序第一的地位。与此同时，清华大学的毕业研究生在金融行业的就业占比虽然也呈现出波动下降的态势，但除了 2013 年缺失数据以外，其行业排序一直名列前茅，其中在 2014 年、2015 年和 2016 年占比持续上升，排名连续三年位居第一；2017—2020 年的行业排序一直稳居第二，排名第一的是信息传输、软件和信息技术服务行业，这体现了清华的理工特色和优势；2021 年虽然在排序中降到第三，但排名第二的是公共管理、社会保障和社会组织行业，属于非经济部门，金融行业的就业占比在经济部门的行业排序中依然位居第二。这些数据和行业排序表明，经济部门的高端人才向金融部门过度集中的现象依然很明显，劳动要素"脱实向虚"的事实毋庸置疑。另一个值得注意的现象是，无论是北京大学还是清华大学，其毕业研究生就职金融业的比重的峰值都出现在 2016 年，与资本要素"脱实向虚"的相关指标峰值的出现时间一致，这体现了资本要素和劳动要素在"脱实向虚"态势上的联动关系。

表 6-1-2　北京大学和清华大学毕业研究生（硕士）就职金融业的比重及行业排序

年份	北京大学		清华大学	
	占比/%	行业排序名次①	占比/%	行业排序名次②
2013	25.56	第一	—	—
2014	29.29	第一	22.40	第一
2015	32.40	第一	25.00	第一
2016	32.90	第一	27.20	第一
2017	29.20	第一	24.80	第二
2018	27.30	第一	20.30	第二
2019	28.20	第一	21.40	第二
2020	—	—	22.00	第二
2021	22.90	第二	20.20	第三

数据来源：北京大学和清华大学历年《毕业生就业质量报告》。

说明：北京大学和清华大学历年发布的《毕业生就业质量报告》没有统一的发布平台，不同年份的报告是笔者单独通过网络搜索获得的，因而在数据来源中无法标注统一的网址或平台。

---

① 北京大学 2021 年行业排序位居第一的是信息传输、软件和信息技术服务行业。

② 清华大学 2017—2021 年行业排序位居第一的都是信息传输、软件和信息技术服务行业，2021 年位居第二的是公共管理、社会保障和社会组织，属于非经济部门。

3. 分析结论及补充说明

前面的分析表明，在我国经济系统的运行过程中，存在着明显的资本要素和劳动要素"脱实向虚"现象，这种现象在 2017 年前呈现出持续加剧的态势。这种现象和态势是金融与实体经济报酬结构失衡在经济系统运行过程中的具体反映，表明金融与实体经济报酬结构失衡是我国经济中长期存在的一种客观事实。这一结论与朱鸿鸣、王兰馨[1]的研究结论一致，也与文书洋、牟爽、刘锡良[2]利用 2007—2018 年的省级面板数据，通过构建产融利润分配指标，并以该指标作为解释变量，以人均 GDP 增长率作为被解释变量，经过回归分析后得出的"中国金融业的利润占比与经济增长速度呈显著负相关，金融业分享的利润过高，已经达到了损害经济增长的程度"这一结论一致。

需要强调的是，2017 年以后，随着《资管新规》的推出，资本要素"脱实向虚"的态势受到了遏制，无论是为实体经济部门的资金"脱实向虚"提供服务的信托贷款和委托贷款等"影子银行"，还是为金融部门的资金"脱实向虚"提供服务的同业理财、同业特定目的载体投资等"银行的影子"，其规模都有了明显的下降。2019 年末，同业理财和同业特定目的载体投资的规模已分别降至 0.84 万亿元和 15.98 万亿元[3]，2020 年末，更是降至 0.39 万亿元和 8.93 万亿元[4]。与此同时，信托贷款和委托贷款的规模也明显下降，2021 年末，两者的规模分别降至 4.36 万亿元和 10.87 万亿元[5]。但是，这种下降是《资管新规》限制资金流动和金融机构行为的结果，而非金融与实体经济报酬结构失衡状态得到改善的结果，若以此来否定金融部门与实体经济部门报酬结构失衡这一事实，或者认为金融与实体经济之间的报酬结构已趋于平衡，则是典型的形而上学思维。

① 朱鸿鸣，王兰馨. 生产性—非生产性活动、报酬结构失衡与脱实向虚 [J]. 发展研究，2017 (11)：68-71.

② 文书洋，牟爽，刘锡良. 中国金融业利润过高了吗?：基于马克思生息资本理论的分析与实证证据 [J]. 经济学家，2020 (6)：95-106.

③ 数据来源于中国银保监会于 2020 年 12 月发布的《中国影子银行报告》。

④ 数据来源于银行业理财登记托管中心发布的《中国银行业理财市场年度报告（2020年）》。

⑤ 数据来源于中国人民银行发布的社会融资规模存量指标。

此外，金融业增加值在GDP中的占比，也会受到金融与实体经济报酬结构失衡的影响，因而该指标的水平和变动趋势也可以在一定程度上表明我国金融业与实体经济报酬结构失衡的实际状况。从表6-1-3和图6-1-2中可以清晰地看出，近10年来，我国金融业增加值在GDP中的占比呈现出比较明显的在波动中上升的态势，特别是2015年以来，基本上一直在8%的高位附近波动。实际上，这一水平在全球名列前茅[①]，高于英、日、德、法等国家，与美国大致相当[②]。

表6-1-3 我国金融业增加值及在GDP中的占比

年份	金融业增加值/亿元	在GDP中的占比/%
2011	30 747.20	6.3
2012	35 272.20	6.5
2013	41 293.40	7.0
2014	46 853.40	7.3
2015	56 299.80	8.2
2016	59 964.00	8.0
2017	64 844.30	7.8
2018	70 610.30	7.7
2019	76 250.60	7.7
2020	84 070.10	8.3
2021	91 206.00	8.0

数据来源：2020年及以前的数据来自国家统计局（www.stats.gov.cn）编纂的《中国统计年鉴（2021）》；2021年的数据来自国家统计局发布的《2021年国民经济及社会发展统计公报》。

[①] 参见中国财政科学研究院党委书记、院长刘尚希于2020年12月11日在第四届新时代资本论坛上的讲话 [EB/OL]. (2021-09-30) [2022-06-30]. https://www.sohu.com/a/437617559_100160903.

[②] 朱鸿鸣. 提升金融体系对经济转型升级的适应性 [J]. 新金融评论，2020 (3)：38-56.

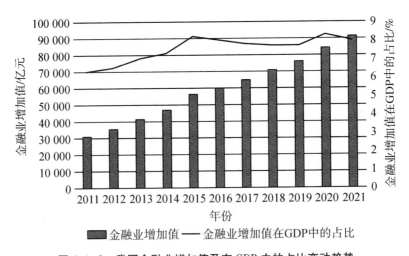

图 6-1-2　我国金融业增加值及在 GDP 中的占比变动趋势

数据来源：《中国统计年鉴（2021 年）》《2021 年国民经济和社会发展统计公报》。

上述由资本要素的"脱实向虚"态势、劳动要素的"脱实向虚"态势以及金融业增加值的 GDP 占比在波动中明显上升的态势构成的证据链表明，近年来我国金融与实体经济报酬结构失衡的格局虽有所改善，但依然很明显。

四、金融与实体经济报酬结构失衡对金融业务机构功能关系暨系统性金融风险的影响

系统性金融风险的形成过程表现为金融风险体量的纵向累积和传导网络的横向编织过程。金融与实体经济在报酬结构上的失衡状态在系统性金融风险形成过程中的作用主要表现为刺激了金融业务机构之间在功能上过度替代和竞争，从而在纵向累积和横向传导两个维度上作用于系统性金融风险的形成过程。而这种过度替代和竞争是在金融业务机构以及各类投资者在金融部门与实体经济部门之间实施套利活动的过程中形成的。

（一）金融与实体经济报酬结构失衡与跨部门套利机会的形成

套利是一种利用不同空间的价差获得收益的行为，表现为在一个空间中低价买入的同时，在另一个空间中高价卖出，以赚取价差的方式获得收益。在具体操作上，套利既可以是在不同空间中同时买入和卖出同类资产，也可以是在某一空间中低价买入或高价卖出某类资产的同时，在另一空间中高价卖出或低价买入另一类资产。由于金融部门的资产和实体经济

部门的资产性质不同，因而发生在金融部门与实体经济部门之间的套利行为，通常表现为后者。

资产的价格是未来收益的现值之和，在既定的贴现率下，资产价格与收益是负相关的。当金融部门与实体经济部门的报酬结构失衡时，意味着金融部门的资产和实体经济部门的资产在收益上存在差异，在既定的贴现率下，便会出现价格差异，这就在金融部门与实体经济部门之间形成了套利机会。在综合考虑了各种风险以及行业进入壁垒等因素的影响以后，如果从金融资产中获得的收益高于从实体经济资产中获得的收益，则表明金融资产的价格低于实体经济资产的价格，这时把实体经济中的资产变现后投资于金融资产，显然能获得更高的收益。理性投资者必然会抓住这种机会实施套利活动，而这种套利活动的过程也就是资本要素"脱实向虚"的过程。反之，如果从金融资产中获得的收益低于从实体经济资产中获得的收益，则表明金融资产的价格高于实体经济中的资产，这时把金融资产变现后投资于实体经济，显然也能获得更高的收益。对于这样的套利机会，理性投资者也绝不会放弃，而这种套利活动的过程就是资本要素"脱虚向实"的过程。

（二）跨部门套利活动对金融业务机构功能关系暨金融风险纵向累积和横向传导的影响

在当今现实中，金融与实体经济报酬结构失衡表现为综合考虑了行业风险、经营风险、政策风险和合规风险以及行业进入壁垒等因素的影响以后，金融部门的资本回报率明显高于实体经济部门，在这一背景下产生的跨部门套利行为具体表现为资本要素从实体经济部门向金融部门转移，即"脱实向虚"。与单纯出现在实体经济内部的套利不同，出现在金融部门与实体经济部门之间的这种套利机会，不会因套利活动导致两个市场之间供求力量消长，形成"无套利均衡"状态而消失，反而会因套利活动造成金融规模膨胀和实体经济"空心化"，使套利空间继续扩大，进一步加剧资本要素"脱实向虚"的态势。在资本跨部门流动不受限制的情况下，这种套利机会只有到了被跨部门套利活动持续"抽血"而日益虚弱的实体经济这一基础资产无力支撑因跨部门套利活动持续"输血"而不断膨胀的虚拟经济从而发生金融危机时才会消失。由此可见，金融部门与实体经济部门在报酬结构上的失衡状态本身就是滋生系统性金融风险隐患的土壤，而《资管新规》和宏观审慎监管措施在客观上发挥了限制资本要素"脱实向虚"的作用，虽然无法完全铲除这一土壤，却至少能在一定程度上遏制风险在这片土壤上疯长。

由金融与实体经济报酬结构失衡引发的跨部门套利活动对金融业务机构功能关系的影响突出地表现为刺激了金融业务机构之间在功能上的过度替代和竞争。无论是出于跨部门套利目的而从实体经济部门流入金融部门的资金，还是本应投入实体经济部门，却因跨部门套利目的而"赖"在金融部门的资金，都有很强的顺周期偏好和很高的收益期望，试图以放弃实体经济中的收益为代价，即以本应从实体经济中获得的收益作为机会成本，通过在金融市场空转拉升资产价格或投入到某些受限制或调控的领域（如房地产领域和政府融资平台），从而获得高额的收益。但是，在以银行为导向的金融系统中，常规金融机构以与实体经济分割利润为主的盈利模式显然难以满足这些"脱实向虚"资金的收益要求，再加上业务范围、监管要求和社会责任的限制，在经营行为上也难以充分满足其顺周期要求。在这种情况下，这些"脱实向虚"的资金必然要在常规金融体系之外另行寻找运行载体，以便利用监管制度不完善和标准不统一带来的套利机会，借助"灰色通道"，在功能上对常规金融机构形成替代和竞争，以此实现收益期望。这种状况导致"影子银行"野蛮生长，尤其是披着资管外衣的信托计划、券商和保险资管计划、非股权私募投资基金、委托贷款等信托和类信托业务大规模发展，并通过多层嵌套和加杠杆对常规金融系统的功能形成过度的替代和竞争，由此造成宏观杠杆率攀升、资产价格泡沫堆积，并在金融系统内部组织错综复杂的关联关系，导致金融风险体量的纵向累积和传导网络的横向编织，进而形成系统性金融风险。

第二节 分业经营制度约束下的混业诉求与系统性金融风险的形成

分业经营制度约束下的混业诉求在系统性金融风险形成过程中发挥的作用主要表现为推动了金融机构之间在功能上过度的互补和协同，从而在纵向累积和横向传导两个维度上作用于系统性金融风险的形成过程。

一、金融业经营模式概述

经营模式是企业依据自身的经营宗旨，为实现目标而采取的经营方式和方法，具体包括业务范围、自身在产业链中的位置以及实现价值的手段等方面的内容。金融业作为一种特殊的企业，业务范围是区分其经营模式的主要依据。依据业务范围的不同，可把金融业的经营模式区分为分业经营模式和混业经营模式。

（一）分业经营模式和混业经营模式的涵义

1. 分业经营模式的涵义

分业经营模式也称为业务分离型模式或专业化经营模式，是指将银行类业务与证券类业务、保险类业务和信托类业务截然分开，商业银行、投资银行（证券公司）、信托机构和保险机构各自在法律或制度规定的业务范围内开展经营活动，不得跨范围经营。在实践中，分业经营模式的特点突出地表现为将商业银行的业务和投资银行的业务严格分开，既不允许商业银行进入投资银行的业务"领地"，也不允许投资银行进入商业银行的业务"领地"。在历史上，英国是实行分业经营模式的典型代表，美国和日本也曾在相当长的时间内沿用这种模式。

2. 混业经营模式的涵义

混业经营模式也称为业务全能型模式或综合化经营模式，是指法律和制度不对金融业务机构的业务范围做出限制，各类金融业务机构既可以经营银行类业务，也可以经营证券类业务、信托类业务和保险类业务。在实践中，这种经营模式的最大特点是商业银行既经营传统的存贷款业务，也开展证券承销和代理买卖、私募发行、公司筹资、并购重组、风险投资和基金管理以及自营证券投资、保险、信托、租赁、新兴企业投资、不动产经营等业务，从而成为综合性、全能型的金融机构。这是一种最具范围经济优势且具有极高业务扩张渗透能力的经营模式。无论从历史还是从现实来看，这种经营模式以德国最为典型。

（二）分业经营模式和混业经营模式的优缺点对比

1. 分业经营模式的优缺点

在分业经营模式下，金融业务机构面对的市场范围比较有限，因而在业务上相对专业化，有利于加强内部监督和提高管理效率，这决定了该经营模式具有以下优点：首先，该经营模式能使金融业务机构更加注重与客户保持长期稳定的关系，因而有利于提供更加专业化的服务和培养专业化的管理人才；其次，该经营模式为每一类业务的发展创造了相对稳定且封闭的运营环境，避免了混业经营条件下金融业务机构内部不同部门之间不必要的摩擦，降低了协调成本，提高了内部管理效率；最后，该经营模式有效阻断了资金在信贷市场和证券市场之间流动的"通道"，能避免金融业务机构陷入高风险的关联交易之中，有利于降低金融业务机构尤其是商业银行的风险，维护金融稳定。

与此同时，分业经营模式下金融业务机构业务范围的有限性，又决定了该经营模式存在以下缺陷：首先，由于以法律或制度的形式严格划定了金融业务机构的业务范围，各类金融业务机构在业务上难以开展必要的竞争，导致金融业竞争不充分，提升服务质量的动力不足；其次，不同金融业务机构之间业务联系少，缺乏优势互补的平台，难以实现资源共享和信息互通，不利于降低交易成本和信息成本；最后，各类金融业务机构的业务单一，风险相对集中，缺少利用资产组合来分散风险的条件，加大了单个金融业务机构的风险承载量。

2. 混业经营模式的优缺点

混业经营模式具有极高的渗透扩张能力，这决定了该经营模式具有以下优点：首先，在混业经营模式下，金融业务机构能同时开展多种类别的业务，可以使各类业务相互促进和相互支持，实现优势互补和资源及信息的共享，从而获得规模经济和范围经济带来的成本优势和利益优势；其次，在混业经营模式下，任何金融业务机构都可以兼营多种金融业务，这就在不同金融业务机构之间形成了相对公平的竞争平台，有助于加强金融业的竞争，实现优胜劣汰，提高金融服务效率，并提升金融服务的社会总效用；最后，混业经营模式下的多元化经营，扩大了资产组合的空间，创造了通过优化资产组合转移和分散风险的条件，有助于提升风险管理效果，增强单个金融业务机构的风险承受能力。

与此同时，混业经营模式下金融业务机构业务范围的综合性，又决定了该模式存在以下缺陷：首先，金融业务机构过强的业务扩张和渗透能力容易导致金融业的垄断，会影响到金融业的公平竞争；其次，在混业经营模式下，不同类别的多种金融机构之间以及各类金融业务机构开展的多种金融业务之间有着较强的关联性，因而存在比较严重的风险传染效应；最后，在混业经营模式下，各类金融业务机构集多种业务经营于一身，经营管理的透明度较差，增加了金融监管的难度，不利于有效监管。

（三）国际范围内金融业经营模式的演变

国际范围内金融业经营模式的演变大致经历了四个阶段，即初期低层次的混业经营阶段、较严格的分业经营阶段、较高层次的混业经营阶段和重新定位的混业经营阶段①。

1. 初期低层次的混业经营阶段（现代资本主义银行产生至1932年）

在该阶段，大多数金融业务机构都实行混业经营，凡是能做的业务几乎都做。由于该阶段的金融业务机构以商业银行为主，因而混业经营主要以商业银行综合化经营的方式体现出来。在具体的业务结构上，表现为以银行业务为主、证券类业务为辅的格局。无论是以德国还是以美国为代表的银行业混业经营，在这一阶段都处于这种较低的层次。

2. 较严格的分业经营阶段（1933年至20世纪80年代）

1929—1933年的经济大危机在资本市场上有着剧烈的反映，股票价格暴跌，金融资产价值大幅度缩水，给处于低层次混业经营阶段的银行业尤其是实行单一银行制的美国银行业造成了重创，从而引发了美国对此前金融业"模糊混业"经营模式的深度反思。在这一背景下，继英国实行自律性分业经营，强调专业分工和银行业的短期融通功能，从而开启分业经营模式之后，美国于1933年通过了《格拉斯-斯蒂格尔法案》，规定商业银行、投资银行、保险公司实行分业经营，确定了分业经营的法律框架，形成了较严格的分业经营模式，标志着世界范围内金融业开始进入较严格的分业经营时代。其后，这一制度被日本等国效仿，并一直延续到20世纪80年代。

3. 较高层次的混业经营阶段（20世纪90年代至2009年）

随着金融自由化的推进和金融创新的发展以及金融监管制度的改革和金融科技的进步，分业经营的局限性逐步暴露，而混业经营的优势愈加突出，这激励了各类金融业务机构通过金融创新谋求混业经营的冲动和行动。随着金融创新的不断发展，混业经营的制度约束不断被突破。在这一背景下，从20世纪80年代开始，英国、日本、美国等国家先后对金融体制进行了不同程度的改革，试图打破分业经营的制度约束，拓宽金融业的发展空间。到了20世纪90年代，从整个世界范围来看，银行业已进入了较高层次的混业经营阶段。面对业已形成的混业经营事实，美国于1999年通过了《金融服务现代化法案》，在法律层面废除了分业经营模式，承认了混业经营的合法性，这标志着金融业正式进入较高层次的混业经营时代。

---

① 蔡则祥，曹源芳. 商业银行业务经营与管理 [M]. 2版. 北京：高等教育出版社，2019：20-29.

4. 重新定位的混业经营阶段（2010年至今）

在1929—1933年经济大危机之后，人们把银行业遭受的重大损失归因于混业经营模式，而在法律层面重新承认混业经营的合法性以后不到10年，全球金融系统又遭受了由次贷危机引发的全球金融危机的猛烈冲击。这次危机对全球金融业产生了深刻的影响，有些国家长期未能走出危机的阴影，这必然启发人们以更加理性和审慎的眼光来重新审视混业经营模式的合理性。而美国作为金融危机的重灾区，同时又是正式以立法形式确认混业经营模式合法性的国家，自然需要深度反思并重新定位自己的金融模式。于是，2010年7月，美国国会通过了新的金融改革法案，其核心思想是通过规制来约束过度投机行为，降低银行业风险。美国的这一举措引起了国际金融界的高度关注，各国都通过调整金融运营模式，对混业经营做了必要的限制。这标志着国际范围内的金融运营模式进入了重新定位的混业经营阶段。

二、分业经营制度约束下的混业诉求及其实现路径

（一）分业经营制度约束下的混业诉求

在分业经营的制度框架下，金融业务机构在既定业务范围内的持续运作将不可避免地遭遇"边际效用递减"现象。刚开始时，递减的边际效用可以通过金融创新弥补，但随着竞争的逐步加剧，当既定业务范围内的创新不足以弥补边际效用递减对总效用所造成的影响时，金融业务机构的总效用就会相对地甚至绝对地下降。在这种情况下，金融业务机构必然把创新的目光投向业务范围以外，即通过创新，突破分业经营的制度约束，以便在既定业务范围之外，寻求提升总效用的机会。这就是分业经营制度约束下的混业诉求。

（二）分业经营制度约束下混业诉求的实现路径

在分业经营制度约束下的混业经营也可称为有条件的混业经营，即通过创新间接开展的混业经营。通过对已有实践的总结，主流观点通常认为，在分业经营的制度约束下实现混业经营的路径主要有两条，一是与控股集团合作，二是金融业务机构之间互为客户或围绕共同客户开展业务活动①。但是，这两条路径在事实上都没有实现真正意义上的有条件混业经营。

---

① 蔡则祥，曹源芳. 商业银行业务经营与管理 [M]. 2版. 北京：高等教育出版社，2019：20-29.

分业经营制度约束下的混业经营通常是指金融业务机构通过创新突破法律或制度规定的业务范围的约束，跨领域开展业务活动，这是一个经营层面的概念，而非投资层面的概念。严格地讲，设立金融控股集团实现的是混业投资，不是混业经营。虽然在集团层面已经涉猎了不同的领域，但集团毕竟不是金融业务的经营机构，因而在集团层面并不存在混业经营之说。至于被集团控股的各类具体的金融业务机构，作为独立的法人，依然只能在既定的业务范围之内开展经营活动，混业经营之说更无从谈起。正如生活中两个亲兄弟分别学了文科和理科，我们不能就此认为其父母文理兼修，更不能认为两兄弟都文理兼修。在美国，存在着大量的金融控股集团，这与美国历史上实行单一银行制这一背景有着密切的关系，而且在低层次的混业经营阶段就大量存在，这说明金融控股集团在历史上并不是为了突破分业经营的制度约束而出现的。而在现实中，根据前面的分析，金融控股集团也不可能实现真正意义上的有条件的混业经营。因此，在分业经营的制度约束下，设立金融控股集团并不是实现混业经营诉求的有效路径。

金融业务机构之间互为客户或围绕共同客户开展业务活动，也无法实现真正意义上的有条件混业经营。金融业务机构之间互为客户主要是指银行业、证券业、保险业彼此互为服务对象，各自利用传统业务优势，把对方作为新的客户来开发，以增加自己的经济利益。具体表现为银行为证券公司、保险公司、基金公司提供托管、资金清算等服务；银行为证券、保险、基金提供大范围的产品代销服务，以及为券商和保险公司提供质押贷款；保险公司为银行的住宅贷款和汽车贷款提供保险。事实上，银行需要其他金融业务机构为其提供服务，其他金融业务机构也需要银行为其提供服务，银行业、保险业、证券业以及其他金融行业彼此互为服务对象，正是满足这种需要的具体举措，体现了金融业务机构之间正常的功能互补和协同关系，并不存在对分业经营制度的规避和既定业务范围的突破。由此可见，把金融业务机构之间互为客户视同实现有条件混业经营的路径，既是对分业经营概念的误解，也是对混业经营概念的曲解。围绕共同客户开展业务是金融业务机构之间的又一种合作方式，是指商业银行、证券公司、保险公司等金融业务机构各自把其他金融业务机构已经成熟的业务与自己的资源优势相结合，通过重新细分市场、开发新客户群体等措施，来扩大市场，重新分割经济利益。这种合作既包括业务委托代理等现有业务之间的合作，也包括银证转账、银证通、客户理财、银行保险、投资型保险等新产品和销售方式的创新型合作①。这种业务合作方式虽然具有较明显的创新色彩，并构建了不同金融业务机构之间的业务联系，但仅仅是在既定业务范围内对业务的拓展和创新，体现的依然是不同金融业务机构之间正常的功能互补和协同关系，并不存在对分业经营制度的规避和既定业务范围的突破，因而将其视同实现有条件混业经营的路径，同样反映了对分业经营概念的误解和对混业经营概念的曲解。因此，金融业务机构之间互为客户或围绕共同客户开展业务活动也不是在分业经营的制度约束下实现混业经营诉求的有效路径。

分业经营制度约束下的混业诉求突出地表现为商业银行对投资银行（证券公司）业务的诉求，尤其是对证券投资业务的诉求。要实现这种诉求，必须满足三个条件：一是商业银行的资金或者名义上属于商业银行的资金能够"合法"地进入证券市场开展投资活动；二是在证券市场开展投资活动所获得的收益归商业银行所有，或者由商业银行按事先的约定与实际的资金所有者分享；三是在证券市场开展投资活动的风险由商业银行承担，或者由商业银行按事先的约定与资金的实际所有者分担。其中最为关键的条件是第一个。受制度约束，商业银行显然无法将资金直接投入证券市场开展投资活动，更不用说获得相应的收益和承担相应的风险。要满足上述三个条件，商业银行必须找到一个"通道"，这个"通道"既能连接商业银行，从商业银行处接受资金，又能连接证券市场，并用自己的名义利用从商业银行接受的资金开展证券投资活动，并把投资收益扣除"通道费"以后，交由商业银行支配，相应的投资风险也由商业银行承担。在分业经营条件下，具有金融"全牌照"优势的信托机构无疑是充当这一"通道"角色的最佳选择。在实践中，商业银行为了最大限度地回避合规风险，通常不会把吸收的存款直接交由信托机构到证券市场上运作，而是通过创新，以发行理财产品的方式向存款人募集资金，把存款转化为理财资金，以此改变资金来源的性质，把银行与实际资金所有者之间原先建立在存款基础上的债权债务关系，改变为建立在理财产品基础上的委托理财关系，实际上是一种特殊信托关系。然后商业银行再以委托人的名义将理财资金交由信托或类信托机构，由其秉承商业银行的意志，以消极信托受托人的身份在证券市场上开展投资活动，获得的收益由其扣除以"信托管理

---

① 黄宪，陈锐，刘长青. 我国金融机构业务合作研究 [J]. 武汉金融，2002（6）：4-7.

费"的名目收取的"通道费"以后，交给作为委托人的商业银行，再由商业银行按照事先与理财资金投资者约定的规则进行分配。通过这种"双重信托"安排①，商业银行就获得了把资金间接投入证券市场的"通道"，在获得证券投资收益的同时，承担了证券投资的相关风险，突破了分业经营的制度约束，实现了真正意义上的有条件混业经营。

三、我国分业经营制度约束下的混业诉求及其对金融业务机构功能关系暨系统性金融风险的影响

系统性金融风险的形成过程表现为金融风险体量的纵向累积和传导网络的横向编织过程。分业经营制度约束下的混业诉求在系统性金融风险形成过程中发挥的作用主要表现为推动了金融机构之间在功能上过度的互补和协同，从而在纵向累积和横向传导两个维度上作用于系统性金融风险的形成过程。

前述分析表明，在分业经营制度约束下，能实现真正意义上的有条件混业经营的路径既非与金融控股集团合作，也非金融业务机构之间互为客户或围绕共同客户开展业务活动，而是商业银行打着资产管理的名义，与信托或类信托机构在证券投资等方面开展的业务合作。

我国金融体系运行模式的变化过程与国际范围内的总体变化过程有所不同。在 1995 年以前，我国的金融体系处于初级的混业经营阶段，突出地表现为商业银行除经营传统银行业务以外，还经营证券投资、信托等业务。自 1993 年对金融领域的乱象实施整顿开始，我国金融系统的运行模式逐步向分业经营过渡。自 1995 年起，《中华人民共和国商业银行法》《中华人民共和国证券法》等一系列法律法规相继颁布实施，这标志着我国金融系统的运行模式进入了严格分业经营的阶段。在这一阶段，我国的金融业务机构尤其是商业银行，同样无法避免"边际效用递减和既定业务范围内的金融创新不足以弥补边际效用递减对总效用所造成的影响"这一现象，这必然使金融业务机构产生突破既定的业务领域，实行混业经营的冲动。在分业经营的制度框架下，能把这种冲动转化为行动的可行途径只能是寻求不同金融业务机构之间在功能上过度的互补和协同，而具有金融

---

① 第一重信托关系存在于理财产品投资者与商业银行之间，第二重信托关系存在于商业银行与信托或类信托机构之间。

"全牌照"优势的信托类金融机构无疑成了实施上述意图的首要选择。因此，自21世纪初以来，我国的各类主流金融业务机构纷纷以资产管理的名义，通过与具有"全牌照"优势的信托或类信托机构的合作，实现功能之间过度的互补和协同，从而突破了既定业务领域的限制，开辟了进入受限业务领域（主要是证券市场）的"通道"，使我国金融系统的运行进入了事实上的有条件混业经营阶段。

在我国以银行为导向的基本融资格局下，这一过程的基本推动力量无疑来自商业银行。由于分业经营和混业经营各有优缺点，在孰优孰劣的问题上，无法得出一成不变的结论，因而以商业银行为主导的混业经营冲动常常带有浓厚的机会主义色彩，具体表现为在证券市场低迷时，这种冲动通常比较微弱；而在证券市场高涨时，这种冲动往往表现得比较强烈，因而打新股、场外配资以及其他借道信托或类信托计划的证券投资理财业务的规模都会快速增长。在这一过程中，作为"通道"的信托和类信托机构其实只是商业银行突破业务范围束缚的工具和载体，因而这些机构也就兼具了"影子银行"和"银行的影子"这一双重特征。而且，为了在更大规模和更高层次上进入受限制的业务领域，商业银行在借道信托和类信托机构的过程中，在产品和交易结构的设计上常常采用多层嵌套和加杠杆的手段（本书第五章中已做了介绍），从而使得这些"银行的影子"也常常以"多重叠加"的形式出现。

西方国家在法律框架下的混业经营是各类金融业务机构独立运行的结果，不存在金融业务机构之间的功能互补和协同现象，因而其对系统性金融风险的影响仅仅表现为通过不同业务之间的关联性强化了风险的横向传导，对风险体量纵向累积的影响不明显。我国建立在金融创新和监管套利基础上的有条件混业经营则不同，其以不同金融业务机构之间过度的功能互补和协同为条件，且"银行的影子"多重叠加于整个过程，不但强化了不同业务之间的关联性，还导致了不同金融业务机构之间错综复杂的关联关系，因而对金融风险的横向传导具有双重强化作用。同时，功能互补还能在一定程度上削弱逆周期调控效果，延续金融业务机构的顺周期行为，因而金融业务机构寻求混业经营的冲动和行动还会助推金融风险体量的纵向累积。由此可见，就对系统性金融风险的影响而言，在分业经营制度约束下产生的混业经营冲动和行动比法律许可下的混业经营具有更强的风险累积和传导作用。

在《资管新规》正式出台以前，上述在经营制度约束下实现混业经营诉求的路径曾"风靡一时"，由其引发的金融业务机构之间在功能上过度的互补和协同基本上是常态。现在，虽然在《资管新规》的约束下，这条路径已经失去了昔日的"辉煌"，但因信托机构的"通道"功能依然存在，该路径发挥作用的条件并未消失，而且不能排除金融业务机构通过创新业务合作方式，使该路径再度"风生水起"的可能性。毕竟，从历史经验来看，只要金融业务机构存在通过金融创新突破监管约束的激励和冲动，监管约束就迟早会被金融创新突破。

第三节　金融系统运行"内卷化"与系统性金融风险的形成

金融系统运行的"内卷化"态势在系统性金融风险形成过程中发挥的作用具体表现为在削弱金融安全基础的同时，既强化了金融业务机构之间过度的功能互补和协同，也强化了金融业务机构之间过度的功能替代和竞争，因而从纵向累积和横向传导两个方面同时作用于系统性金融风险的形成过程。

一、金融系统运行"内卷化"的涵义及表现形式

（一）金融系统运行"内卷化"的涵义

1."内卷化"的涵义

"内卷化"是指当一个系统的运行进入某种高级形态以后，既无法形成稳定状态，也无法上升到更高级的形态，只能在既定的基础上进行更为复杂和精细的运行，并产生高昂的系统内耗性交易成本和竞争成本，从而使系统处于"无效进步"状态。"内卷化"之说首见于美国学者 Goldenweiser 对文化模式进化与发展的研究中[1]。后来，Geertz 和 Clifford 在研究农业生产的过程中，借鉴"文化内卷化"的内涵逻辑，提出了"农业内卷化"的概念[2]，并经黄宗智等的进一步研究，提升到了"过密型商品化"层面，

---

①　ALEXANDER GOLDENWEISER. The Social Science and Their Interrelations [J]. American Journal of Sociology, 1928 (33)：19-35.

②　GEERTZ, CLIFFORD. Agricultureal Involution：The Process of Ecological Change in Indonesia [J]. Los Angels：University of California Press, 1963：58.

并形成了"无发展增长"的概念①。由于"文化内卷化"和"农业内卷化"过程的逻辑在其他社会与经济领域中也有类似的表现,因而自20世纪90年代以来,对"内卷化"问题的研究范围不断扩大,几乎涵盖了整个社会、经济乃至国家行政领域。依理类推,"内卷化"的逻辑在实践中还可以应用到其他更广阔的领域。概括起来讲,"内卷化"的逻辑在实践中可以用来解释所有无效进步引发的高成本内耗竞争现象②。

2. 金融系统运行"内卷化"的涵义

"文化内卷化"和"农业内卷化"过程的内涵逻辑同样存在于其他社会与经济领域中。在金融系统的运行过程中,可以清晰地看到"内卷化"的内涵特征。首先,金融系统的运行状态处于一种较为高级的形态,即至少出现了较为充分的分工协作形式,并且进入了探索最优化经营模式路径的发展阶段。其次,金融系统在探索最优化经营模式的过程中无法稳定下来,即无法在特定的经济发展阶段形成最优化均衡状态,以至于持续产生高昂的内耗性交易成本和摩擦成本。在这种情况下,如果缺乏有效的监管和疏导,随着内耗性交易成本和摩擦成本的不断累积,金融系统最终将因无法承受而崩溃,即发生系统性金融危机。最后,金融系统无法升级到另一种更高级的运行状态,即受制于特定的经济发展阶段,金融创新只能使金融系统持续处于无效的量变状态中,无法实现由原来的形态到新的更高级形态的质变。根据上述立足于金融领域对"内卷化"内涵所做的分解,既可以通过"对号入座",发现金融系统运行中客观存在着"内卷化"现象,也可以归纳出金融系统运行"内卷化"的涵义,即当金融系统的运行进入到某种高级状态后,既无法自我稳定,也无法上升到新的高级形态,只能在既定约束条件下,以高昂的内耗性交易成本和竞争成本为代价,使自身的运行变得更加复杂和精细,从而形成"无效进步"的状态。

(二)金融系统运行"内卷化"的外在表现形式

如果说"内卷化"的内涵逻辑在金融领域的表现是金融系统运行"内卷化"的内在表现,那么,金融创新"内卷化"则是金融系统运行"内卷化"的基本外在表现形式。

---

① 黄宗智. 中国的隐性农业革命(1980—2010):一个历史和比较的视野[J]. 开放时代,2016(2):11-35,5.

② 李富有,王少辉. 经济内循环的内涵逻辑与内卷化挑战研究[J]. 社会科学,2021(1):34-43.

金融创新"内卷化"是金融系统运行"内卷化"在金融创新活动中的体现。根据"内卷化"的内涵逻辑，金融系统运行"内卷化"是指当金融系统的运行进入到某种高级状态后，既无法自我稳定，也无法上升到新的高级形态，只能在既定约束条件下，以高昂的内耗性交易成本和竞争成本为代价，使自身的运行变得更加复杂和精细，从而形成"无效进步"的状态。金融创新决定了金融系统上升到某一高级阶段以后无法自我稳定，而经济与金融之间的长期关系则决定了在特定的经济发展阶段，当金融系统进入某种高级形态后无法上升到新的更高级的形态。从长期来看，经济发展决定金融发展，无论是金融媒介的形式、金融制度的选择还是金融结构的安排，都受制于具体的经济发展阶段。而且，为了缩小金融系统与经济系统的适应性偏差，各国金融系统的运行都会受到严格的监管。在这种情况下，金融创新必然导致金融系统的运行变得更加复杂和精细。如果金融创新在加深金融系统运行的复杂化和精细化程度的同时，能够推动经济高质量发展，形成金融与经济之间的良性互动关系，为金融系统的升级（质变）提供量的准备，则这种创新属于有效创新；如果金融创新在加深金融系统运行的复杂化和精细化程度的同时，产生了巨大的内耗性交易成本和竞争成本，基本抵消甚至超过了创新给金融系统带来的边际收益，这种创新就是"内卷化"创新。由此可见，金融创新"内卷化"既是金融系统运行"内卷化"的基本表现形式，同时也是金融系统运行"内卷化"的主要实现途径。金融创新包括宏观层面的创新、中观层面的创新和微观层面的创新（详见本书第五章第一节的分析）。就金融创新与金融系统运行"内卷化"的关系而言，由于在特定的经济发展阶段，金融监管当局通常对金融与经济的关系有着相对明确和科学的认知，因而宏观层面和中观层面的金融创新对金融系统的复杂化和精细化的"贡献"暨对金融系统运行"内卷化"的"贡献"有限，而微观层面的金融创新则是推动金融系统复杂化和精细化，进而推动金融系统运行"内卷化"的主要力量。微观层面的金融创新包括产品创新、服务创新、技术创新、制度创新、文化创新等，"内卷化"现象在各类创新中均不同程度地存在，但主要存在于产品或服务创新中，突出地表现为金融产品及服务的同质化和交易结构的复杂化。

1. 金融产品或服务的同质化

在既定经济发展阶段和制度约束下的金融竞争和创新造成了金融系统的运行进一步复杂化和精细化，模糊了不同金融机构的职能界限，从而导致了金融产品或服务的同质化。金融产品或服务的同质化是指不同金融业务机构以及同类金融业务机构内部不同业务主体提供的产品或服务高度趋同的现象和趋势。这种现象和趋势不仅存在于传统的业务领域，更大量地存在于以创新为主要驱动力量的资产管理领域，突出地表现为产品或服务在功能、构成要素、目标客户、竞争地域等方面高度雷同，在设计上未能反映出不同金融业务机构和不同金融服务主体在资源禀赋和核心能力上的差异，除了在产品名称、优先劣后级比例以及止损位等技术性指标上略有区别以外，基本上可被视为同一种产品。金融产品或服务的同质化必然引起不同金融业务机构以及同类金融业务机构内部不同业务主体之间无序的内耗性竞争，并推动各竞争主体通过创新，在更高层次上开展更为精细化和复杂化的同质性竞争。因此，金融产品或服务的同质化不仅是金融系统运行"内卷化"的结果，而且还会反过来推动金融系统的运行向更高层次的"内卷化"状态演进。

2. 交易结构的复杂化

金融产品的交易结构是指交易各方以合同条款形式确定的，协调与实现各方最终利益关系的一系列安排。金融系统运行"内卷化"有三个根本特征，即持续的震荡、更加复杂和精细的运行状态以及高昂的内耗性交易成本和竞争成本，这三大特征相伴相生并相互强化。其中，金融系统复杂化和精细化的运行状态主要是通过金融创新实现的，必然在金融产品交易结构的复杂化上体现出来，具体表现为多元化的交易主体、多环节的交易流程、多层次的收益和风险匹配、结构化的投资者权利和义务，以及集功能互补、替代、协同和竞争于一体的金融业务机构之间的竞争与合作关系。作为既定经济发展阶段和监管约束下金融创新的产物，金融产品交易结构的复杂化固然会延长交易链条、增加内耗性交易成本，但如果能有效地服务于实体经济增长和经济高质量发展，为实现经济发展阶段的跨越提供量的累积，并进而通过经济发展阶段的跨越实现金融系统的升级，则不失为一种有效创新。但是，由于陷入了"内卷化"，金融产品交易结构的复杂化往往在延长交易链条、增加内耗性交易成本的同时，还偏离了支持实体经济高质量发展的方向，削弱了金融稳定的基础，对抗了逆周期调控措施，抬高了宏观杠杆率，堆积了资产价格泡沫，过度强化了不同金融业务机构之间的关联关系，助长了系统性金融风险的累积和传导。

二、金融系统运行"内卷化"的理论解释

（一）金融系统运行"内卷化"的形成机理

在长期中，经济发展决定着金融发展，表现为不同的经济发展阶段决定了金融媒介的不同形式、对金融制度的不同选择以及对金融结构的不同安排。在短期中，经济的发展（量变）主要受制于现有财富的有效利用程度，而金融的财富形态转换功能，可以增加财富的利用方式，提高财富的利用效率，实现资源的优化配置，从而推动财富的进一步创造和增长，实现经济发展过程中的量变，为经济发展过程中的质变（即过渡到新的经济发展阶段）创造条件，因而金融发展主导着经济发展。

在经济的风险特征和资源禀赋的相对稀缺程度基本稳定的同一经济发展阶段（短期），要求与之相对应的相对稳定的金融系统。金融系统向更高层次的跃升需要以经济发展阶段的跨越为前提，而要实现经济发展阶段的跨越，就必须有效发挥短期中金融发展对经济发展的主导作用。但是，在金融系统运行过程中，各类金融业务主体单纯追求自身量变最优化的创新活动却难以实现金融系统的动态均衡。这时，金融系统就会通过寻找更为复杂和更加精细的手段对金融资源进行配置，在这个过程中，必然会产生内耗性的交易成本和竞争成本。而且，手段愈是复杂和精细，内耗性交易成本和竞争成本就愈高。事实上，任何借助于复杂化和精细化创新手段实现的超越特定经济发展阶段风险特征和资源禀赋的金融安排，都会引起高昂的内耗性交易成本和竞争成本来"吞噬"由这种金融安排给金融系统带来的好处，这就是金融系统运行"内卷化"的形成机理。当这种内耗性交易成本和竞争成本的增长速度快于前述复杂化和精细化安排给金融系统带来的好处的增长速度时，整个金融系统的运行也就陷入了不断自我强化的"内卷化陷阱"中。

（二）金融系统运行"内卷化"的深层次原因

1. 金融创新的目标错位，使金融创新沦为对有限金融资源的野蛮争夺

对金融业务机构而言，创新的目标在总体上可分为三类，即提高效益、规避管制和控制风险。在实践中，提高效益和规避管制的创新活动常常是结合在一起的，这也是所谓"监管套利"的表现形式之一。这种创新

常见的运作模式是通过提高成本（增加投资者或存款人的收益）来扩大资金来源的规模和市场份额，以便获得更多的利差收入。在创新初期，这一目标通常能够实现。但金融资源这一"蛋糕"通常不会因这类创新而增大，在同质化竞争状态下，随着此类创新举措被更多的竞争者采用，整体边际效应下降，并在竞争相对充分的市场环境下，由个体来分担下降的边际效应，最终导致个体市场份额回归原有的状态，但因创新而提高的成本却无法回归，从而使最初的创新目标落空，出现"得不偿失"的结果。例如，20世纪70年代，美国的商业银行为了规避Q条例对活期存款的付息限制，推出了能支付利息和变相支付利息的可转让支付命令账户和自动转账制度，但在存款资源没有因此类账户的推出而增加的情况下，随着此类账户的普遍推行，各家商业银行在存款市场上的份额逐步回归，此类创新产品逐步沦为防止存款流失的必要手段，扩大资金来源的优势消失，但各家商业银行的存款成本都普遍上升了。21世纪初，我国的部分商业银行为了扩大资金来源，推出了理财业务，但在资金来源总量没有因理财业务的推出而增加的情况下，随着各家商业银行纷纷效仿，理财业务逐步沦为防止存款流失的必要选择及对客户的让利手段，扩大资金来源的优势逐渐被削弱甚至消失，但各家商业银行的资金成本都提高了。

2. 金融创新成果的自我保护能力薄弱

金融领域的大部分创新属于传统的商业方法范畴，在《中华人民共和国专利法》把传统商业方法排除在专利客体之外的条件下，只有建立在自身独特的资源禀赋和核心能力基础之上的金融创新才能避免被竞争对手模仿和复制，从而获得持续的竞争优势，并避免内耗性竞争，推动金融系统向更高级的形态演化。目前大部分创新的金融产品或服务没有体现自身的核心能力和资源禀赋的独特性，基本没有自我保护能力，因而极易被竞争对手模仿和复制。在这种情况下，产品的同质性以及金融系统内部不断复杂化和精细化的内耗性竞争就很难避免，金融系统向更高级形态演化的基础难以得到有效加强，在很大程度上使创新沦为"无效进步"。对于其中的以提高成本为手段的创新而言，最终的"得不偿失"也就成了必然结果。

3. 信息不对称状态下金融机构在创新问题上的个体"理性"导致集体"任性"

从结果来看，无论是出于提高收益目的的创新，还是出于规避监管或控制风险目的的创新，一旦陷入"内卷化"，则都不是各个金融业务机构的最优选择。但从过程来看，受制于客观存在的信息不对称和不充分，各个金融业务机构在创新之前，都处于"囚徒困境"中。由于无法正确判断竞争对手在创新与否问题上的抉择，自身选择创新也就成了既定约束条件下的最优决策，这是个体理性行为的体现。这种个体理性行为的综合形成了集体的"非理性"，"内卷化"则成了集体"非理性"的体现。因此，"内卷化"创新实际上是各金融机构在信息不对称和不充分状态下，就创新问题展开博弈而形成的纳什均衡状态。从这一意义上说，只要信息不对称和不充分状况没有得到有效的改善，金融创新引发的金融系统运行"内卷化"现象就是一种常态，只是程度不同而已。

三、金融系统运行"内卷化"对金融业务机构的功能关系暨系统性金融风险的影响

金融系统运行的"内卷化"态势在系统性金融风险形成过程中发挥的作用具体表现为在削弱金融安全基础的同时，既强化了金融业务机构之间过度的功能互补和协同，也强化了金融业务机构之间过度的功能替代和竞争，因而从纵向累积和横向传导两个方面同时作用于系统性金融风险的形成过程。

（一）金融系统运行"内卷化"对金融安全基础的影响

金融与经济的关系决定了只有支持实体经济发展的金融创新，才能打破"内卷化"的"怪圈"，推动金融系统上升到更高级的形态。在实践中，受"内卷化"潮流的"裹挟"，以不同金融业务机构之间过度的功能互补、替代、协同和竞争为基础的金融创新，除了削弱逆周期调控效果外，还因交易链条的延长和交易环节的增加，造成资金在金融市场上空转和经济的"脱实向虚"，导致实体经济这一金融资源"蛋糕"难以扩大，甚至相对萎缩，使金融创新沦为对有限金融资源的争夺，并产生巨大的内耗性交易成本和竞争成本，削弱了金融系统向更高级形态演化的基础。更为严重的是，金融系统的"内卷化"运行在造成资金空转和"脱实向虚"，削弱实体经济的同时，还催生了规模远大于实体经济的庞大虚拟经济（实际上，金融工具在原生金融工具基础上的衍生和再衍生，本身就是金融系统复杂化和精细化即"内卷化"运行的重要表现形式）。当作为整个经济系统的基础资产的实体经济因金融系统的"内卷化"运行而不断被相对削弱，同时虚拟经济却因金融系统的"内卷化"运行而不断地相对增强时，必然造

成实体经济对虚拟经济的支撑能力下降，放大实体经济中的风险事件对金融系统的冲击力，增加虚拟经济泡沫破裂的概率，削弱金融安全乃至整个经济安全的基础。

（二）金融系统运行"内卷化"现象的形成过程对金融业务机构功能关系暨金融风险累积和传导的影响

系统性金融风险的形成和发生可从纵向累积和横向传导两个维度加以考察。"内卷化"的金融创新导致金融系统在持续震荡的过程中以更加复杂和精细的方式运行，这种复杂化和精细化反映了金融业务机构之间在功能上过度的互补、替代、协同和竞争，而这种过度互补、替代、协同和竞争的功能关系常常会削弱逆周期调控的效果，甚至本身就是出于监管套利或对抗逆周期调控的目的而设计的（例如《资管新规》实施前大量存在的"通道"业务），极易造成宏观杠杆率的攀升和资产价格泡沫的堆积，从而完成金融风险的纵向累积。与此同时，这种过度的互补、替代、协同和竞争的功能关系还强化了不同金融机构之间以及同类金融机构内部不同主体之间的关联关系，编织了金融风险的横向传导网络。更为严重的是，这种关联关系会因金融业务机构之间功能互补、替代、协同和竞争方式的多样性以及在此过程中采取多层嵌套和层层加杠杆的做法而变得错综复杂，呈现出双向性、交叉性和非对称性的特点，导致金融系统呈现"一荣未必俱荣，一损极易俱损"的运行格局，使金融风险在系统内传导时产生非线性放大效应，形成"在传导中累积，在累积中传导"的恶性循环态势。在这种情况下，一旦长期累积的市场风险或信用风险在某个重要关联节点上集中释放，对整个系统的冲击力将呈指数化增长。

除此之外，某些金融业务机构出于规避风险目的而实施的创新也会在客观上加大系统性风险。例如，资产证券化在现象上表现为发起人的风险转移行为，但同时也可能是发起人道德风险的释放，而在本质上则是微观风险的宏观化和社会化，当底层资产遭遇市场风险或信用风险时，极易引发系统性金融风险。2008年的全球金融危机正是这种"内卷化"创新的结果。

（三）既定约束条件下试图突破"内卷化"困境的策略对金融业务机构功能关系暨金融风险累积和传导的影响

"内卷化"运行对整个金融系统而言，会使其处于高成本、高风险和低效率的运行状态中；对单个金融业务机构而言，是一种以"获得暂时的高额收益"开始，以"成本提高和高额收益消失"为常态的创新活动。因此，无论是整个金融系统还是单个金融业务机构，都有突破"内卷化"困境的愿望和行动。通常，金融系统和金融业务机构试图突破"内卷化"困境的努力主要集中在两个方面：一是试图跨越金融部门和实体经济部门整合资源；二是强化金融系统内部的资源整合。在这里，暂且不去探究这两方面努力的效果，因为仅就这些努力对金融业务机构之间的功能关系，进而对系统性金融风险形成过程的影响而言，就足以引起人们的高度关注和重视。

（1）跨越金融部门和实体经济部门整合资源对金融业务机构功能关系暨金融风险累积和传导的影响

跨越金融部门和实体经济部门整合资源突出地表现为最大限度地贯彻产融结合战略（实际上，目前正在部分商业银行试行的"投贷联动"业务，正是这种战略的表现形式之一），不断加强金融部门和实体经济部门的要素置换，以求通过要素置换，密切金融与实体经济的关系，构建两者的"命运共同体"，强化金融对实体经济的支持力度，以便实现经济发展阶段的跨越，进而实现金融系统的提档升级。但是，由于金融部门与实体经济部门之间客观存在的报酬结构失衡状态，再加上没有建立类似于德国那样与实体经济"风雨同舟"的银行制度，这种试图通过产融结合来打破"内卷化"这一"怪圈"的努力，最后往往导致资本要素"脱实向虚"。而在分业经营制度的约束下，实现资金"脱实向虚"的路径及迎合"脱实向虚"资金的收益要求的手段，通常表现为金融业务机构在功能上过度的互补、替代、协同和竞争关系，这无疑在削弱实体经济这一金融稳定的基础的同时，既造成了金融风险体量的纵向累积，也编织了金融风险横向传导的网络。

（2）强化金融系统内部的资源整合对金融业务机构功能关系暨金融风险累积和传导的影响

强化金融系统内部的资源整合，通常是由各个金融业务机构（主要是商业银行）通过产品或服务创新来实施的，目的是试图通过"先下手为强"的创新活动，暂时将自身从"内卷化"的"怪圈"中解脱出来，并获得暂时性的超额收益。但是，由于创新的方法和手段及创新目的的实现路径都具有可复制性特征，因而这种试图突破"内卷化"困境的努力最终又会演变成更高层次和更大范围的"内卷化"。

为了实现金融系统的资源整合，金融业务机构通常会从两方面着手：一是借道信托或类信托机构，突破分业经营的制度约束，谋求事实上的混业经营（即有条件的混业经营）；二是强化金融业务机构之间的业务合作。金融业务机构之间的业务合作包括同类机构之间的合作和不同类机构之间的合作。前者突出地表现在商业银行之间，除了传统的同业拆借、回购交易、票据融通、代理签发和兑付汇票、代理汇兑以及协作办理远期结售汇等业务以外，前几年还大量出现了备受商业银行青睐和追捧的同业理财业务；后者除了传统的银证合作、银保合作以外，自21世纪初至2018年《资管新规》正式实施前，银信合作（包括银行与信托公司以及基金子公司、私募机构、券商集合资金理财计划、保险集合资金理财计划等类信托机构之间的合作）以压倒性优势出现在同业合作领域。相应地，商业银行的委外理财业务也快速增长。

在通过强化金融系统内部的资源整合力度应对"内卷化"困境的过程中，无论是借道信托或类信托机构谋求有条件混业经营的冲动及行动，还是同类或不同类金融业务机构之间的合作，都会强化金融业务机构相互之间在功能上过度的互补、替代、协同和竞争关系，尤其是由商业银行主导的谋求混业经营的业务合作行为，以及发生在商业银行之间的同业理财和发生在不同金融业务机构之间的委外理财，很多就是以监管套利为目的的，因而是形成金融业务机构之间过度的功能互补、替代、协同和竞争关系，进而推动金融风险累积和传导的主要力量。

第四节 信贷市场"耐心资本"缺乏和证券市场投机性过强与系统性金融风险的形成

信贷市场"耐心资本"缺乏和证券市场过强的投机性在系统性金融风险形成过程中的作用主要表现为强化了金融系统运行的顺周期倾向，而这种顺周期倾向则强化了金融业务机构之间在功能上的过度互补、替代、协同和竞争关系，因而能同时在纵向累积和横向传导两个维度上作用于系统性金融风险的形成过程。

一、信贷市场"耐心资本"缺乏与系统性金融风险的形成

（一）"耐心资本"及信贷市场的"耐心资本"

1. "耐心资本"和"非耐心资本"

"耐心"是一种心理状态，意为"耐得住寂寞，经得起等待，心里不急躁，不厌烦"。"耐心资本"是资本所有者即投资者的投资心理在资本形态稳定性上的表现。从广义上定义，"耐心资本"是指投资在一种"关系"上的超长期资本[①]，即对风险有较高承受力且对回报有着较长期限展望的资本。这里所说的"关系"，其实就是投资双方在长期合作过程中因充分的信息共享和交换而形成互信，并对投资项目的发展前景形成共识的基础上，建立的战略互动型长期关系。投资在这种"关系"上的资本，通常形态比较稳定，不会频繁地在货币形态与非货币形态之间或者在各种不同的非货币形态之间转换，具有明显的运行基础"关系化"和运行行为"长期化"特点。

与之相对应，"非耐心资本"则把短期回报作为取舍投资项目的主要依据甚至唯一依据，而且对风险的容忍度较低，常常采取"打一枪换一个地方"的投资策略，投资双方互信基础薄弱，无法建立起战略互动型长期关系，因而具有明显的运行基础"交易化"和运行行为"短期化"特点。

2. 信贷市场上的"耐心资本"

根据资本结构理论，在信贷市场上取得的资本属于债务资本，这种资本同样分为"耐心资本"和"非耐心资本"两类。信贷市场上的"耐心资本"是指由银行基于与企业在互信基础上建立的战略互动型长期关系，以发放贷款的方式给企业提供的债务资本。由于这种债务资本是以银企之间的互信和战略互动型长期关系为基础的，虽然未必表现为银行对企业的"雪中送炭"，但也极少表现为"锦上添花"，常常是企业合理的贷款需求与银行正常的贷款供给之间一种自然的"衔接"。更重要的是，这种债务资本的风险容忍度较高，通常不会因企业面临暂时的困难而"釜底抽薪"。

信贷型"耐心资本"是"关系立行"[②] 理念支配银行信贷活动的结果，这在德国的"全能银行制"和日本的"主银行制"下，表现得尤为突出。无论是"全能银行制"还是"主银行制"，都允许银行持有企业的股

---

①　林毅夫，王燕. 以耐心资本作为比较优势审视发展融资 [J]. 金融博览, 2018 (8)：30-32.
②　张桥云. 现代银行须靠关系立行 [J]. 经济学家, 2001 (5)：123-125.

份，也允许企业持有银行的股份，这就形成了银行与企业之间的"交叉持股"关系。正是这种"交叉持股"关系，奠定了银企之间互信和战略互动的基础，构建了银行与企业的"命运共同体"。因此，信贷型"耐心资本"在实行"全能银行制"的德国和实行"主银行制"的日本，通常都比较充裕。而且，为了使不同类型、不同规模的企业都能获得必要的信贷型"耐心资本"，德国还通过建立"三支柱"（商业银行、储蓄银行、信用社）银行体系，对银企关系进行"精准匹配"。"三支柱"银行体系由以利润最大化为目标的商业银行以及不以利润最大化为目标的公共银行性质的储蓄银行和同样不以利润最大化为目标的合作制性质的信用社构成，其中的每一类金融机构都对应着与其宗旨和功能相匹配的企业服务对象，这样就使每一类企业都能与相应的金融业务机构在互信基础上建立起战略互动型长期关系，从而获得信贷型"耐心资本"。

（二）我国信贷市场"耐心资本"缺乏的表现

在我国，《商业银行法》禁止银行与企业"交叉持股"，同时对因单向持股（即企业持有银行的股份）导致的贷款关联交易的规模也有着严格的限制，在条件上也不得优于其他企业，再加上在以银行为导向的融资系统中，没有建立起类似于德国的"三支柱"银行体系，因而银行业大多未（来得及）与客户特别是中小企业客户建立战略互动型的长期关系，银企之间信息不对称，互信基础薄弱，融资行为更多地表现为短期导向的"交易型"，而非长期导向的"关系型"[1]。

在历史上，我国也曾试图在银行与企业之间构建互相信任和长期合作的良好关系，以此培育信贷型"耐心资本"，这就是 20 世纪 90 年代中期在借鉴日本"主银行制"的基础上，推行的"贷款主办银行制"。推行"贷款主办银行制"是政府在银行与企业债权债务问题严重、矛盾激化的背景下，试图通过签订"银企合作协议"，明确双方的权利和义务，重塑银企关系的一项举措[2]。应该说，该举措在改善和稳定银企关系，规范企业借贷行为，培育信贷型"耐心资本"方面，起到了一定的作用。但是，"贷款主办银行制"并没有建立在银行对企业的持股关系基础上，银行对企业的生产经营活动虽有一定的建议权，却没有实质性的参与权，很难保证银企双方利益的一致性。而在推出该制度时，国有企业正处于改制阶

---

① 朱鸿鸣. 提升金融体系对经济转型升级的适应性 [J]. 新金融评论, 2020 (3)：38-56.
② 郭京. 完善贷款主办银行制度的思考 [J]. 经济研究参考, 1997 (72)：17-20.

段，随着改制过程中大量银行贷款被"逃废"，这一"生不逢时"且存在"先天缺陷"的制度自然就"夭折"了。

"贷款主办银行制"在21世纪初"夭折"后，银行在构建银企相互信任和长期合作的良好关系上，就处于既无内在动力也无外在压力的状态下。而随着国有企业改制的完成和民营企业的发展，尤其是中小企业在"出生率"和"死亡率"双高的状态下大量涌现，银企之间的信息不对称现象非但没有改善，反而更加恶化，双方互信的基础进一步趋于薄弱。在这种情况下，银行在贷款问题上的"所有制歧视"和"规模歧视"日趋明显，中小企业的融资困难长期得不到有效解决；银行的风险容忍度降低，"慎贷""惜贷"观念盛行，在宏观环境发生变化或企业遭遇经营困难时，"釜底抽薪"现象普遍；在银行的贷款活动中，短期导向的"交易型"色彩明显，长期导向的"关系型"色彩淡薄，银行贷款行为的"短期化"倾向突出，注重"锦上添花"，忽视"雪中送炭"，"晴天"争相"送伞"，"雨天"急于"收伞"。这些都是我国信贷型"耐心资本"缺乏的现实表现。

（三）信贷市场"耐心资本"缺乏对金融业务机构功能关系暨系统性金融风险的影响

在缺乏信贷型"耐心资本"的情况下，银行的贷款行为主要表现为短期导向的"交易型"，而非长期导向的"关系型"，因而银行信贷活动中带有机会主义色彩的行为短期化倾向非常明显。这种行为短期化倾向可以在空间和时间两个维度上表现出来，而无论在哪个维度上表现出来的行为短期化，都会对包括银行在内的金融业务机构之间的功能关系进而对系统性金融风险的形成和发展产生重要影响。这具体表现为在强化金融业务机构之间过度互补、替代、协同、竞争的功能关系，累积金融风险体量和编织金融风险传导网络，进而推动系统性金融风险形成的同时，通过实施自身的"非耐心"行为，在无意中发挥"引爆"系统性金融风险这颗"炸弹"的"雷管"作用。

贷款活动中银行的行为短期化倾向在空间维度上，主要表现为忽视甚至无视一般企业和项目的正常贷款需求，过度青睐甚至追捧能带来短期利益的企业和项目（如前几年的房地产企业及房地产项目），片面满足其资金需求，甚至不惜通过同业之间的功能互补和替代等创新手段，对抗宏观调控和金融监管部门的行业调控措施。这种短期商业行为带来的结果就是大量资金进入甚至违规进入这些特定的行业和企业，导致其杠杆率上升和资产价格泡沫堆积，同时，强化了金融业务机构之间的关联关系，从而造成金融风险的累积和传导。一旦市场预期被逆转或宏观环境发生变化，这些行业或企业就可能成为"引爆"系统性金融风险这颗"炸弹"的"雷管"。在一定程度上说，目前在稳定房地产市场方面面临的巨大挑战以及前期恒大集团等企业遭遇的财务危机，反映的就是这种状况。

贷款活动中银行行为的短期化倾向在时间维度上，主要表现为强化了银行行为的顺周期性。具体地说，就是在经济上行阶段，各类贷款机构争相提供资金，大搞"晴天送伞"活动，并在通过同业之间的功能互补和替代对抗逆周期调控、提升宏观杠杆率和堆积资产价格泡沫、累积金融风险体量的同时，通过同业之间功能的协同和竞争，强化资产配置的同质性以及机构之间和业务之间的关联性，编织系统性金融风险横向传导的网络；而在预期被逆转或经济出现下行态势时，又通过一致性的"雨天收伞"行为，造成"杠杆"断裂和资产价格大幅缩水，从而"引爆"系统性金融风险这颗"炸弹"。

二、证券市场过强的投机性与系统性金融风险的形成

（一）投机的涵义及证券市场上的投机行为

"投机"一词在英语中表述为"speculate"，意为在预测和推测的基础上获得利益，是一个中性词，本质上并无褒贬之意。在经济活动中，"投机"是与"套利"相对应的概念。投机是利用不同时间的价差获得利益，具体表现为先低价买入再高价卖出，或者先高价卖出再低价买入；套利是利用不同空间的价差获得利益，具体表现为在此地低价买入的同时在彼地高价卖出，或者在此地高价卖出的同时在彼地低价买入。由于套利是在同一时间的不同空间中实施的，得益于市场信息的不对称，不确定因素较少，因而风险较低，对相关知识的要求相对偏低；而投机是在同一空间的不同时间中实施的，存在"夜长梦多"之忧，因而风险较大，实施时需要进行科学的预测和推测，对相关知识和能力的要求相对较高。随着现代信息技术和各类信息媒体的快速发展，同一时间中不同空间之间的信息不对称现象大为改善，套利机会明显减少，投机在利用价差获得利益的活动中的地位不断上升，这也是知识经济时代的重要特征之一。

金融是在不确定条件下对资源进行跨期配置的活动，通俗地说，就是以实现效用最大化为目的，通过承担一定的风险，在现在与未来之间配置资源。由于金融活动涉及从"现在"至"未来"这一时间差，因而与投机有着紧密的联系，甚至可以说，投机是实现金融目的的一种重要手段，这也体现了"投机"一词的中性特征。

金融活动的投机色彩在证券市场上表现得最为明显，因为证券市场上的大部分投资活动都表现为低价买入后再高价卖出，或者高价卖出后再低价买入，即利用证券在不同时间的价差来谋取利益。从这一意义上说，证券市场本身就是一个实施投机行为的重要平台。

从广义的视角来看，证券市场上的投机行为包括所有试图利用证券在不同时点的价差来谋取收益的行为，即凡是不以获得分红或利息为主要目的的证券投资行为，都属于投机行为。而从狭义的视角来看，则须强调这种投机行为的短期性和高风险特征，因而把投机行为定义为试图利用证券的短期价格波动谋取买卖价差的高风险经济行为[①]。通常所说的证券市场的投机行为，主要是从狭义的视角来理解的。在现实中，证券市场的投机性主要表现在股票市场中，由于其短期性和高风险特征，如果这种投机行为在整个股票市场的交易活动中占比过高，就意味着证券市场的投机性过强。

（二）我国证券市场过强的投机性

在证券市场上存在适量的投机行为有助于活跃证券市场的交易，有效发挥金融市场的功能。但是，若投机性过强，就会扭曲金融市场的功能，并影响金融市场的稳定和金融系统的安全。对于我国证券市场的投机性是否过强的问题，理论界也有较多的研究，这些研究主要着眼于市盈率、市净率、换手率等指标的变化，试图利用这些指标来构建衡量投机程度的综合指标，以此对我国股票市场投机性强弱做出判断，并通过构建计量模型来分析过度投机的原因。这种分析思路和分析方法无疑是正确的，但为了不重复既有的研究方法，这里试图另辟蹊径，通过分析托宾 Q 理论在我国金融投资领域的有效性来判断证券市场投机性的强弱。

托宾 Q 理论是由美国经济学家托宾于 1969 年提出的，其核心是 Q 系数（也称 Q 比率），即企业的市场价值与重置价值之比。当 Q 值大于 1 时，表明在市场上收购现有企业的成本大于投资新建同类企业的成本，即对投资者而言，与其按市场价收购现有企业，不如投资建造同类企业；当 Q 值

---

① 鲁爽. 浅析中国股市投机行为 [J]. 中国证券期货, 2013 (2)：1.

小于 1 时，表明在市场上收购现有企业的成本小于投资新建同类企业的成本，即对投资者而言，与其投资新建同类企业，不如按市场价收购现有企业。据此，托宾得出结论：当股市行情上涨时，投资会增加；当股市行情下行时，投资会减少。托宾 Q 理论隐含着一个重要前提，即股票市场上的投资者主要是以获得长期投资回报为目的的战略投资者，而作为战略投资者，自然能通过对两种投资方式（收购现有企业和新建同类企业）的成本对比，调整自身的投资行为和投资方式。但是，无论股市上涨还是下跌，都能提供投机的机会，因而当股票市场上的投资者群体中以获得短期价差收益为目的的投机者居多时，托宾 Q 理论也就失去了"用武之地"，即股票市场过强的投机性使托宾 Q 理论失效了。据此可以认为，在一个经济体的市场化程度及证券市场的规模和结构都基本符合托宾 Q 理论的作用条件时，如果托宾 Q 理论失效，则可推断出该经济体中证券市场的投机性过强。

经过改革开放 40 多年的发展，我国已经建立起了比较完备的社会主义市场经济体制，在资本市场建设方面也取得了长足的进步，形式多样的、多层次的资本市场体系已基本形成，无论是经济的市场化程度，还是证券市场的规模和结构，都已基本符合托宾 Q 理论的作用条件。在这种情况下，如果托宾 Q 理论失效，即可据此得出"我国证券市场投机性过强"的结论。

投资变动受多种因素的影响，股市波动只是其中之一。为了在判断托宾 Q 理论是否失效时，弱化除股市波动之外的其他因素的干扰，这里拟把每年的资本形成额在 GDP 中的占比的变动趋势与股指的变动趋势进行对比，根据两者的变动趋势是否一致，来判断托宾 Q 理论是否失效，并进而得出我国证券市场投机性是否过强的结论。表 6-3-1 中列出了 2010—2021 年我国资本形成额在 GDP 中的占比和年末上证综合指数收盘价。透过这些数据，可以看出在大多数年份中，我国资本形成额在 GDP 中占比的变动趋势与上证综合指数的变动趋势相反（如图 6-3-1 所示），即托宾 Q 理论在大多数年份是失效的，这表明我国证券市场在大多数年份存在过强的投机性。

表 6-3-1　资本形成额在 GDP 中的占比及上证综合指数收盘价

年份	GDP、资本形成额及其在 GDP 中的占比			上证综合指数 年末收盘价/点
	GDP/亿元	资本形成额/亿元	资本形成额 在 GDP 中的占比/%	
2010	408 505	191 867	46.97	2 808.08
2011	484 109	227 673	47.03	2 199.42
2012	539 040	248 960	46.18	2 269.13
2013	596 344	275 129	46.13	2 115.98
2014	646 548	294 906	45.61	3 234.68
2015	692 094	297 827	43.03	3 539.18
2016	745 981	318 198	42.65	3 103.64
2017	828 983	357 886	43.17	3 307.17
2018	915 774	402 585	43.96	2 493.90
2019	990 708	426 679	43.07	3 050.12
2020	1 025 917	442 401	43.12	3 473.07
2021	1 143 670	458 533①	40.10	3 639.78

数据来源：GDP、资本形成额及其在 GDP 中的占比来源于国家统计局（www.stats.gov.cn）发布的《中国统计年鉴（2021）》《2021 年国民经济和社会发展统计公报》以及公开信息《经济持续稳定恢复"十四五"实现良好开局》中的相关数据；上证综合指数年末收盘价来源于 wind 数据库。

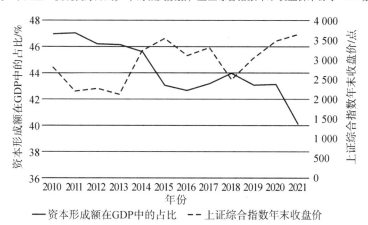

——资本形成额在GDP中的占比　－－上证综合指数年末收盘价

图 6-3-1　我国资本形成额在 GDP 中的占比及上证综合指数的变动趋势

数据来源：资本形成额及其在 GDP 中的占比来源于国家统计局（www.stats.gov.cn）发布的《中国统计年鉴（2021）》《2021 年国民经济和社会发展统计公报》以及公开信息《经济持续稳定恢复"十四五"实现良好开局》中的相关数据；上证综合指数年末收盘价来源于 wind 数据库。

---

① 该数据是根据《2021 年国民经济和社会发展统计公报》、国家统计局发布的公开信息《经济持续稳定恢复"十四五"实现良好开局》以及《中国统计年鉴（2021 年）》中的相关指标计算得到的。其计算公式为：（2021 年 GDP－2020 年 GDP）×2021 资本形成总额对经济增长的贡献率+2020 年资本形成总额。

上述分析结论也可以从 21 世纪以来形成于不同时间的理论分析和实证研究成果中得到佐证。黄范章、徐忠在区分"投资"和"投机"这两个基本概念的基础上，剖析了我国股市投机性的根源，并从体制转轨这一角度解释了我国股市的投机性①。闫敏、黄红军以"变价收益比"为核心，根据价值取向建立了分析投机性的模型，得出了"中国股市存在很强烈的投机性"这一结论，并以波动率和换手率作为指标，具体分析了中国股市中存在的非理性和非合理投机②。李海奇、刘敬、黄彩云通过构建时变系数 LMSW 模型，利用上证综合指数、深证综合指数和沪深 300 指数，分析了我国股票市场投机行为的动态变化过程，并探究了其形成原因，得出了"自 2000 年以来，伴随着几次大牛市行情，投机行为在牛市起点至牛市结束前表现为市场的主导作用""2015 年以后投机在市场交易中起主导作用"以及"市场中的主要交易者是散户和中小机构，以致过度投机的温床始终存在"的结论③。叶甜甜根据 2010 年 6 月至 2019 年 3 月之间与股市投机性密切相关的换手率、市盈率、市净率和成交量变动率指标的周度数据，利用主成分分析法构造了投机性综合指标，并根据该指标大部分大于 1 的事实，得出了"我国股市在大部分时间处于较高投机状态，而且在股市状态恶劣时投机性更强"④ 这一结论。

（三）我国证券市场过强的投机性对金融业务机构功能关系暨系统性金融风险的影响

本来，发展多层次的资本市场，提高直接融资的比重，是弥补信贷型"耐心资本"缺乏，弱化金融业务机构的短期化倾向和顺周期行为的有效选择。但是，在证券市场过强的投机性的驱使下，资本市场的资本也失去了"耐心"，甚至从来没有过"耐心"，无论是股票市场还是创投基金往往都重视短期的回报与退出⑤，投资的短期化倾向非常明显，顺周期行为非常突出。而且，由于证券一级市场和二级市场的联动关系，这种由投机动

---

① 黄范章，徐忠. 投资、投机及我国股市的投机性分析 [J]. 金融研究，2001 (6)：44-49.

② 闫敏，黄红军. 中国股市投机性分析 [J]. 经济经纬，2005 (5)：142-144.

③ 李海奇，刘敬，黄彩云. 基于时变系数模型的中国股市投机动态行为研究 [J]. 金融理论与实践，2017 (8)：81-86.

④ 叶甜甜. 基于 MS-VAR 模型的股市波动率与市场投机性关系研究 [D]. 成都：西南财经大学，2019.

⑤ 金辉. 北大国家发展研究院副院长黄益平：金融创新的最大挑战是培育资本的耐心 [N]. 经济参考报，2018-05-09 (7).

机驱使的短期化倾向和顺周期行为不仅存在于证券二级市场上，在证券一级市场上也有一定程度的存在，即投入证券一级市场的资本往往也是缺乏"耐心"的，很快就会在证券二级市场上赚取价差后退出。这一过程虽然没有减少社会资本存量，但必然会吸引更多的资金进入证券二级市场空转，从而堆积证券资产的价格泡沫。

　　这种由投机动机驱动的短期化倾向和顺周期行为对金融业务机构功能关系暨金融风险累积和传导的影响，在不同的市场状态下有着不同的表现。在市场呈现出上行态势时，突出地表现为各类金融业务机构热衷于通过过度的功能互补和协同，突破分业经营的制度约束，开展多层嵌套和加杠杆的方式，组织起大量的资金，分别在一级市场和二级市场上开展大规模的"打新股"和场外配资等活动，导致资金大量进入资本市场空转，从而堆积资产价格泡沫，并强化机构之间的关联性，由此造成金融风险体量的纵向累积和传导网络的横向编织，进而形成系统性金融风险。与此同时，各类金融业务机构还通过过度的功能替代和竞争，扩大同质资产的配置比例，导致基于同质化资产的业务关联性上升。而在预期发生逆转或市场呈现出下行态势时，各类金融业务机构又会实施"联动性"的资产抛售行为，导致资产价格泡沫破裂，并基于在市场上行阶段过度的功能互补、替代、协同和竞争而形成的业务之间以及机构之间的高度复杂化的关联关系，使风险在金融系统内迅速传导，并在传导过程中进一步强化，从而给整个金融系统造成严重的冲击。从我国金融市场运行的历史来看，无论是发生在 2008 年还是发生在 2015 年的"股灾"，虽然都有多方面的原因，但各类金融业务机构在投机动机驱使下产生的短期化倾向和顺周期行为，无疑也在其中发挥了重要的作用。

第七章 系统性金融风险的防范策略
——基于优化金融系统运行环境和格局的视角

在分业经营的制度约束下，系统性金融风险的形成机理表现为金融业务机构之间在功能上过度的互补、替代、协同和竞争关系在纵向维度上累积了金融风险，同时在横向维度上编织了风险传导的网络。金融系统结构的复杂性及与经济系统的适应性偏差是系统性金融风险的生成基础，具体表现为金融系统结构的复杂性使金融业务机构之间形成互补、替代、协同和竞争的功能关系成为可能，与此同时，金融系统与经济系统的适应性偏差又使金融业务机构之间形成这种功能关系成为必要。金融系统结构的复杂性是经济与金融的长期关系在经济发展过程中的体现，换句话说，是经济发展的必然结果，而金融系统与经济系统的适应性偏差又是经济与金融短期关系中的一种常态，因而系统性金融风险的生成基础是一种不以人的意志为转移的客观存在。在这一生成基础上，如果金融业务机构之间在功能上形成的互补、替代、协同和竞争关系保持在一定的度以内，则仅是应对金融系统与经济系统适应性偏差的必要之举，是在业务活动中对两者适应性的必要纠偏手段，但一旦突破这个度，就会导致金融风险体量的纵向累积和传导网络的横向编织，从而形成系统性金融风险。因此，系统性金融风险能否形成，取决于金融业务机构的行为，即取决于金融业务机构在利用复杂金融系统提供的可能性迎合由金融系统与经济系统的适应性偏差造就的必要性时，是否有在彼此之间建立起过度互补、替代、协同和竞争的功能关系的冲动和行动，而这又取决于特定经济发展阶段金融系统运行的环境和格局。当金融系统运行的环境和格局能够提供这种激励时，金融业务机构必然会产生在彼此之间建立上述过度的功能关系的冲动，并把这种冲动落实到行动上，这正是本书第五章和第六章已经分析过的内容。这说明，要强化系统性金融风险的防范力度，真正"守住不发生系统性金融风险的底线"，一方面应通过宏观审慎政策和严格的监管措施，在治标层面约束和规范金融业务机构的行为；另一方面应通过优化金融系统的运行环境和运行格局，在治本层面铲除在系统性金融风险的生成基础这一平台上滋生系统性金融风险的土壤。基于这样的认识，本章试图在对优化金融系统运行格局和运行环境在防范系统性金融风险中的地位和作用做出分析的基础上，提出并论述优化金融系统运行环境和运行格局的策略。

第一节 优化金融系统运行的环境和格局在防范系统性金融风险中的作用和地位

这里拟以宏观审慎政策和强监管措施的产生背景作为切入点，在介绍其内容和评价其效果的基础上，分析优化金融系统运行环境和运行格局在防范系统性金融风险中的作用和地位。

一、宏观审慎政策和强监管措施的产生背景

（一）宏观审慎政策的产生背景和形成过程

宏观审慎政策的产生可以追溯到 20 世纪 70 年代末，当时国际清算银行（Bank for Internal Settlements，BIS）就以"宏观审慎"这一概念来概括旨在防范系统性金融风险的监管理念。其后，国际货币基金组织（Internal Monetary Fund，IMF）于 1998 年 1 月发布了一个名为《迈向一个健全的金融体系框架》的报告，在该报告中，IMF 首次将宏观审慎监管的理念植入金融监管体系。发生于 2008 年的全球金融危机的重要教训就是单个金融机构的安全并不等于金融系统的安全，而且在一定程度上，单个金融机构回避风险、寻求资产安全的行为反而会加大整个金融系统的风险；忽视金融体系顺周期性的微观审慎监管在防范和化解系统性金融风险上常常显得无能为力，有时甚至对系统性风险的形成起到推波助澜的作用。这些教训使各国开启了通过强化宏观审慎监管，防范和化解系统性金融风险的理论研究和实践探索过程，并在推出《巴塞尔协议Ⅲ》和明确其过渡期安排的基

础上，金融稳定理事会先后推出了《有效金融机构处置机制核心要素》和《全球系统重要性银行认定和损失吸收能力》等文件，在宏观审慎监管的核心问题上，初步形成了国际共识。与此同时，美国、英国和欧盟等主要经济体均在制度上明确由中央银行承担宏观审慎监管和防范系统性金融风险的主要职责，着手建立和健全由中央银行主导的宏观审慎管理框架。

在这一背景下，我国于 2009 年开始了对系统性金融风险的探索研究。2010 年，中国人民银行正式宣布启动宏观审慎监管，并于 2011 年建立了以防范系统性金融风险为主要目的的差别准备金动态调整机制和合意贷款管理机制。2015 年 12 月 29 日，中国人民银行宣布从 2016 年起，将既有的差别准备金动态调整机制和合意贷款管理机制升级为宏观审慎评估体系（Macro-Prudential Assessment System，MPA）。随后，根据金融创新的现实进展和防范系统性金融风险的客观要求，中国人民银行对宏观审慎评估体系持续动态完善，考核范围不断扩大。2017 年第一季度，表外理财被正式纳入 MPA 广义信贷指标的考核范围；2018 年第一季度，同业存单被纳入 MPA 同业负债占比指标的考核范围。与此同时，我国宏观审慎监管的顶层设计也不断趋于完善。2017 年 10 月，党的十九大报告强调"健全货币政策和宏观审慎双支柱调控框架，健全金融监管体系，守住不发生系统性金融风险的底线"，明确了宏观审慎政策的目标和维护金融安全的要求；2017 年 11 月，国务院金融稳定发展委员会成立，进一步强化了中国人民银行的宏观审慎监管职责；2017 年 12 月的中央经济工作会议将"防范化解重大风险"列为"三大攻坚战"之首，并明确"重点是防控金融风险"；2018 年 7 月的政治局会议又提出了"六稳"的要求。在这一系列顶层设计的指导下，我国的宏观审慎政策不断完善。在此基础上，中国人民银行于 2021 年 12 月 31 日正式发布了《宏观审慎政策指引（试行）》，界定了宏观审慎政策的相关概念，阐述了宏观审慎政策框架的主要内容，提出了实施宏观审慎政策所需的支持保障和政策协调要求。该指引的出台标志着我国比较完善的宏观审慎政策体系基本形成。党的二十大报告强调"建设现代中央银行制度，加强和完善现代金融监管，强化金融稳定保障体系，依法将各类金融活动全部纳入监管，守住不发生系统性风险的底线"，为进一步完善和优化我国的宏观审慎政策体系指明了方向。

（二）强监管措施的产生背景和形成过程

2008 年以后，为了走出全球金融危机的阴影，我国实施了以积极的财政政策和稳健的货币政策为代表的一系列经济刺激措施，并在经济进入新常态以后，重启了金融自由化进程。面对新常态下经济增速减缓、下行态势逐步明朗的现实，以商业银行为代表的金融业务机构产生了借助"通道"将资金投入房地产和政府融资平台等领域，并在资本市场上行阶段借助"通道"将业务扩展到资本市场上的冲动，以实现逆势扩表增利润的目的。与此同时，金融与实体经济之间报酬失衡的现实以及金融创新的"内卷化"态势，又进一步强化了这种冲动。而金融自由化的重启正好迎合了这种冲动，并为把这种冲动转化为行动提供了条件。在分业监管的体制下，不同监管机构的监管目标存在差异，往往也存在不同的标准规制和执法口径，从而导致了监管冲突、监管"真空"和监管重复等问题①。在这种情况下，受到严格监管的金融业务机构会选择监管宽松的机构进行合作，变相突破监管限制，实现监管套利目的，而监管冲突和监管"真空"恰好能为监管套利活动提供机会②。

在这种情况下，监管套利活动逐步盛行起来。在监管套利活动的"裹挟"下，金融系统的大量资金偏离了支持实体经济发展的初衷，要么进入了房地产或政府融资平台等受限制的领域，要么在金融市场上空转。金融系统的资金进入房地产或政府融资平台等受限制的领域，造成了房地产价格泡沫的堆积和宏观杠杆率攀升，在纵向维度累积了系统性金融风险；金融系统的资金在金融市场上空转，除了表现为金融部门的同业理财和特定目的载体投资的规模持续上升（详见本书第六章第一节的分析）以外，还表现为商业银行对其他金融业务机构的债权规模及其在总资产中的占比持续上升的态势（如表7-1-1和图7-1-1所示），其结果是金融业务机构之间的关联性增强，提高了金融系统的脆弱性，并加剧了金融与实体经济报酬结构的失衡状态，进一步强化了经济"脱实向虚"的态势，削弱了金融稳定以及金融与经济之间良性互动的基础，还在股市上行阶段助推金融资产价格泡沫的形成。

---

① 吴风云，赵静梅. 统一监管与多边监管的悖论：金融监管组织结构理论初探 [J]. 金融研究，2002（9）：80-87.

② 李青原，陈世来，陈昊. 金融强监管的实体经济效应：来自资管新规的经验证据 [J]. 经济研究，2022（1）：137-154.

表 7-1-1　商业银行对其他金融机构的债权规模及其在总资产中的占比

年 份	商业银行对其他金融机构的债权规模（A）/亿元	商业银行总资产（B）/亿元	A 在 B 中的占比/%
2010	19 735.50	961 608.63	2.05
2011	34 329.18	1 137 867.06	3.02
2012	50 519.92	1 336 862.79	3.78
2013	72 592.28	1 524 751.55	4.76
2014	111 553.50	1 722 029.88	6.48
2015	176 579.37	1 991 556.48	8.87
2016	265 298.63	2 303 755.70	11.52

数据来源：笔者根据中国人民银行（www.pbc.gov.cn）发布的《其他存款性公司资产负债表》中的数据整理和计算。

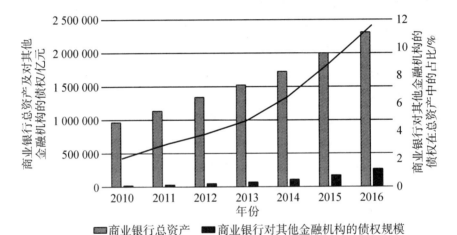

图 7-1-1　我国商业银行对其他金融机构的债权规模
及其在总资产中的占比（2010—2016 年）

数据来源：笔者根据中国人民银行（www.pbc.gov.cn）发布的《其他存款性公司资产负债表》中的数据整理和计算。

与此同时，"影子银行"的存在为监管套利活动和资金"脱实向虚"提供了"通道"，而监管套利活动的盛行和资金大规模"脱实向虚"又推动了"影子银行"野蛮生长，这可以从 2017 年以前"影子银行"规模持续上升的态势中反映出来（如图 7-1-2 所示）。

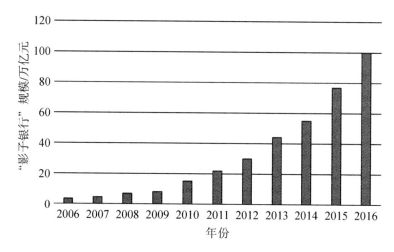

图 7-1-2　我国"影子银行"规模变动趋势（2006—2016 年）

数据来源：wind 数据库，转引自：王景华，郝志运. 强监管下金融机构的转型与发展［J］. 国际金融，2019（3）：10-16. 其中 2016 年的数据根据中国银保监会（www.cbirc.gov.cn）于 2020 年 12 月发布的《中国影子银行报告》中的相关数据做了修正。

盛行的监管套利活动和大规模的资金"脱实向虚"共存于金融系统运行过程中，两者相互强化。这种现象的本质是，以商业银行为代表的各类金融业务机构借助"影子银行"这一"通道"，在功能上构建过度的互补、替代、协同和竞争关系，以此"对抗"逆周期调控和金融监管；这种现象的结果是，在以堆积资产价格泡沫和提升宏观杠杆率的方式实现金融风险纵向累积的同时，以强化金融业务机构之间关联关系的方式编织了金融风险横向传导的网络，这正是系统性金融风险的形成过程。由此可见，监管套利、资金"脱实向虚""影子银行"野蛮生长使我国金融系统的安全面临着严峻的挑战。

在这一背景下，2017 年 7 月 14 日至 15 日召开的全国金融工作会议顺应防范和化解系统性金融风险的要求，强调要建立监管协调机制。习近平总书记在本次会议上明确提出了做好金融工作的四大原则，其中之一就是"强化监管，提高防范化解金融风险能力"。本次会议以及当年 10 月召开的党的十九大和当年 12 月召开的全国经济工作会议，都针对金融系统运行过程中存在的问题，强调了"服务实体经济""防控金融风险""深化金融改革"这三大工作任务。围绕这三大工作任务，在党的二十大报告中，又进一步强调了"加强和完善现代金融监管，强化金融稳定保障体系，依法将各类金融活动全部纳入监管，守住不发生系统性风险的底线"的要求。我国全面开启了推进金融监管体制机制改革的进程，并通过对监管体系的机构整合和制度建设，形成了强监管、严监管的市场态势①。2017年11月，旨在"加强金融监管协调、补齐监管短板"的国务院金融稳定发展委员会成立，与此同时，原中国银监会和原中国保监会合并成立中国银保监会，我国的金融监管体制正式进入国务院金融稳定发展委员会协调下的"一行二会"时代。自此，我国金融强监管的基调得以确立。2018年4月，中国人民银行、中国银保监会、中国证监会和国家外汇管理局正式联合发布了《关于规范金融机构资产管理业务的指导意见》（即《资管新规》），这标志着我国的金融强监管格局正式形成。在此基础上，《关于进一步明确规范金融机构资产管理业务指导意见有关事项的通知》《商业银行理财业务监督管理办法》《证券期货经营机构私募资产管理业务管理办法》《商业银行理财子公司管理办法》等细则和部门规章相继出台，强监管政策体系进一步完善。

二、宏观审慎政策和强监管措施的基本内容

（一）宏观审慎政策的基本内容

宏观审慎政策在内容上经历了一个动态完善的过程，按时间顺序，可以分为三个阶段。

第一阶段：2010—2015年。在这一阶段，宏观审慎政策主要表现为差别准备金动态调整机制和合意贷款管理机制。差别准备金动态调整机制是指中国人民银行根据各个商业银行信贷偏离度的大小和稳健程度的高低，按月逐个对商业银行的存款准备金率实施连续、动态的调整，以此调节和控制商业银行的信贷能力，防范信贷风险。合意贷款管理机制的基本内容是商业银行在综合自身的资本充足率、存贷比、不良贷款率等指标后，自行测算合意贷款规模，并在上报中国人民银行后，按照实际业务和流动性状况安排年度内的贷款进度。这是一种透明化、规则化的宏观审慎政策工具，有助于遏制商业银行尤其是地方性商业银行的盲目放贷行为。

---

① 邱兆祥，安世友，贾策. 强监管下金融与实体经济关系的转型升级及面临的挑战 [J]. 金融理论与实践，2019（3）：1-6.

第二阶段：2016—2021 年。在这一阶段，宏观审慎政策的内容集中反映在宏观审慎评估体系（MPA）中。MPA 的内容包括 7 个方面，共计 14 项具体指标，见表 7-1-2 所示。

表 7-1-2　宏观审慎评估（MPA）指标体系

评估内容	评估指标
资本和杠杆情况	资本充足率、杠杆率
资产负债情况	广义信贷、委托信贷、同业负债
流动性	流动性覆盖率、净稳定融资比率、遵守准备金制度情况
定价行为	利率定价
资产质量	不良贷款率、拨备覆盖率
跨境融资风险	跨境融资风险加权资产余额
信贷政策执行情况	信贷政策评估结果、信贷政策执行情况、中央银行资金运用情况

评估结果分为 A、B、C 三个档次。A 档金融业务机构可得到最大激励，享受奖励性法定存款准备金率，即法定存款准备金率可上浮 10%～30%；B 档机构的激励不变，保持既定的法定存款准备金率；C 档机构在法定存款准备金率上应受到惩罚，适当下浮 10%～30%。

第三阶段：2022 年至今。由中国人民银行在 2021 年 12 月 31 日发布，并于 2022 年 1 月 1 日正式实施的《宏观审慎政策指引（试行）》，标志着我国比较完善的宏观审慎政策体系基本形成，宏观审慎管理进入了新阶段。该指引的内容包括宏观审慎政策框架，系统性金融风险的监测、识别和评估，宏观审慎政策工具，宏观审慎政策工具的使用，宏观政策治理机制，支持与保障以及政策协调这 7 个基本方面，其主要内容如表 7-1-3 所示。

表 7-1-3　《宏观审慎政策指引（试行）》的主要内容

基本方面	主要内容
宏观审慎政策框架	宏观审慎政策目标：防范系统性金融风险 系统性金融风险的评估：整体态势评估、发生的可能性评估、潜在危害程度评估 建立宏观审慎政策工具箱：使用适当的政策工具，实现宏观审慎目标 宏观审慎政策的传导机制

表7-1-3(续)

基本方面	主要内容
系统性金融风险的监测、识别和评估	识别系统性金融风险的维度：时间维度（风险顺周期的自我强化和放大）和空间维度（风险跨机构、跨部门、跨市场、跨境传染） 系统性金融风险的监测重点：宏观杠杆率，债务水平，偿还能力，具有系统重要性影响的金融机构、金融市场、金融产品和金融基础设施 系统性金融风险的评估：一般评估和专项评估
宏观审慎政策工具	时间维度工具：资本管理工具、流动性管理工具、金融市场交易行为管理工具、跨境资本流动管理工具 结构维度工具：特定机构附加监管规定、金融基础设施管理工具、跨市场金融产品管理工具、风险处置等阻断风险传染的管理工具
宏观审慎政策工具的使用	工具的启用：适时启用和基于监管判断启用 工具的校正：适用范围的校正、指标设计的校正、政策要求的校正 工具的调节：根据评估结果并结合监管判断，适时调整宏观审慎政策工具的具体值
宏观审慎政策治理机制	中央银行可推动矩阵式管理的宏观审慎政策架构 对宏观审慎政策工具启用、校正和调整的讨论 根据职责分工实施所辖领域的宏观审慎管理工作 宏观审慎管理实施效果的跟踪、评估和披露 宏观审慎管理职责履行情况监督 宏观审慎政策沟通机制
支持与保障	宏观审慎政策相关数据的采集与共享及监督 宏观审慎相关制度的完善 突发系统性金融风险的应急机制
政策协调	建立宏观审慎工作协调机制 强化宏观审慎政策和货币政策的协调配合 强化宏观审慎政策与微观审慎监管的协调配合 加强宏观审慎政策与国家发展规划、财政政策、产业政策、信贷政策等的协调配合

从表7-1-3的内容中可以看出，该指引在强化宏观审慎监管力度的同时，还具有十分明显的统筹和协调的色彩，因而在客观上有助于构建运行顺畅的宏观审慎治理机制，推动形成统筹协调的系统性金融风险防范化解体系，在一定程度上保障金融系统健康运行。

（二）强监管措施的基本内容

《资管新规》是强监管措施的集中反映，其他与强监管相关的政策都是对《资管新规》相关内容的细化和具体化。因此，通过对《资管新规》

的解读，我们就可了解强监管措施的基本内容。通过归纳，我们可以把《资管新规》的内容概括为资管产品的范围界定和类别划分、标准化资产和非标准化资产的认定、打破刚性兑付和净值化管理、投资集中度控制、杠杆设定和份额分级、限制期限错配、禁止"资金池"业务、限制"通道"和"嵌套"、信息披露和产品统一报告制度、资本约束和准备金计提、监管原则、组织变革、过渡期安排等 13 个方面，其主要内容如表 7-1-4 所示。

表 7-1-4 《资管新规》的主要内容

资管产品的范围界定和类别划分	范围界定：包括但不限于人民币或外币形式的银行非保本理财产品，资金信托，证券公司、证券公司的子公司、基金管理公司、基金管理公司的子公司、期货公司、期货公司的子公司、保险资产管理机构、金融资产投资公司发行的资产管理产品等 类别划分：按募集方式分为公募产品和私募产品；按投资性质分为固定收益类产品、权益类产品、商品及金融衍生品类产品和混合类产品
标准化资产和非标准化资产的认定	标准化债权类资产：可分割，可交易；信息披露充分；集中登记，独立托管；公允定价，流动性机制完善；在经国务院同意设立的交易市场上交易 非标准化债权类资产：无法同时满足上述条件的债权类资产
打破刚性兑付和净值化管理	刚性兑付的认定：资产管理产品的发行人或者管理人违反真实公允确定净值原则，对产品进行保本保收益；采取滚动发行等方式，使得资产管理产品的本金、收益、风险在不同投资者之间发生转移，实现产品保本保收益；资产管理产品不能如期兑付或者兑付困难时，发行或管理该产品的金融机构自行筹集资金偿付或委托其他机构代为偿付；金融管理部门认定的其他情形 刚性兑付的处罚：存款类金融机构（按照存款业务予以规范，足额补缴存款准备金和存款保险费，并予以行政处罚）；非存款类金融机构（由金融监管部门和中国人民银行依法纠正并予以处罚） 净值化管理：坚持公允价值计量原则，鼓励使用市值计量；允许符合规定条件的部分资产以摊余成本计量
投资集中度控制	单只公募资管产品投资单只证券或者单只证券投资基金的市值不得超过该资产管理产品净资产的 10% 同一金融机构发行的全部公募资管产品投资单只证券或单只证券投资基金的市值不得超过该证券市值或者证券投资基金市值的 30%。其中，同一金融机构全部开放式公募资管产品投资单一上市公司发行的股票不得超过该上市公司可流通股票的 15% 同一金融机构全部资管产品投资单一上市公司发行的股票不得超过该上市公司可流通股票的 30%

表7-4(续)

杠杆设定和份额分级	杠杆设定：开放式公募产品上限140%；封闭式公募产品、私募产品上限200% 份额分级：公募产品和开放式私募产品不得进行份额分级；可分级的封闭式私募产品负债杠杆上限140%；固定收益类分级比例上限3∶1；权益类分级比例上限1∶1；商品及金融衍生产品类和混合类分级比例上限2∶1
限制期限错配	封闭式资管产品期限不得低于90天；资管产品投资非标债权资产的，资产的终止日不得晚于封闭式资管产品的到期日；资产的终止日不得晚于开放式资管产品的最近一次开放日；资管产品投资于未上市企业股权及受（收）益权，应当为封闭式资管产品，并明确退出安排；未上市企业股权及受（收）益权退出日不得晚于封闭式资管产品的到期日
禁止"资金池"业务	金融机构应当做到每只资产管理产品的资金单独管理、单独建账、单独核算，不得开展或者参与具有滚动发行、集合运作、分离定价特征的"资金池"业务
限制"通道"和"嵌套"	允许资管产品再投资一层资管产品，但所投资的产品不得再投资公募证券投资基金以外的产品 禁止开展规避投资范围、杠杆约束等监管要求的"通道"业务
信息披露和产品统一报告制度	中央银行负责统筹资产管理产品的数据编码和综合统计工作 金融机构于每只资产管理产品成立后5个工作日内，向中央银行和监管部门同时报送产品基本信息和起始募集信息；于每月10日前报送存续期募集信息、资产负债信息；于产品终止后5个工作日内报送终止信息
资本约束和准备金计提	金融机构应按照资产管理产品管理费收入的10%计提风险准备金，或者计量操作风险资本或相应风险资本准备 风险准备金余额达到产品余额的1%时可以不再提取
监管原则	机构监管与功能监管相结合；实行"穿透式"监管；强化宏观审慎管理；实现实时监管
组织变革	主营业务不包括资产管理业务的金融机构应当设立具有独立法人地位的资产管理子公司开展资产管理业务，强化法人风险隔离；暂不具备条件的可以设立专门的资产管理业务经营部门开展业务 应当确保资产管理业务与其他业务相分离、资产管理产品与其代销的金融产品相分离、资产管理产品之间相分离、资产管理业务操作与其他业务操作相分离
过渡期安排	文件规定的过渡期在2020年底结束，实际延长到2021年底

《资管新规》作为强监管措施的集中体现，其内容很丰富，但核心内容主要集中在四个方面，即统一监管标准（包括统一资管产品的范围界定和类别划分、统一非标资产认定标准、统一产品杠杆水平、统一投资集中度控制标准、统一信息披露要求等多个方面）、打破刚性兑付、严格禁止"资金池"业务、净值化管理。这些内容都反映了监管当局在统一监管标准的基础上，通过对金融业务机构行为施加必要的控制，以阻止金融风险纵向累积和横向传导的意图。这些措施对金融业务机构行为的影响直接且一时难以被金融创新突破，在防范系统性金融风险方面能在短期内产生较好的治标效果。

三、宏观审慎政策和强监管措施在防范系统性金融风险中的效果及可持续性分析

（一）宏观审慎政策和强监管措施在防范系统性金融风险中的效果

从宏观审慎政策和强监管措施的基本内容中可以看出，其在防范和化解系统性金融风险的过程中主要有三个着力点，分别是遏制系统性金融风险的形成、防止系统性金融风险的发生以及强化金融业务机构和金融系统的风险承受力和吸收力。

遏制系统性金融风险的形成主要表现为通过限制金融业务机构的行为来保障逆周期调控的效果，遏制宏观杠杆率上升和资产价格泡沫堆积，同时削弱金融业务机构之间的关联性，以实现对风险传导网络的阻断，这是宏观审慎政策和强监管措施防控系统性金融风险的主要着力点。而系统性金融风险的形成是各类金融活动的主体实施不当行为的结果，其中以商业银行为代表的金融业务机构之间在经营过程中构建过度的互补、替代、协同和竞争的功能关系的行为，是形成系统性金融风险的最直接的原因。由此可见，宏观审慎政策和强监管措施注重对金融业务机构行为的限制，抓住了防控系统性金融风险过程中的主要矛盾。

阻止系统性金融风险的发生除了表现为在流动性覆盖率、净稳定融资比率、法定存款准备金率等方面提出明确的要求并加强考核以外，还通过对经济系统和金融系统运行状况的监测，及时发现各类风险点，并采取必要措施予以化解，以此"拔除"引发系统性金融风险这颗"炸弹"的"雷管"。实际上，自 2022 年上半年以来，政府和金融当局为稳定房地产市场而采取的一系列措施，正是体现了宏观审慎政策和强监管措施在防止

系统性金融风险发生中所做的努力。

强化金融业务机构和金融业务系统对风险的承受力和吸收力，主要表现为通过贯彻《巴塞尔协议Ⅲ》，全面提高金融业务机构的资本充足率要求，同时设立逆周期缓冲资本制度，并对系统重要性金融机构提出附加资本要求。资本是金融业务机构抵挡金融风险，防止破产倒闭的最后一道屏障，资本充足率也是限制其资产业务盲目扩张的有效工具。全面提高金融业务机构的资本充足率要求，可增强金融系统整体的风险承受能力；设立逆周期缓冲资本，可跨周期平滑金融业务机构的风险承受能力；对系统重要性金融机构提出附加资本要求，可进一步增强这类金融业务机构的风险承受能力，避免因其发生风险而在金融系统内形成"多米诺骨牌效应"。

上述三个着力点表明，在防范和化解系统性金融风险上，宏观审慎政策和强监管措施注重的是"末端"控制（着眼于防止风险发生）和"近末端"控制（着眼于通过控制金融业务机构的行为来防止风险的形成以及增强金融业务机构的风险承受力），因而在短期内能够收到较好的治标效果。中国银保监会于 2020 年 12 月发布的《中国影子银行报告》显示：2019 年末，广义"影子银行"规模降至 84.80 万亿元，较 2017 年初 100.4 万亿元的历史峰值缩减了近 16 万亿元。风险较高的狭义"影子银行"规模降至 39.14 万亿元，较历史峰值缩减了近 12 万亿元。其中，复杂结构的交叉金融业务大幅压缩，同业理财从 6.8 万亿元降至 2019 年末的 0.84 万亿元，同业特定目的载体投资从 23.05 万亿元降至 15.98 万亿元。此外，穆迪公司于 2021 年 9 月发布的《中国影子银行季度监测报告》也显示："2021 年上半年广义'影子银行'资产减少约 1.34 万亿元，降至 57.8 万亿元，延续了 2017 年以来的下降趋势。""2021 年第二季度商业银行对非银行金融机构的净债权余额下降 1.0 万亿元，降至 1.4 万亿元，这是 2015年第三季度以来的最低水平，接近 2017 年 3 月峰值的 1/10。"[①] 这些数据表明，在宏观审慎政策和强监管措施实施以后，金融业务机构的不当行为已明显减少，相互之间过度互补、替代、协同和竞争的功能关系已明显削弱，无论是金融风险的纵向累积态势，还是横向传导基础，或是资金"脱实向虚"的倾向，都受到了遏制和削弱，这在一定程度上夯实了金融稳定

---

① 新浪金融研究院. 穆迪：影子银行资产持续下降，银行与非银机构关联性降至 6 年低点 [EB/OL]. (2021-09-30) [2022-07-31]. https://finance.sina.com.cn/roll/2021-09-30/doc-iktzs-cyx7314320. shtml? cref=cj.

的基础。这一结论也可以在既有的实证研究成果中得到佐证。例如，李青原、陈世来和陈昊以 2016—2019 年中国 A 股市场非金融非房地产类企业的半年度数据为样本，通过构建广义 DID 模型，对《资管新规》做准自然实验，以此检验强监管措施的实体经济效应。其实验结果表明，《资管新规》实施后，金融化程度较高的企业投资显著增加，强监管措施遏制了企业"脱实向虚"的态势①。又如，马亚明和胡春阳引入极值理论模型，依次测算了我国上市非银行金融机构的自身极端风险概率、极端风险网络关联度以及金融系统整体极端风险网络关联度。其研究结果表明，开启金融强监管周期后，证券、信托、保险三类机构自身的极端风险概率均有所降低，三类机构的极端风险网络关联度也有降低，金融系统整体极端风险网络关联度也明显下降②。再如，王道平等基于 2013—2020 年我国上市银行的微观数据所做的研究表明，虽然金融科技水平提升会增加银行风险承担倾向，加深银行之间关联程度，进而导致其系统性金融风险显著放大，但加强宏观审慎监管能有效削弱金融科技的系统性风险溢出效应③。此外，郭娜、王少严和胡佳琪通过构建包含家庭部门、商业银行、非金融部门以及"双支柱"调控政策的 NK-DSGE 模型，考察了不同外生冲击下房价波动对金融稳定的影响，并证实了不同的宏观审慎监管工具的调控效果④。

（二）效果的可持续性分析

宏观审慎政策和强监管措施在防范和化解系统性金融风险方面虽然效果明显，但作为一种"末端"和"近末端"控制的手段，其效果的可持续性值得怀疑。

首先，包括《资管新规》在内的一系列强监管措施能否兼顾保持金融系统的活力和维护金融稳定的双重要求、是否在一定程度上反映了监管机构的短期行为、有没有跳出"一松就乱，一紧就死"的怪圈，这些问题都需留待时间来回答。总的来说，在强监管背景下，金融乱象虽然得到明显

① 李青原，陈世来，陈昊.金融强监管的实体经济效应：来自资管新规的经验证据［J］.经济研究，2022（1）：137-154.

② 马亚明，胡春阳.金融强监管与非银行金融机构极端风险的深化［J］.管理科学学报，2021（2）：75-98.

③ 王道平，刘杨婧卓，徐宇轩，等.金融科技、宏观审慎监管与我国银行系统性风险［J］.财贸经济，2022（4）：71-84.

④ 郭娜，王少严，胡佳琪.房地产价格、金融稳定与宏观审慎监管：基于 NK-DSGE 模型的研究［J］.武汉金融，2022（6）：3-12.

控制，但金融乱象生存的土壤尚未被真正铲除。

其次，赋予中央银行宏观审慎管理和系统性金融风险防范职责，使中央银行集货币政策目标和金融稳定目标于一身，易导致行为冲突。根据"丁伯根法则"，要实现多项政策目标，至少需要与其数量相等的政策工具。目前虽然在名义上已有诸如"流动性覆盖率""拨备覆盖率""净稳定融资比率"等宏观审慎管理工具，但实际上，这些仅仅是评价宏观审慎管理效果的中介指标而已，中央银行并没有真正掌握类似于"三大法宝"的可以自主操作的政策工具，宏观审慎政策在工具发掘上的成就依然非常有限。这种情况将迫使中央银行将其实现货币政策目标的工具箱扩展到宏观审慎政策范围内①，使货币政策目标和金融稳定目标互为约束条件，当两者发生冲突时，中央银行的取舍和权衡将直接影响其政策效果。

再次，宏观审慎政策和以《资管新规》为主的一系列强监管措施，主要着力点是限制金融业务机构的行为，因而在效果上有强烈的治标色彩。随着金融产品或服务方式的进一步创新，这种行为限制很容易被突破。事实上，强监管措施本身就是在原有的行为限制措施被金融创新突破的背景下，对既有的监管措施"打补丁"而已，而当这些"补丁"又被新的金融创新突破（从理论和历史经验来看，只要金融系统的运行环境和运行格局为金融业务机构提供了通过创新来突破监管约束的激励和动力，那么，金融监管约束迟早会被金融创新突破）时，监管当局就只能在原有的"补丁"上继续"打补丁"。而这无疑会使金融监管系统进一步复杂化和精细化，从而也陷入"内卷化"困境，并产生高昂的摩擦成本和运行成本。这种摩擦成本和运行成本的外在化，就是对实体经济发展的阻滞和产生新的金融风险。为了避免出现这种情况，监管当局面对监管约束被金融创新突破的现实时，采取"睁一只眼，闭一只眼"或"视而不见"甚至"顺水推舟"的态度，也就无可厚非了。

最后，鉴于金融业务机构的资产管理业务在系统性金融风险形成过程中较高的"贡献度"，旨在通过限制金融业务机构的行为实现防范系统性金融风险目的的强监管措施，一开始就把重点放在了资产管理领域，在其他金融业务领域缺少相应的统筹，有着明显的"头痛医头，脚痛医脚"的倾向。这种监管措施的力度通常难以被准确把握，很容易因监管力度把握

---

① 程炼. 对宏观审慎政策的再思考 [J]. 银行家，2018（10）：44-45.

不当而误伤实体经济，并引发新的金融风险。事实上，2022年上半年以来，我国的房地产市场在稳定性方面面临的巨大威胁，在很大程度上说，正是金融强监管力度把握失当导致房企杠杆断裂和市场预期被逆转的结果。

综上所述，以《资管新规》为主的一系列强监管措施虽然在短期内能取得较好的治标效果，但从长期来看，其本身的可持续性也是值得怀疑的。

四、分析结论：优化金融系统运行的环境和格局是从根本上防范和化解系统性金融风险的必然选择

前面的分析表明，宏观审慎政策和强监管措施有着比较浓厚的治标色彩，虽然短期内能在防控系统性金融风险方面产生明显的效果，但从长期来看，无论是在宏观审慎政策的可操作性方面，还是在强监管措施本身及其效果的可持续性方面，均值得怀疑。金融系统结构的复杂性及与经济系统的适应性偏差是系统性金融风险的生成基础，这种生成基础是一种不以人的意志为转移的客观存在，为系统性金融风险的生成提供了平台。在这一平台上，系统性金融风险能否形成取决于是否具有滋生此类风险的土壤，即激发金融业务机构在相互之间构建过度的功能互补、替代、协同和竞争关系的因素，而这些土壤是否存在，又取决于金融系统的运行环境和运行格局。由于强监管措施具有明显的"头痛医头，脚痛医脚"的倾向，缺少对金融系统运行的全局性统筹，因而该措施以及宏观审慎政策实施以来，系统性金融风险虽明显下降，但滋生系统性金融风险的土壤并未被真正铲除，这意味着系统性金融风险的隐患依然存在。因此，要从根本上防范和化解系统性金融风险，优化金融系统运行的环境和格局是必然选择。

金融系统的运行环境和运行格局处于动态变化之中，其对系统性金融风险的影响也表现为一个动态过程，因而基于防控系统性金融风险这一出发点而对金融系统运行环境和运行格局进行的优化，也是一个动态的过程。本书第六章的分析结果表明，现阶段在金融系统结构的复杂性及与经济系统的适应性偏差这一平台上滋生系统性金融风险的土壤主要表现为金融与实体经济报酬结构失衡、分业经营制度约束下的混业冲动、由无序的金融创新引发的金融系统"内卷化"运行态势以及信贷型"耐心资本"缺乏和证券市场过强的投机性。因此，现阶段优化金融系统的运行环境和运行格局必须从这些方面入手。

第二节　当前优化金融系统运行环境和格局的策略选择

一、平衡金融与实体经济的报酬结构

实现金融与实体经济在报酬结构上的平衡是防止资本和其他生产要素"脱实向虚",弱化金融机构寻求功能过度替代和竞争,防止资本在金融市场上空转,遏制金融风险累积和传导进而防范系统性金融风险的必要选择。基于经济增长的要求,金融与实体经济之间合理的报酬结构应是实体经济占优,以便激励要素资源更多地投向实体经济。但是,鉴于收益与风险匹配的要求以及金融自由化浪潮下金融扩张所带来的规模经济效应,金融业的回报率高于实体经济在大多数国家已成为一种趋势和常态。在这种情况下,金融与实体经济在报酬结构意义上平衡的标准应是:能体现出金融部门和实体经济部门在行业进入壁垒以及各自应当承担和能够承担的正常行业风险、经营风险、政策风险和合规风险等方面的差异,并且不会引起资本、技术和人才等要素大规模"脱实向虚",金融的跨周期稳定能得到保障的合理收益差异。为了打造这种平衡关系,必须真正打破刚性兑付和隐性担保,提升收益与风险匹配度;进一步推进利率市场化,用"看不见的手"来调节金融活动的收益水平;加强对具有"影子银行"色彩的金融机构及其业务的监管,压缩监管套利空间;利用差异化的税收政策,调节金融部门和实体经济部门的收益水平。通过这一系列措施,形成金融与实体经济的无套利均衡状态,既保持金融系统的活力,又避免金融系统在资本、技术和人才方面对实体经济的"挤出",从而削弱金融业务机构相互之间构建过度的功能替代和功能竞争关系的内在激励,防止金融风险的累积和传导,推动形成"金融活,经济活;金融稳,经济稳;经济兴,金融兴;经济强,金融强"的良性互动格局。

（一）完善存款保险制度和真正打破资管业务刚性兑付,提升金融活动收益与风险的匹配度

隐性担保和刚性兑付常常导致金融活动的收益与风险不匹配,从而加剧金融部门与实体经济部门报酬结构的失衡状态。在存款保险制度和《资管新规》实施之前,隐性担保和刚性兑付是造成金融部门与实体经济部门之间报酬结构失衡的重要原因,也是资金"脱实向虚"的重要推动力量。

1. 完善存款保险制度

隐性担保关系主要存在于政府与金融业务机构（通常是国有金融业务机构）尤其是商业银行之间，其基本表现形式是政府通过政策导向或资本关系，"含蓄"地为金融业务机构尤其是商业银行的信用"背书"，或者使社会公众坚信在金融业务机构发生危机时政府会无条件救助。隐性担保的直接结果是金融业务机构获得的收益与其所承担的风险不对等，具体表现为在获得既定收益的前提下，承担的风险过低；或者在承担既定风险的前提下，获得的收益过高。无论哪种结果，都会在实质上导致金融部门与实体经济部门之间报酬结构的失衡，并在两者之间形成套利机会。2015 年 5 月 1 日，我国正式实施存款保险制度，这标志着政府对商业银行尤其是国有商业银行的隐性担保基本被打破，商业银行原先凭借政府的隐性担保而获得的超额收益，从此将因缴纳存款保险费而被抵消或被部分抵消。因此，存款保险制度的实施有助于平衡金融部门与实体经济部门的报酬结构，减少两者之间的套利机会，遏制资金"脱实向虚"的态势，弱化金融业务机构在相互之间构建过度的功能替代和功能竞争关系的冲动，进而防止金融风险的累积和传导。

尽管如此，现行的存款保险制度在平衡金融部门与实体经济部门的报酬结构，进而防范系统性金融风险方面，依然存在缺陷，这种缺陷突出地表现为提升了商业银行的风险偏好。存款保险制度锁定了存款人的终极风险，减轻了商业银行的风险防控压力，在统一的保险费率和保障限额下，商业银行极易产生通过提升短期风险偏好来寻求更大收益的机会主义倾向。这种倾向一旦被付诸行动，就会使商业银行承担本不应承担的风险和获得本不应获得的收益，从而在加大金融系统脆弱性的同时，加剧金融部门与实体经济部门报酬结构的失衡状态。因此，为了有效发挥存款保险制度对金融部门与实体经济部门报酬结构的平衡作用，还必须在加强对商业银行行为监管的同时，在完善监管部门和存款保险部门信息共享机制的基础上，进一步优化存款保险制度，根据商业银行的行为、资产结构和质量、资本充足率等，动态制定差异化的存款保险费率标准和保障限额，以此约束商业银行不恰当的风险偏好，在遏制风险累积和传导的同时，平衡金融部门与实体经济部门的报酬结构。

2. 真正打破资管业务刚性兑付

刚性兑付对金融部门与实体经济部门报酬结构平衡性的影响主要表现

在两个方面；一是风险由金融业务机构承担，使风险过度集中在金融系统中，在加剧金融系统脆弱性的同时，使金融业务机构通过过度承担风险而获得超额收益，加大了金融部门与实体经济部门报酬结构的失衡状态；二是增加了金融投资者的无风险收益，扭曲了市场定价机制，加大了金融投资与实体经济投资的收益差距，同样加大了金融部门与实体经济部门报酬结构的失衡状态。无论哪一种情况，都扩大了金融部门与实体经济部门之间的套利机会，必然引发资金"脱实向虚"的态势，并导致"影子银行"野蛮生长，促成金融业务机构之间过度的功能替代和功能竞争关系（详见本书第六章第一节的分析）。因此，打破刚性兑付是优化金融部门与实体经济部门的报酬结构，理顺金融业务机构之间的功能关系，进而防范系统性金融风险的必要选择。为此，《资管新规》明确禁止了刚性兑付。在刚性兑付的认定标准上，《资管新规》除了列举"资产管理产品的发行人或者管理人违反真实公允确定净值原则，对产品进行保本保收益"等三种常见情形外，还特别强调了"金融管理部门认定的其他情形"。这既反映了《资管新规》在禁止刚性兑付方面"疏而不漏"的严密性，同时也隐含着刚性兑付的相关禁止性条款在未来被金融创新突破的可能性。因此，要真正打破刚性兑付，还需要监管部门采取与时俱进的监管措施，持续关注金融创新的动态，按照"实质重于形式"的原则，科学判别和认定各种表象掩盖下的实质性刚性兑付现象。这既是平衡金融部门与实体经济部门的报酬结构，优化金融业务机构之间的功能关系，防范系统性金融风险的客观要求，同时也是对监管部门的监管能力和智慧的考验。

（二）进一步推进利率市场化进程，用"看不见的手"来调节金融活动的收益水平

利率市场化在平衡金融部门与实体经济部门报酬结构的过程中的作用主要体现在两个方面：一是通过形成市场化的存贷款利率，推动金融业务机构尤其是商业银行的利差收入合理化；二是推动形成合理的金融资产价格水平，进而实现金融活动收益的合理化。因此，推进利率市场化进程，是利用"看不见的手"调节金融活动的收益水平，进而平衡金融部门与实体经济部门报酬结构的必要选择。

我国的利率市场化进程是从 1996 年中央银行放开同业拆借利率开始的。20 多年来，依照"先放开货币市场利率和债券市场利率，再逐步推进存贷款利率市场化"的总体思路，我国的利率市场化进程持续推进，继货

币市场和债券市场利率实现完全市场化之后，存贷款利率的市场化进程明显加快。按照"先贷款，后存款"的顺序，在放开贷款利率在基准利率基础上浮动的上下限之后，2019 年我国开启了改革完善 LPR（贷款市场报价利率）报价机制，推动"两轨合一轨"的进程。经过近几年的持续推进，LPR 改革已取得明显成效，贷款利率市场化改革已有重大突破。这一切无疑为优化金融市场的资源配置功能，推动金融部门收益水平的合理化，进而平衡金融部门与实体经济部门的报酬结构创造了条件。

相较于贷款利率的市场化进程，存款利率的市场化进程仍显滞后。虽然随着存款保险制度的实施、存款利率浮动上下限的放开以及大额可转让定期存单（CDs）的推出，存款利率的市场化改革也已取得重大进展，但是，存款利率的市场化色彩依然比较淡薄。相较于贷款市场的竞争格局，在存款保险制度实施以后，作为同质化程度最高的银行产品，存款市场本应是一个接近完全竞争的市场，不同银行的存款利率本不该有过于明显的差异，但实际情况却是不同规模的银行之间存款利率的差异非常明显，具体表现为大银行的存款利率在基准利率基础上的上浮幅度明显低于规模较小的银行，国有银行存款利率的上浮幅度最低，规模越小的银行，存款利率的上浮幅度越大，由此形成了国有银行的利差明显大于中小银行的格局。通常，利率市场化会导致利差缩小，而实际情况却是国有银行依托自身的寡头垄断地位，继续维持着较高的利差水平。在国有银行占有绝大部分市场份额的竞争格局中，这样的利差分布无疑会提升银行部门乃至整个金融部门的整体收益水平，从而加剧金融部门与实体经济部门报酬结构的失衡状态。

这种情况表明，虽然存贷款利率市场化改革都已有了重大突破，但基准利率体系仍不完善，市场利率定价自律机制以及利率市场化传导机制仍不健全。因此，为了平衡金融部门与实体经济部门的报酬结构，必须进一步培育合理的基准利率体系，进一步推进利率"两轨合一轨"工作，打通利率市场化传导机制，探索货币市场工具贴现率（Discount Rate，DR）、上海银行间同业拆放利率（Shanghai Interbank Offered Rate，SHIBOR）等反映金融机构负债成本变化的市场化利率对存款利率的引导作用，健全货币当局的利率调控机制。

（三）加强对具有"影子银行"色彩的金融机构及其业务的监管，压缩监管套利空间

监管套利活动能够给金融业务机构带来本不应获得的"灰色收入"，

从而加剧金融部门与实体经济部门报酬结构的失衡状态。因此，压缩监管套利空间同样是平衡金融部门与实体经济部门报酬结构，进而优化金融业务机构之间的功能关系的必要选择。

在分业经营的制度约束和逆周期调控背景下，监管套利活动通常是以具有"影子银行"色彩的金融机构和金融业务（如信托机构及其运作的信托计划）为"通道"，通过构建金融业务机构之间过度的功能互补和协同关系来实施的，其结果是进一步加剧金融部门与实体经济部门报酬结构的失衡状态，增强资金"脱实向虚"的态势，并由此激发金融业务机构借助"影子银行"来构建更加过度的功能替代和竞争关系，以迎合"脱实向虚"资金的收益要求和顺周期冲动。在这一过程中，具有"影子银行"色彩的金融业务机构及其运作的业务发挥了关键作用。因此，要压缩监管套利空间，平衡金融部门与实体经济部门的报酬结构，必须强化对"影子银行"及其业务的监管。

《资管新规》通过限制"通道"和"嵌套"的方式压缩了监管套利空间，并取得了一定的效果，但因合理的"通道"依然保留也应当保留，这就给金融业务机构通过"创新"，以合理的面目掩盖不合理的业务事实，继续实施监管套利活动提供了可能。在《资管新规》的过渡期正式结束半年以后，四川省银保监局于 2022 年 7 月公布了对中铁信托的处罚决定，在十条处罚理由中有两条（通过股权投资方式变相为房地产开发项目提供债务融资、为商业银行规避监管提供"通道"）涉及监管套利活动。这一处罚决定一方面表明监管部门对监管套利等违规行为的"零容忍"态度，另一方面也表明监管套利活动正在通过创新，以更加隐蔽的方式实施。因此，要真正杜绝监管套利行为，同样还需要监管部门采取与时俱进的监管措施，持续关注金融创新的动态，按照"实质重于形式"的原则，科学判别和认定各种表象掩盖下的实质性监管套利现象。这同样既是平衡金融部门与实体经济部门的报酬结构，优化金融业务机构之间的功能关系，防范系统性金融风险的客观要求，同时也是对监管部门的监管能力和监管智慧的考验。

（四）在强化对实体经济发展的支持的同时，利用差异化的税收政策，调节金融部门和实体经济部门的收益水平

面对现阶段金融部门的资本回报率明显高于实体经济部门的现实，平衡两者报酬结构的最根本举措应是在提升实体经济部门的资本回报水平的

同时，调节金融部门的过高收益。

提高实体经济部门资本回报水平的关键是要强化对实体经济发展的支持。为此，应继续用好用足积极的财政政策手段，做好退税、减税、降费等工作，对实体经济实施精准"滴灌"，助力实体经济轻装前行、优化结构和转型升级。与此同时，应注重金融对经济发展的主导作用，加大稳健的货币政策的实施力度，提升金融机构的信贷投放能力，加大对小微企业、科技创新和绿色发展项目的支持力度，降低企业综合融资成本①。在此过程中，应注重创新直达实体经济的货币政策工具，充分发挥常备借贷便利（SLF）、抵押补充贷款（PSL）、中期借贷便利（MLF）、定向中期借贷便利（TMLF）等非常规货币政策工具对资金投向的引导作用。

与此同时，还应注重利用差异化的税收政策来调节实体经济部门和金融部门的收益水平。金融部门有很高的准入门槛，开业前除了要取得市场监督管理部门颁发的"营业执照"以外，还须取得相应的监管部门颁发的"经营金融业务许可证"，可视为特许经营行业，因而其资本回报中有很大一部分属于制度红利和政策红利。利用税收手段对这种建立在特许经营基础上的制度红利和政策红利进行统筹和调剂，既是平衡金融部门与实体经济部门的报酬结构，防范系统性金融风险的需要，也是有效发挥税收的经济调节功能和分配关系调节功能，实现社会公平，推动经济高质量发展的客观要求。

二、稳妥、审慎地推进混业经营

（一）混业经营对系统性金融风险的影响辨析

在混业经营对系统性金融风险的影响这一问题上，现行的主要观点是金融混业经营会加大系统性金融风险。其理由主要是：在混业经营模式下，各类金融业务机构开展的多种金融业务之间以及不同类别的多种金融机构之间，会因混业经营而形成较强的关联性，因而存在比较严重的风险传染效应。例如，梁琪和常姝雅采用可以处理高维时序变量的 LASSO - VAR 模型和广义方差分解方法，构建了我国 63 家上市金融机构以及房地产机构的波动风险关联网络，探究了不同时期系统性金融风险的产生原因及跨部门传染特征，得出了"混业经营可以提高不同部门机构之间实际关

---

① 周人杰. 更加有效支持实体经济发展 [N]. 人民日报，2022-04-01（005）.

联水平，从而成为不同部门之间风险关联水平上升的重要推动因素之一，且混业经营程度越高的机构跨部门风险传染效应越显著，并在危机时期提升了系统性金融风险水平"的结论①。

虽然这类主流观点具有一定的说服力，但这仅仅是在"业务关联性因混业经营而增强，机构关联性没有因混业经营而减弱"或者"机构之间的关联性因混业经营而减弱的幅度小于业务关联性的上升幅度"这种假设前提下得出的结论。实际上，就对系统性金融风险的影响而言，由于在分业经营制度约束下产生的混业经营冲动和行动常常通过构建过度的功能互补和协同关系的方式实现，既会强化业务之间的关联性，也会强化机构之间的关联性，因而比法律许可下的混业经营具有更强的风险累积和传导作用。但是，当适度的混业经营活动被制度允许时，"影子银行"的"通道"作用将被削弱，如果再对多层嵌套和加杠杆的交易结构加以必要的限制，则机构之间的关联性将大幅度下降。在这种情况下，只要业务关联性的上升幅度小于机构关联性的下降幅度，这种混业经营就能对系统性风险的防范和化解发挥正向作用，稳妥、审慎推进混业经营所要追求的正是这种结果。

因此，在防范系统性金融风险的问题上，相较于严格的分业经营规制，稳妥、审慎地推进混业经营应是一种更好的选择。

（二）我国金融混业经营模式的选择

在我国金融混业经营模式的选择上，主要有两种观点：一是应选择金融控股公司模式，即主张由受同一金融控股公司控制的不同金融业务机构分别从事银行、证券、保险、基金、信托等金融业务；二是应选择全能银行模式，即主张由商业银行经营全部金融业务，甚至可以持有非金融性公司的股份。前者如王鹤立通过对美、日、德、韩等国混业经营模式的分析，得出了"我国在混业经营模式的选择上应借鉴美国金融控股公司模式"的结论②；后者如戴群中从增强商业银行的竞争力、降低商业银行的经营风险以及促进国有企业改革等方面，分析了发展全能银行的必要性③；又如徐文彬介绍了德国全能银行制的起源和发展过程，并总结出了对我国商业银行改革的启示，在此基础上提出了"我国商业银行应借鉴德国全能

① 梁琪，常姝雅. 我国金融混业经营与系统性金融风险：基于高维风险关联网络的研究 [J]. 财贸经济，2020（11）：67-82.

② 王鹤立. 我国金融混业经营前景研究 [J]. 金融研究，2008（9）：188-197.

③ 戴群中. 德国全能银行制度及其对我国的启示 [J]. 税务与经济，2007（2）：29-33.

银行模式，实行综合化经营"的观点①。实际上，除了上述两种模式以外，还有一种介于两者之间的混业经营模式，即银行类金融控股公司模式。银行类金融控股公司模式的特点是由商业银行或其子公司控股的不同金融机构分别开展证券、保险、基金、信托等金融业务，该模式也可视为一种特殊的金融控股公司模式（即由商业银行或其子公司充当金融控股公司）。

严格地讲，无论是一般的金融控股公司模式还是特殊的银行类金融控股公司模式，都不是真正意义上的混业经营模式，因为这两种模式仅仅在控股公司的合并报表上反映了"混业"的成果，而由其控股的金融业务机构依然只能在既定的业务范围之内从事相关业务活动，在经营层面并没有体现出"混业"的特征。从产生背景来看，这两种模式仅仅是在分业经营制度约束下的创新而已，只不过是在一定程度上规避分业经营制度约束的结果，而非在分业经营制度废除后对金融业经营模式选择的结果。严格意义上的混业经营模式仅仅是指全能银行模式，包括"商业银行＋投资银行""商业银行＋投资银行＋保险公司"以及"商业银行＋投资银行＋保险公司＋非金融性公司股东"这三种具体模式，其中最常见且被普遍认同的是第二种模式。

在选择我国金融混业经营的模式时，应综合考虑推动混业经营的目的、我国金融业发展的历程和发展趋势以及金融改革的现实要求等影响因素。首先，从推动混业经营的目的来看，除了顺应金融业发展趋势，增强我国金融业的国际竞争力之外，还有理顺金融业务机构之间的功能关系，降低机构关联性，防止金融风险累积和传导的目的。鉴于金融控股公司模式和银行类金融控股公司模式并非真正意义上的混业经营模式，金融业务机构通过强化相互之间的功能互补和协同关系来实现真正意义上的混业经营的冲动，不会因采用该类经营模式而被削弱，因而指望通过采用该类经营模式来强化系统性金融风险的防范力度，显然是不现实的。这决定了无论是金融控股公司模式，还是银行类金融控股公司模式，都不是我国金融混业经营模式的最终选择。其次，从我国金融业的发展过程和发展趋势来看，银行在我国金融机构体系中一直占据主体地位，以商业银行为主导的间接融资是我国融资体系的主要构成部分，这样的格局将会长期维持（至少在短期内不会改变），这决定了我国金融业的混业经营将突出地表现在

---

① 徐文彬. 德国全能银行制度对我国商业银行的启示 [J]. 经济研究参考，2011 (5)：69-71.

商业银行业务的综合化上。最后，从我国金融改革的现实要求来看，完善多层次资本市场体系、提高直接融资的比重以及强化重大风险防控力度是金融改革的重要内容，这决定了服务于直接融资的投资银行（证券公司）以及致力于管理风险和提供经济补偿的保险公司等金融业务机构在金融系统中的地位将得到进一步的强化和提升。

上述分析表明，在我国金融混业化进程中，既能迎合防范系统性金融风险的要求，又能与我国金融业发展的历程和趋势保持一致，同时又能满足金融改革的现实要求的混业经营模式，应是"商业银行的综合化经营+投资银行（证券公司）和保险公司的专业化经营"。

（三）稳妥、审慎地推进混业经营的路径思考

在明确了"商业银行的综合化经营+投资银行（证券公司）和保险公司的专业化经营"的混业经营模式以后，对这一模式的实施就集中体现在推进商业银行的综合化经营上。由于商业银行长期受到分业经营制度约束，混业经营的冲动长期无法充分释放，在综合化经营上采取"一步到位"的做法，是商业银行经营理念、经营能力和行为控制能力所不能承受的，这显然不利于金融系统的稳定运行。因此，在从分业经营转变到综合化经营的过程中，需要一种过渡性安排，以便为商业银行更新经营理念、培养综合化经营能力和提升行为控制能力提供时间。而银行类金融控股公司模式能使商业银行通过子公司了解和熟悉其他金融业务，并利用控股股东的身份影响其子公司的经营活动，有助于商业银行更新经营理念，培养综合化经营能力和提升行为控制能力，因而是过渡性安排的有效选择。

相较于金融控股公司的发展速度，我国银行类金融控股公司的发展明显滞后。就金融控股公司的发展而言，目前已经形成了中信集团、光大集团、平安集团等大型金融控股集团以及数量众多的地方性金融控股集团。而在银行类金融控股公司的发展上，除了建设银行集团之外，目前虽已有了工银国际、中银国际等银行控股（集团）公司，但其注册地在我国香港地区，投资区域以海外和港澳等地区为主，在大陆地区的业务布局尚显不足。

目前银行类金融控股公司在我国大陆地区的发展突出地表现在三个方面：一是符合条件的商业银行根据中国人民银行、原中国银监会和中国证监会于 2005 年 5 月联合发布的《商业银行设立基金管理公司试点管理办法》的相关规定，设立了基金管理子公司；二是参与试点的部分商业银行根据原中国银监会、科技部和中国人民银行于 2016 年 4 月联合发布的《关

于支持银行业金融机构加大创新力度 开展科创企业投贷联动试点的指导意见》的相关规定，设立了投资功能子公司；三是符合条件的商业银行根据中国人民银行、中国银保监会、中国证监会和国家外汇管理局于 2018 年 4 月联合发布的《关于规范金融机构资产管理业务的指导意见》的相关要求，设立了理财了公司。

设立此类由商业银行控股的具有法人资格的金融性子公司，旨在倒逼商业银行"去通道"化，使原有的隐性混业经营行为显性化①，可视为一种监管"妥协"或"折中"。从短期来看，这一安排有助于在一定程度上满足金融业务机构在分业经营制度约束下的混业要求，并实现风险隔离。但是，从长期来看，这一安排并不能从根本上消除金融业务机构的混业冲动和行动所导致的风险累积和传导作用。因为设立此类金融性子公司的条件较为苛刻，大量小型商业银行并不具备设立的条件，即使设立了此类子公司，也只能在母公司（商业银行）的合并会计报表上体现出混业投资的成效，母公司自身的业务活动范围反而受到了更严格的限制。更重要的是，随着创新的深化，金融类子公司有可能成为母公司释放混业冲动的更为便捷的"通道"，从而沦为新的"影子银行"或"银行的影子"。由此可见，设立银行类金融控股公司并不是释放金融业务机构在分业经营制度约束下的混业冲动，进而在增强商业银行竞争能力的同时，遏制金融风险纵向累积和横向传导，防范系统性金融风险的长期有效的选择。作为一种过渡性安排，其在推动金融业务机构多元化和金融自由化上的意义将远大于系统性金融风险的防范和化解。

因此，在以银行类金融控股公司作为混业经营的过渡性安排的前提下，应本着"区别对待、小步慢走、分类推进、规模控制"的原则，根据监管评级和风险承受能力，实行动态"白名单"管理，在严控"嵌套"和"杠杆"以及真正打破刚性兑付的前提下，从商业银行的受托理财业务开始，逐步放开跨市场运作的限制，在总结经验的基础上，将其谨慎地推广到自营业务上，并结合监管评级结果，对商业银行跨界业务的规模和比例做出必要的控制，并进行动态调整。与此同时，还应借鉴美国在金融危机后的做法，继续通过规制约束过度投机行为，将不利于降低总体关联性的业务继续严格限制在分业经营框架下。

---

① 李鹏. 中国式影子银行宏观审慎监管：现实挑战与框架改进 [J]. 经济学家，2019 (11)：93-103.

三、规范金融创新行为，突破金融系统运行的"内卷化"困境

金融系统的"内卷化"运行既削弱了对实体经济的支持力度，还催生了规模庞大且极易超越实体经济这一基础资产支撑能力的虚拟经济，从而加大了金融系统的脆弱性。与此同时，无论是"内卷化"的形成过程，还是既定约束条件下试图突破"内卷化"困境的努力，都会因扭曲金融业务机构之间的功能关系而在时间维度上累积金融风险，在空间维度上编织风险传导的网络（详见本书第六章第三节的分析）。由于金融系统运行的"内卷化"是金融创新形成的，金融创新"内卷化"是金融系统运行"内卷化"的外在表现形式，因此，要走出金融系统运行"内卷化"的困境，防范系统性金融风险，就必须消除金融创新中的"内卷"现象，从而使金融创新成为一种"有效进步"，能真正为金融系统的升级提供量的累积。为此，必须使创新在推动经济高质量增长的同时，降低创新引发的金融系统内耗性交易成本和竞争成本。

（一）以支持实体经济发展作为金融创新的出发点和着力点

党的二十大报告明确强调"坚持把发展经济的着力点放在实体经济上"，这为金融创新指明了方向。因此，必须坚定不移地以支持实体经济高质量发展作为金融创新的出发点和着力点。

从长期来看，经济决定金融，因为不同的经济发展阶段决定了金融媒介的不同形式、金融制度的不同选择和金融结构的不同安排。而在经济的风险特征和资源禀赋的相对稀缺程度基本稳定的同一经济发展阶段（短期），经济的发展（量变）主要受制于现有财富的有效利用程度，金融的财富形态转换功能可以增加财富的利用方式，提高财富的利用效率，实现资源的优化配置，从而推动财富的进一步创造和增长，实现经济发展过程中的量变，为经济发展过程中的质变（即过渡到新的经济发展阶段）创造条件，因而起到了主导经济发展的作用。金融与经济的这种关系表明，金融系统的升级受制于具体的经济发展阶段，要推动金融系统升级，走出"内卷化"困境，金融系统必须通过自身的运行，为经济发展阶段的升级持续提供量的累积。因此，以支持实体经济高质量发展作为金融创新的出发点和着力点，是走出金融系统运行"内卷化"困境的必然选择。为此，必须依照经济供给侧结构性改革的方向，明确金融供给侧结构性改革的基本要求，并在金融创新中加以落实，以能否支持实体经济高质量发展作为

具体创新举措的主要取舍依据，以此发挥金融供给侧结构性改革在经济供给侧结构性改革中的主导作用，把实体经济这一金融资源的"蛋糕"做大做强，推动形成习近平总书记指出的"金融活，经济活；金融稳，经济稳；经济兴，金融兴；经济强，金融强"的良性互动格局。

（二）以降低成本和提高效益作为金融创新的切入点

如果把金融业务机构的利润视为马克思主义政治经济学理论中的剩余价值，那么，率先开展降低成本的创新活动的金融业务机构就能获得超额剩余价值，即使创新成果被竞争对手模仿或复制，也能与全体竞争对手共同获得相对剩余价值。这是一种"多赢"的结果，可有效避免内耗性竞争，表明以降低成本和提高收益作为创新的切入点，是走出金融创新"内卷化"困境的有效选择。为此，在金融创新过程中，各金融业务机构应理性和谨慎地实施以增加成本为基础的创新活动，努力探索降低成本和提高效益的创新方法，积极推进以金融科技为基础的降低成本或提高质量的产品或服务创新，以单独获得创新带来的超额剩余价值或与竞争对手共同获得创新带来的相对剩余价值。

（三）以资源禀赋和核心能力作为金融创新的立足点

核心能力是指由企业文化、资源禀赋、创新能力和资源整合能力有机结合而形成的，能带来持续竞争优势的合力。其中，企业文化是核心能力的灵魂，资源禀赋是核心能力的基础，创新能力和资源整合能力是核心能力的体现。核心能力最本质的特征是不易被模仿和复制，对于金融业务机构而言，在创新的产品或服务上体现出自身独特的资源优势和核心能力，就能防止创新成果被模仿和复制，遏制产品或服务的同质化趋势，减少创新引发的内耗性竞争。因此，以资源禀赋和核心能力作为创新的基本立足点同样是走出"内卷化"创新困境的有效选择。为此，应在确立愿景和明确使命的基础上，营造与之相匹配的积极向上的企业文化，并将其嵌入创新成果尤其是服务类创新成果中；注重声誉保护和品牌价值塑造，提升客户的忠诚度和依赖度；在客户细分的基础上，依托独特的资源优势为不同类别的客户提供量体裁衣式的贴身服务。

（四）综合社会责任和经济利益，寻求金融创新的平衡点

金融企业是一种特殊企业，其特殊性之一就是要比其他企业承担更多的社会责任。这种社会责任应体现于金融业务机构经营活动的方方面面，尤其是创新活动中。为了降低创新引发的内耗性交易成本和竞争成本，金

融业务机构必须综合社会责任和经济利益，坚持"有所为，有所不为"的创新原则，服从大局，合理取舍，在创新中努力寻求社会责任和经济利益的平衡点。为此，应充分发挥行业协会的沟通协调和监管部门的窗口指导作用，改善创新问题上的信息不对称状态，帮助金融业务机构走出"囚徒困境"；在竞争中树立大局意识和"多赢"理念，加强竞争过程中的合作；严格遵守《资管新规》，顺应逆周期调控要求，杜绝监管套利行为。

四、培育信贷市场的"耐心资本"和遏制证券市场过强的投机性并举，弱化金融业务机构的顺周期倾向

信贷市场"耐心资本"缺乏和证券市场过强的投机性会强化金融业务机构的顺周期倾向，而为了延续顺周期行为，金融业务机构常常试图通过扭曲相互之间的功能关系来对抗逆周期调控，这一过程极易在时间维度上累积金融风险，同时在空间维度上编织金融风险传导的网络。因此，培育信贷市场"耐心资本"和遏制证券市场过强的投机性是削弱金融业务机构的顺周期倾向，遏制风险体量的累积和风险传导网络的编织，从而防范和化解系统性金融风险的必要举措。实际上，证券市场投机性过强就是证券市场尤其是股票市场缺乏"耐心资本"的表现，两者在本质上是一致的，遏制证券市场过强的投机性的过程其实也就是培育证券市场"耐心资本"的过程。目前，我国的融资体系依然是以银行为导向的，同时正在大力倡导发展多层次的资本市场体系，提升直接融资的比重，资本市场在整个融资体系中的地位正在逐步提升。这表明，无论是信贷型资本供给者的行为还是权益型资本供给者的行为，都会对金融稳定以及整个经济系统资本来源的稳定性和资本结构的合理性产生重大影响。因此，为了有效防范和化解系统性金融风险，必须从培育信贷市场的"耐心资本"和遏制证券市场过强的投机性这两个方面同时着手，以此削弱金融业务机构的顺周期倾向。

在信贷市场上，应大力支持实体经济发展，增强其内源性融资能力，构建非金融企业债务约束机制。同时，应参考德国的"三支柱"银行体系模式，推动银行类金融机构多元化和差异化发展，促进非利润最大化导向与提高金融质效相统一①；在规范企业行为、改善银企之间信息不对称状

---

① 成晖，朱鸿鸣. 德国银行为什么"雨天少收伞"：德国银企关系研究［J］. 新金融评论，2020（1）：38-61.

况的基础上，结合我国实际，探索建立核心银行制度，推动银企之间开展基于互信的有约束力的关系型融资，构建银企命运共同体；在前期试点的基础上，总结经验，完善制度，扩大"投贷联动"的试点范围，并逐步推广，构建权益资本与信贷型债务资本之间的良性互动关系；根据实体经济的运行状况，完善融资展期机制，优化信贷期限结构，增强银行融资支持的持续性，培育具有中国特色的债务型"耐心资本"。

在资本市场上，应把培育一级市场的投资"耐心"和遏制二级市场的过度投机相结合。为此，应在一级市场上大力倡导战略投资理念，积极发展有"耐心"的私募股权投资基金，并提高合格投资者的遴选标准，设置科学的投资"耐心"测评指标，把"有耐心"纳入投资者准入和投资基金成立的条件，弱化"以退出为根本目的，以上市为首要目标"的投资理念，推动一级市场的投资格局从"以财务投资为主"向"以战略投资为主"转化。在二级市场上，应在加强投资者教育的同时，注重优化投资者结构，大力发展机构投资者，并加强对机构投资者行为的监管，严控其短线炒作行为，有效发挥其稳定市场的作用。此外，还应规范上市公司的分红行为，合理利用分红政策遏制投机行为。

结束语

　　金融系统是由不同功能的金融业务机构、宏观调控机构和承担不同监管职责的金融监管机构、多形式和多层次的金融市场、以多元化的金融产品及金融服务为载体的多种金融业务，按一定的秩序和内部联系组合而形成，并依托各类金融基础设施而运行的，承担着资金融通、资本累积、支付清算、资源配置、风险管理以及经济反映和经济调节等功能的综合体，具有多元性、相关性、整体性和层次性的特征。金融系统的功能是由参与金融产品交易和提供金融服务的不同金融机构的不同功能有机整合而形成的。金融系统的运行过程就是金融系统功能的发挥过程。从现象上看，金融系统的运行过程是参与金融产品交易和提供金融服务的不同金融机构的不同功能，依照"平行四边形"规则进行"同类项合并"的过程；从本质上看，金融系统的运行过程是各类具有不同功能的金融机构，在监管机构和宏观调控机构的监督、管理和调控下，通过不同形式和不同层次的金融市场，依托金融基础设施，以买卖多元化的金融产品和提供多种金融服务的方式开展金融业务活动，从而形成并在相互之间整合其功能的过程。

　　系统性金融风险是经济周期、宏观经济政策的变动、外部金融冲击等风险因素引发的一国金融体系激烈动荡的可能性，且这种风险对国际金融体系和全球实体经济都会产生巨大的负外部性。系统性金融风险是在与经济系统存在适应性偏差的复杂金融系统的运行过程中，金融业务机构之间构建了过度的互补、替代、协同和竞争的功能关系而产生的一种经济现象，其形成过程表现为风险体量的纵向累积和风险传导网络的横向编织。金融系统结构的复杂性为金融业务机构之间构建互补、替代、协同和竞争的功能关系提供了可能性，而金融系统与经济系统的适应性偏差则形成了金融业务机构之间构建上述功能关系的必要性，因而金融系统结构的复杂性及与经济系统的适应性偏差形成了系统性金融风险的生成基础，为系统性金融风险的滋生提供了"平台"。当上述功能关系保持在合理的度之内时，实际上是对金融系统与经济系统适应性的一种纠偏，但一旦超过合理的度，就会矫枉过正，造成金融风险体量的纵向累积和金融风险传导网络的横向编织，从而形成系统性金融风险。

金融系统结构的复杂性是经济发展过程中经济与金融长期关系的体现，是经济发展决定金融发展的必然结果。而在特定的经济发展阶段，金融系统通过自身结构的复杂化来体现和适应经济与金融的长期关系时，因各种具体金融媒介的形成、金融制度的选择和金融结构的安排无法充分且合理地满足经济发展的要求，常常出现或大或小的适应性偏差，从而使金融系统与经济系统的"适应"仅仅表现为一种趋势，而"不适应"则表现为一种在"动态清零"过程中不断"动态产生"的常态。这种情况表明，在特定的经济发展阶段，金融系统结构的复杂性及与经济系统的适应性偏差即系统性金融风险的生成基础，是一种不以人的意志为转移的事实上无法消除的客观存在。换句话说，只要存在金融系统，就存在系统性金融风险的生成基础。

但是，在"金融系统结构的复杂性及与经济系统的适应性偏差"这一系统性金融风险的生成基础，即生成系统性金融风险的平台上，只有当金融系统运行的环境和格局能够为金融业务机构在相互之间构建过度的互补、替代、协同和竞争的功能关系提供足够的激励时，系统性金融风险才会借助这些过度的功能关系而形成。可以说，这样的金融系统运行环境和运行格局为在上述平台上滋生系统性金融风险提供了土壤。上述平台无法拆除，但在该平台上滋生系统性金融风险的土壤却可以通过优化金融系统的运行环境和运行格局来予以铲除。

旨在防范系统性金融风险的宏观审慎政策和强监管措施的主要着力点在于控制金融业务机构的行为，因而具有浓厚的治标色彩，而且强监管措施本身及效果的可持续性也值得怀疑。因此，要从根本上守住"不发生系统性金融风险的底线"，除了在治标层面贯彻宏观审慎政策和落实强监管措施以外，还须从优化金融系统的运行环境和运行格局入手，采取治本措施，铲除在"金融系统结构的复杂性及与经济系统的适应性偏差"这一平台上滋生系统性金融风险的土壤，即消除为金融业务机构在相互之间构建过度的互补、替代、协同和竞争的功能关系提供激励的因素。

在现阶段的金融系统运行环境和运行格局中，能对金融业务机构在相互之间构建过度的互补、替代、协同和竞争的功能关系提供激励的因素，主要包括金融部门与实体经济部门在报酬结构上的失衡状态、分业经营制度约束下的混业诉求、无序的金融创新引发的金融系统"内卷化"运行态势以及信贷市场"耐心资本"缺乏和证券市场过强的投机性。因此，为了铲除在"金融系统结构的复杂性及与经济系统的适应性偏差"这一平台上滋生系统性金融风险的上述土壤，必须平衡金融部门与实体经济部门的报酬结构，稳妥、审慎地推进金融混业经营，通过规范金融创新行为突破金融系统运行的"内卷化"困境，培育信贷市场"耐心资本"并遏制证券市场过强的投机性。

需要强调的是，在"金融系统结构的复杂性及与经济系统的适应性偏差"这一"平台"上，滋生的系统性金融风险土壤并非一成不变的，在不同的经济发展阶段会有不同的表现形式，即使在同一经济发展阶段的不同时期，其"土质"也会发生变异。正如危害人类健康的病毒一样，在某一阶段可能是"非典"，在另一个阶段可能是"新冠"。即使是出现在某一特定阶段的特定病毒，例如"新冠"病毒，其"毒株"也处在不断的变异过程中。由此可见，在系统性金融风险的防范上，必须根据风险因素在不同阶段的不同表现来采取不同的防范策略，没有一劳永逸的治本措施，因而对系统性金融风险的防范"永远在路上"。在这一过程中，科学的态度应是在"没有最好，只有更好"的持续努力中，对滋生系统性金融风险的土壤实施"动态清零"。

参考文献

一、中文文献

[1] 巴曙松，居姗，朱元倩. SCCA 方法与系统性风险度量 [J]. 金融监管研究，2013（3）：1-12.

[2] 白鹤祥，刘社芳，罗小伟，等. 基于房地产市场的我国系统性金融风险测度与预警研究 [J]. 金融研究，2020（8）：54-73.

[3] 蔡则祥，曹源芳. 商业银行业务经营与管理 [M]. 2 版. 北京：高等教育出版社，2019：20-29.

[4] 曾康霖，等. 金融经济学 [M]. 成都：西南财经大学出版社，2002：303-330.

[5] 成晖，朱鸿鸣. 德国银行为什么"雨天少收伞"：德国银企关系研究 [J]. 新金融评论，2020（1）：38-61.

[6] 程炼. 对宏观审慎政策的再思考 [J]. 银行家，2018（10）：44-45.

[7] 崔毅. 国有商业银行风险测试与混业经营模式选择 [J]. 统计与决策，2017（9）：176-179.

[8] 戴群中. 德国全能银行制度及其对我国的启示 [J]. 税务与经济，2007（2）：29-33.

[9] 范云朋. 我国系统性金融风险监测与度量研究：基于 ESRB-CISS 研究方法 [J]. 经济问题探索，2020（11）：157-171

[10] 方定闯. 美国混业经营改革对我国的启示：基于混业经营对系统性金融风险影响视角 [D]. 兰州：兰州大学，2021.

[11] 郭京. 完善贷款主办银行制度的思考 [J]. 经济研究参考，1997（72）：17-20.

[12] 郭娜，王少严，胡佳琪. 房地产价格、金融稳定与宏观审慎监管：基于 NK-DSGE 模型的研究 [J]. 武汉金融，2022 (6)：3-12.

[13] 韩玲慧. 经济发展阶段与金融制度选择 [J]. 首都经济贸易大学学报，2006 (5)：56-62.

[14] 韩心灵，韩保江. 论当前系统性金融风险的生成逻辑 [J]. 上海经济研究，2015 (5)：19-27.

[15] 胡旭鹏. "资管新规"实施及完善解析 [J]. 上海法学研究，2019 (1)：4-9.

[16] 黄范章，徐忠. 投资、投机及我国股市的投机性分析 [J]. 金融研究，2001 (6)：44-49.

[17] 黄奇帆. 推动金融供给侧结构性改革的框架思考 [J]. 兰州财经大学学报，2021 (1)：1-6.

[18] 黄宪，陈锐，刘长青. 我国金融机构业务合作研究 [J]. 武汉金融，2002 (6)：4-7.

[19] 黄鑫. 实体经济怎么干：把脉中国实体经济 [N]. 经济日报，2017-01-17 (005).

[20] 黄宗智. 中国的隐性农业革命 (1980—2010)：一个历史和比较的视野 [J]. 开放时代，2016 (2)：11-35，5.

[21] 江世银，谷政. 金融学 [M]. 北京：高等教育出版社，2021：147-169.

[22] 全辉. 北大国家发展研究院副院长黄益平：金融创新最大挑战是培育资本的耐心 [N]. 经济参考报，2018-05-09 (007).

[23] 雷蒙德·W. 戈德史密斯. 金融结构与金融发展 [M]. 周朔，等译. 上海：上海三联书店，1994：28-30.

[24] 李富有，王少辉. 经济内循环的内涵逻辑与内卷化挑战研究 [J]. 社会科学，2021 (1)：34-43.

[25] 李海奇，刘敬，黄彩云. 基于时变系数模型的中国股市投机动态行为研究 [J]. 金融理论与实践，2017 (8)：81-86.

[26] 李鹏. 中国式影子银行宏观审慎监管：现实挑战与框架改进 [J]. 经济学家，2019 (11)：93-103.

[27] 李青原，陈世来，陈昊. 金融强监管的实体经济效应：来自资管新规的经验证据 [J]. 经济研究，2022 (1)：137-154.

［28］李政，梁琪，方意. 中国金融部门间系统性风险溢出的监测预警研究：基于下行和上行△CoES 指标的实现与优化 ［J］. 金融研究，2019（2）：40-58.

［29］李政，鲁晏辰，刘淇. 尾部风险网络、系统性风险贡献与我国金融业监管 ［J］. 经济学动态，2019（7）：65-79.

［30］梁琪，常姝雅. 我国金融混业经营与系统性金融风险：基于高维风险关联网络的研究 ［J］. 财贸经济，2020（11）：67-82.

［31］廖荣. 经济新常态背景下信托公司业务转型研究 ［D］. 天津：天津财经大学，2016.

［32］林日葵. 金融哲学与金融规律研究 ［J］. 湖南社会科学，2005（3）：23-25.

［33］林维维，李莉莉. 中国金融机构系统性金融风险研究 ［J］. 青岛大学学报（自然科学版），2022（1）：129-134.

［34］林毅夫，王燕. 以耐心资本作为比较优势审视发展融资 ［J］. 金融博览，2018（8）：30-32.

［35］刘冲，盘宇章. 银行间市场与金融稳定：理论与证据 ［J］. 金融研究，2013（12）：72-86.

［36］刘晓东，欧阳红兵. 中国金融机构的系统性风险贡献度研究 ［J］. 经济学季刊，2019（4）：1239-1266.

［37］刘晓伟. 我国利率市场化改革分析：以利率走廊的分析为例 ［J］. 统计与管理，2019（12）：3-7.

［38］卢亚娟. 金融与经济协调发展：金融改革与经济发展高级研讨会综述 ［J］. 南京审计学院学报，2004（4）：28-31.

［39］鲁爽. 浅析中国股市投机行为 ［J］. 中国证券期货，2013（2）：1.

［40］吕江林，曾鹏. 我国股市"投机主导"性质研究 ［J］. 统计与决策，2012（8）：157-160.

［41］马洪潮. 中国股市投机的实证研究 ［J］. 金融研究，2001（3）：1-8，55.

［42］马晶. 我国存款利率市场化对银行风险的差异化影响 ［J］. 财经科学，2015（7）：1-9.

［43］马亚明，胡春阳. 金融强监管与非银行金融机构极端风险的深化 ［J］. 管理科学学报，2021（2）：75-98.

［44］孟祥娟，姚洋，赵宇璇，等. 2020 年地方政府债务率整体上移：信用风险监测［EB/OL］.（2021-03-08）［2022-06-15］. https://finance.sina.com.cn/money/bond/research/2021-03-08/doc-ikknscsh9516411.shtml.

［45］苗文龙. 金融危机与金融市场间风险传染效应：以中、美、德三国为例［J］. 中国经济问题，2013（3）：89-99.

［46］潘宏胜. 中国金融体系复杂化的成因及影响［EB/OL］.（2018-04-24）［2022-04-08］. https://bijiao.caixin.com/2018-04-24/101238407.html.

［47］钱学森，等. 论系统工程［M］. 上海：上海交通大学出版社，2007：2.

［48］邱兆祥，安世友，贾策. 强监管下金融与实体经济关系的转型升级及面临的挑战［J］. 金融理论与实践，2019（3）：1-6.

［49］隋聪，邓爽玲，王宗尧. 银行资产负债结构对金融风险传染的影响［J］. 系统工程理论与实践，2017（8）：1973-1981.

［50］孙国峰. 我国外汇市场发展与外汇管理体制改革［J］. 清华金融评论，2018（12）：40-44.

［51］孙静，许涛，俞乔. 混业经营下的系统性金融风险及防控［J］. 江淮论坛，2019（1）：37-42.

［52］孙树强. 系统性金融风险测度、发展和演变：一个综述［J］. 金融市场研究，2020（10）：13-28.

［53］王道平，刘杨婧卓，徐宇轩，等. 金融科技、宏观审慎监管与我国银行系统性风险［J］. 财贸经济，2022（4）：71-84.

［54］王鹤立. 我国金融混业经营前景研究［J］. 金融研究，2008（9）：188-197.

［55］王虎，李守伟. 系统性金融风险多层网络传染与控制研究［J］. 大连理工大学学报（社会科学版），2020（5）：29-41.

［56］王景华，郝志运. 强监管下金融机构的转型与发展［J］. 国际金融，2019（3）：10-16.

［57］文书洋，牟爽，刘锡良. 中国金融业利润过高了吗?：基于马克思生息资本理论的分析与实证证据［J］. 经济学家，2020（6）：95-106.

［58］闻岳春，唐学敏. 系统性金融风险的影响因素研究：基于金融机构关联性的视角［J］. 江西社会科学，2015（7）：72-79.

［59］吴风云，赵静梅. 统一监管与多边监管的悖论：金融监管组织结构理论初探 ［J］. 金融研究，2002 （9）：80-87.

［60］吴龙龙，黄丽明. 试析银行信贷对住房价格的调控作用 ［J］. 商业研究，2006 （14）：146-149.

［61］吴龙龙. 金融系统运行与系统性金融风险的形成机理 ［J］. 金融教育研究，2022 （4）：38-48.

［62］吴龙龙. 商业银行票据信托理财计划的有效性分析 ［J］. 南京审计学院学报，2009 （2）：24-30.

［63］新浪金融研究院. 穆迪：影子银行资产持续下降，银行与非银机构关联性降至 6 年低点 ［EB/OL］. （2021－09－30）［2022－07－31］. https://finance.sina.com.cn/roll/2021 －09－30/doc－iktzscyx7314320.shtml? cref＝cj.

［64］徐加根，赖叔懿. 财富的含义和金融的意义 ［J］. 财经科学，2002 （S2）：16-17.

［65］徐文彬. 德国全能银行制度对我国商业银行的启示 ［J］. 经济研究参考，2011 （5）：69-71.

［66］闫敏，黄红军. 中国股市投机性分析 ［J］. 经济经纬，2005 （5）：142-144.

［67］杨林枫，吴龙龙. 银行理财理论与实务 ［M］. 北京：中国财政经济出版社，2010：28-56.

［68］杨子晖，陈里璇，陈雨恬. 经济政策的不确定性与系统性金融风险的跨市场传染：基于非线性网络关联的研究 ［J］. 经济研究，2020 （1）：65-81.

［69］杨子晖，周颖刚. 全球系统性金融风险溢出与外部冲击 ［J］. 中国社会科学，2018 （12）：69-90，200-201.

［70］叶甜甜. 基于 MS-VAR 模型的股市波动率与市场投机性关系研究 ［D］. 成都：西南财经大学，2019.

［71］张末冬. 强监管：2017 金融工作主题词 ［J］. 中国金融家，2017 （6）：66-67.

［72］张强，吴敏. 牢牢守住防范系统性金融风险的底线 ［J］. 求是，2013 （2）：29-31.

［73］张桥云. 商业银行经营管理 ［M］. 北京：机械工业出版社，

2021：15-25.

[74] 张桥云. 现代银行须靠关系立行 [J]. 经济学家, 2001 (5)：123-125.

[75] 张文汇. 金融与实体经济的再平衡 [J]. 中国金融, 2017 (21)：88-90.

[76] 张晓朴. 系统性金融风险研究：演进、成因和监管 [J]. 国际金融研究, 2010 (7)：58-67.

[77] 周人杰. 更加有效支持实体经济发展 [N]. 人民日报, 2022-04-01 (005).

[78] 周小川. 守住不发生系统性金融风险的底线 [J]. 中国金融家, 2017 (12)：13-16.

[79] 朱鸿鸣, 王兰馨. 生产性—非生产性活动、报酬结构失衡与脱实向虚 [J]. 发展研究, 2017 (11)：68-71.

[80] 朱鸿鸣. 提升金融体系对经济转型升级的适应性 [J]. 新金融评论, 2020 (3)：38-56.

[81] 陈嘉玲. 信托公司最新窗口指导：控制房地产信托集中度 不超过主动管理规模的40% [EB/OL]. (2022-04-02) [2022-06-06]. http://finance.sina.com.cn/jjxw/2022-04-02/doc-imcwipii1972824.shtml.

二、英文文献

[1] ALEXANDER GOLDENWEISER. The Social Science and Their Inter-relations [J]. American Journal of Sociology, 1928 (33)：19-35.

[2] ALLEN F, GALE D. Financial Contagion [J]. Journal of Political Economy, 2000, 108 (1)：1-33.

[3] BENOIT S, COLLIARD J E, HURLIN C. Where the Risks Lie：A Survey on Systemic Risk [J]. Review of Finance, 2017 (1)：109-152.

[4] BERNANKE BEN. A Letter to Sen. Bob Corke [N]. The Wall Street Journal, 2009-11-18.

[5] DE BANDT O, HARTMANN P. Systemic risk：a survey [R]. European Central Bank Working Paper, No. 35, 2000.

[6] ELLIOTT M, GOLUB B, JACKSON M O. Financial Networks and Contagion [J]. American Economic Review, 2014, 104 (10)：3115-3153.

[7] ESENBERG L, NOE T H. Systemic Risk in financial systems [J]. Management Science, 2001, 47 (2): 236-249.

[8] GEERTZ, CLIFFORD. Agricultureal Involution: The Process of Ecological Change in Indonesia [J]. Los Angels: University of California Press, 1963: 58.

[9] GIGLIO S, KELLY B, PRUITT S. Systemic Risk and the Macroeconomy: An Empirical Evaluation [J]. Journal of Financial Economics, 2016 (3): 457-471.

[10] GREENWOOD R, LANDIER A, THESMAR D. Vulnerable Banks [J]. Electronic Journal, 2015 (3): 471-485.

[11] KAUFMAN, GEORGE. Bank Failures, Systemic Risk, and Bank Regulation [J]. CATO Journal, 1996 (Spring / summer): 17-45.

[12] MINSKY H P. Financial Factors in the Economics of Capitalism [J]. Journal of Financial Services Research, 1995 (9): 197-208.

[13] MISTRULLI P E. Assessing Financial Contagion in the Interbank Market: Maximum Entropy Versus Observed Interbank Lending Patterns [J]. Journal of Banking & Finance, 2011 (5): 1114-1127.

[14] ZIGRAND J P. Systems and Systemic Risk in Finance and Economics [R]. LSE Systemic Risk Special Paper, 2014.

后记

　　本书是笔者作为作者或作者之一的第四部专著，也是笔者独立撰写的第二部专著。再过两年多时间，笔者就将退休，因此，本书也许是笔者退休前的最后一部专著，称其为笔者职业生涯的"收官之作"，似乎并无不妥。

　　对本书所涉主题进行研究的最初冲动来自笔者对某商界"精英"在2020年11月的外滩金融峰会上，以"非专业人士"身份发表的"专业"观点的思考。在这次峰会上，该商界"精英"石破天惊地提出了"中国金融中最大的风险在于缺乏金融系统"，并以"中国金融没有系统"为由来否定系统性金融风险的存在。初闻此观点，笔者便觉难以苟同，并产生了对金融系统结构及运行与系统性金融风险之间的关系做一些研究的想法。

　　其后，笔者花了近半年的时间阅读相关文献，搜集相关资料，并依托自身的专业基础以及10多年前在西南财经大学信托与理财研究所兼职期间所累积的相关知识，针对金融系统运行与系统性金融风险的形成机理之间的关系做了初步的探索和研究，于2021年4月完成了一篇题为《金融系统运行与系统性金融风险的形成机理》的学术论文，并于当年9月被《金融教育与研究》杂志录用，次年7月发表。在该文中，笔者在对金融系统结构及运行、系统性金融风险的涵义及考察维度做出初步分析的基础上，立足于金融业务机构之间的功能关系及其在现实经济条件下的形成原因，分别从现象和原因两个层面探索了金融系统运行与系统性金融风险的形成之间的关系，并进一步从优化金融系统运行环境的视角，提出了防范系统性金融风险的策略。虽然撰写此文的过程并不顺利，此文的完成本值得庆贺，但在等待此文发表的过程中，笔者却没有如释重负之感，相反，却有着深深的遗憾和不甘。这种感觉主要源于笔者对此文的不足之处的客观认识。在此文中，笔者既未能对金融系统结构及运行以及系统性金融风险的内涵做深入的分析，也未能在严格区分系统性金融风险的存在及发生这两种不同状态的基础上，分别针对简单金融系统和复杂金融系统背景下系统性金融风险的表现形式和严重程度做出分析，更没有结合经济与金融的长期关系和短期关系，从金融系统结构的复杂性及与经济系统的适应性偏差这一视角，揭示系统性金融风险的生成基础，因而虽然分别从现象和原因两个层面探析了系统性金融风险的形成机理，并从优化金融系统运行环境的视角提出了防范系统性金融风险的策略，但其理论深度和实践指导意义却是有限的。

正是基于上述"遗憾"和"不甘"，笔者在2021年6月下定了从金融系统结构及运行的视角对系统性金融风险做深入研究，并形成专著的决心。为此，在前期研究的基础上，笔者又花了近三个月的时间，进一步阅读文献和搜集资料，同时开展调查研究，并最终确定了研究思路，形成了本书的基本框架。

在确立了本书的基本框架以后，就进入了最复杂的需由具体研究来承载的撰写过程。在此过程中，笔者一度纠结于具体研究方法的选择。在当前的经济金融研究中，最为流行的研究方法无疑是实证研究。但是，实证研究需要大量的与研究主题紧密相关的数据资料，当没有直接的数据资料时，就需要借助于科学方法构建相关指标，而这一切又受制于研究主题的特殊性以及研究者的数据挖掘能力和数量经济学理论功底。对此，笔者也试图利用实证方法来佐证观点，而且还搜集了相关数据并据以构建了相关的指标。但或许是受本书主题的特殊性所限，或许是笔者自身的数量经济学功底不够扎实（虽然笔者曾经多年讲授统计学课程，而且在攻读硕士学位和博士学位期间也系统地学习了中级和高级计量经济学，具有一定的实证研究基础），所构思的各种实证研究方案总难以令笔者满意，特别是总觉得构建的指标与其所代表的相关经济现象之间的关系过于牵强，因而常常无法说服自己。在这种窘境下，笔者最终决定放弃实证研究，选择传统的规范研究方法，以此避免实证研究方法选择不当或使用错误而使本书出现更多的瑕疵，并将本书的研究定位于逻辑和理论层面的探索，以便抛砖引玉，把相关的实证研究这一项复杂的专业工作留给其他专业人士去完成。

本书的内容是围绕着金融系统结构及运行状况对系统性金融风险的影

响而展开的，主要基于金融系统结构及运行的视角，聚焦于金融业务机构之间的功能关系，在逻辑和理论层面探讨了系统性金融风险的形成机理，并从优化金融系统运行环境和运行格局的视角，提出和论述了防范系统性金融风险的策略。而对于已经形成的系统性金融风险如何被"触发"的问题，在本书中涉及较少，更没有以专门的章节来论述。实际上，"触发"已经形成的系统性金融风险的因素很多。如果把系统性金融风险看成一个"炸弹"，那么这些触发因素就是引爆这颗"炸弹"的"雷管"。就这些"雷管"的具体表现形式而言，也许是某一个或某一类金融机构的流动性危机（导致这种流动性危机的因素也有多种具体的表现形式），也许是金融市场预期发生逆转导致的资产价格泡沫破裂，也许是某一个或某一类金融服务对象（主要是贷款对象）的财务危机，甚至可能是市场上的某一个谣言。这些五花八门的"雷管"，有的可能存在于金融领域，即与金融系统的运行有关；有的则存在于金融领域之外，即与金融系统的运行无关。前者虽然与本书的主题有关，但理论界已经有了充分的研究，在实践中也已受到高度关注；后者则因存在于金融领域之外，与本书主题的关联度不高。因此，为了突出主题，同时避免重复研究，本书在内容安排上回避了对系统性金融风险触发环节的专门研究，仅在相关内容中有所提及。

在前期研究的基础上，本书开笔于2021年9月，原计划在2022年6月底完成初稿，后因笔者在2022年1月底突发急性心肌梗死而住院，不得不暂停研究。转危为安后，笔者又遵医嘱进行了必要的休息和调养，直到2022年3月底才重续研究。其后，又经过近6个月的努力，才在2022年9月底完成了初稿。后经多次修改和打磨，现在终于得以交付出版，把成品呈献给读者。

本书的出版仅仅代表笔者在金融系统结构及运行与系统性金融风险的关系这一论题上取得了阶段性研究成果，并不代表研究任务的终结，因而笔者没有理由因本书的出版而感到如释重负，更没有理由沾沾自喜。笔者认为，与其把本书的出版看成一个学习和研究阶段的终点，不如把它看成在此基础上一个新的学习和研究阶段的起点。而在新的起点上追求新的飞跃，应是人生永恒不变的主题。因此，对本书中许多内容和相关问题进行更深入、更准确、更透彻的分析和研究，将是笔者以后的工作重点。

笔者在研究过程中参考的理论界和实务界既有的研究成果，已列入参考文献，其中重点参考或直接引用的部分，已在正文中标明并以脚注形式做了具体说明。在此，谨向相关研究者表示衷心的感谢！此外，在整个研究和写作过程中，笔者还得到了来自多方面的关心、帮助和支持。南京审计大学金融学院提供了良好的学术氛围和研究平台，副院长刘妍教授在笔者生病时及时调整了工作安排，孙清教授和杨芳副教授主动接替了笔者的教学任务，使笔者得以在养病的同时有精力从事研究；江苏省人民医院浦口分院心内科的王力主任、叶达平主任和相关医护人员的精心救治，使笔者得以及时康复并重续研究；中国信托业协会研究部原主任杨林枫先生针对本书中所涉及的信托问题，提供了宝贵的理论指导；南京审计大学图书馆、广东中山农村商业银行股份有限公司、广州略胜资产管理有限公司、广州略胜互联网科技有限公司在资料搜集和调查研究方面提供了大量的帮助；杭州银行南京分行的吴姝涵女士在资料分析和数据处理方面提供了技术支持。这些关心、帮助和支持是本研究得以完成、本书最终得以成稿的外在必要条件。在此，谨向相关机构和人员一并致谢！

无论是系统性金融风险的形成原因和形成机理，还是系统性金融风险的触发因素，抑或是系统性金融风险的防范和应对策略，都极其复杂，对系统性金融风险的研究无疑是一项复杂的系统工程。本书仅仅在一定层面上基于特定的视角，针对系统性金融风险的特定环节，做了初步的探索。如果本书能有幸成为"抛出"的"引玉"之"砖"，笔者将深感欣慰！

由于笔者水平有限，加之成书仓促，书中的错误和疏漏之处在所难免，恳请读者不吝批评指正！

吴龙龙

2023 年 3 月于南京审计大学